Mayer

Trau' dich – nicht!
66 Gründe gegen die Ehe

Trau' dich – nicht!
66 Gründe gegen die Ehe

von

Dr. Sabine Mayer

Verlag C.H. Beck München 2013

Hinweis der Autorin:
Dieses Buch ist kein juristischer Ratgeber. Die rechtlichen Ausführungen sind aus Gründen der besseren Verständlichkeit bewusst einfach gehalten. Deshalb wurde auch auf juristische Fachausdrücke weitestgehend verzichtet. Das Buch soll lediglich als Denkanstoß dienen und kann keine rechtlichen Probleme im Einzelfall lösen. Wenden Sie sich hierzu an einen Rechtsanwalt beziehungsweise Fachanwalt für Familienrecht, der Sie individuell berät und vertreten kann. Die Autorin übernimmt insofern keinerlei Haftung für die Vollständigkeit und Richtigkeit des Inhalts für den konkreten Einzelfall.

www.beck.de

ISBN 978 3 406 65429 9

Wilhelmstraße 9, 80801 München

Druck: Druckhaus Nomos
In den Lissen 12, 76547 Sinzheim

Satz: Fotosatz Buck
Zweikirchener Str. 7, 84036 Kumhausen

Umschlaggestaltung: fernlicht kommunikationsdesign, Gauting

Bildnachweis: © iStockphoto/Diana Walters

Lektorat: Marion Voigt, www.folio-lektorat.de

Gedruckt auf säurefreiem, alterungsbeständigem Papier
(hergestellt aus chlorfrei gebleichtem Zellstoff)

Inhaltsverzeichnis

§1 Heiraten – wissen Sie, was Sie tun?

Nein, woher auch? Weder vor einer kirchlichen noch vor einer standesamtlichen Trauung werden Sie darüber aufgeklärt, welche gravierenden Konsequenzen die verheißungsvollen Worte „Ja, ich will" haben können. So ist vielen nicht bewusst, dass die standesamtliche Ehe kein rechtsfreier Raum ist, sondern ein Vertrag mit umfangreichen Rechten und Pflichten. Diese können bereits während der Ehe äußerst negative Wirkung entfalten und als Solidaritätspflichten über den Bestand der Ehe, ja sogar über den Tod hinaus fortdauern.

Nicht einmal auf einen Beratungsbedarf nach dem Motto „Zu Risiken und Nebenwirkungen lesen Sie das Gesetz oder fragen Sie Ihren Anwalt oder Notar" werden Sie hingewiesen. Stattdessen werden Heiratswillige – im Jahr 2012 waren es laut Statistischem Bundesamt 387.447 Paare – ins eiskalte Wasser geworfen.

Im selben Jahr standen sich übrigens 179.147 Paare vor dem Scheidungsrichter gegenüber. Die meisten davon dürften erstmals im Rahmen ihrer Trennung leidvoll erfahren haben, worauf sie sich eingelassen haben, als ihnen ihr einst geliebter Partner nunmehr als erbitterter Feind gegenüberstand mit dem Ziel, sie fertigzumachen.

Rechnen Sie damit, dass der Mensch, der Ihnen einst ewige Liebe und Treue geschworen hat, Sie eiskalt abservieren kann. Denn für eine Trennung sieht das Gesetz weder Gründe noch Fristen vor. Der Bund fürs Leben kann jederzeit fristlos gekündigt werden. Schlimmstenfalls werden Sie skrupellos „entsorgt", indem man Sie aus der Ehewohnung aussperrt, Ihr Bankkonto leer räumt, Ihre Koffer aus dem Haus wirft und Sie per Anwaltsschriftsatz erfahren, dass sich Ihr Ehepartner ab sofort von Ihnen trennt. Das ist dann der Anfang vom Ende der Eheidylle mit Endstation Familiengericht.

Erwarten Sie im Übrigen nicht, dass man Sie vor Gericht mit Samthandschuhen anfassen wird oder dass dort die ganze Ungerechtigkeit, die Sie durch Ihren Exehepartner erfahren haben, aufgewogen wird. Die gesetzlichen Vorschriften sind knallhart, die dazu ergangene höchstrichterliche Rechtsprechung ist zum Teil absolut herzlos, und wenn Sie dann noch einen Hardliner als Familienrichter vor sich haben, können Sie in null Komma nichts Ihren persönlichen Supergau erleben. Ihnen bleibt dann nur noch die Möglichkeit, unter Einsatz Ihres Vermögens alle Instanzen durchzustreiten. Oder aber Sie kapitulieren mit der bitteren Erkenntnis, dass es vor Gericht keine Gerechtigkeit gibt, sondern nur Urteile oder Beschlüsse.

Haben Sie bei der Trauung vor Glück geweint, fließen vor dem Familiengericht Tränen aus Wut, Verzweiflung, Hass und purer Überlebensangst. Oft auch deshalb, weil Sie Ihren Ehepartner nun von einer ganz anderen Seite kennenlernen müssen. Und zwar als Gegner! Erfahrungsgemäß tritt der wahre Charakter eines Menschen in Extremsituationen zutage. Und dazu gehört zweifelsfrei eine Trennung. Sie können sicher sein, dass Sie keine positive Überraschung erleben werden. Denn Trennung bedeutet Kampf ums Geld, um Kinder, Ansehen, Macht, Ehre, Vermögen und oft ums nackte Überleben. Und bei diesem Kampf gibt es fast keine Spielregeln. Es wird mit harten Bandagen gekämpft. Hat Ihr Ehepartner beispielsweise einst Ihre kleinen Schwächen gemocht und Ihren (Un-)Sinn für Ordnung liebevoll als „kreatives Chaos" bezeichnet, wird er Ihnen später in einem Sorgerechtsverfahren Schlampigkeit vorwerfen, Sie als psychisch kranken Messie darstellen, der noch nie etwas auf die Reihe bekommen hat, nicht einmal den Haushalt, und deshalb eine Gefahr für die Kinder besteht. Dabei kann es durchaus sein, dass es Ihrem Partner nicht um die Kinder geht. So schrecken viele nicht davor zurück, diese vor Gericht zu zerren, um sie im Kampf um Macht und Geld für die eigenen Interessen zu missbrauchen.

Spätestens im Rahmen solcher Auseinandersetzungen ziehen viele Betroffene ihre Entscheidung für die Ehe in Zweifel.

Ist die Wahl des Partners auch ausschließlich Ihre Privatsache, so sollte dies nicht gleichermaßen dafür gelten, ob als Form des Zusammenlebens die Ehe gewählt wird.

Führt man sich nämlich vor Augen, dass die Ehe zwar ein romantisches, trotzdem aber ein Rechtsgeschäft ist, stellt sich zwangsläufig die Frage, ob nicht mittlerweile eine Pflicht des Staates bestehen sollte, Heiratswillige vor der Eheschließung auf die rechtlichen Konsequenzen hinzuweisen.

Das Gesetz geht zwar davon aus, dass die Ehe auf Lebenszeit geschlossen wird. Allerdings entspricht dies angesichts der Scheidungsquote, die sich zwischenzeitlich bei fast 50 Prozent eingependelt hat, schon lange nicht mehr der Realität. Wenn der Staat aber einerseits die Lebenszeitehe vorgaukelt, andererseits die Auflösung der Ehe mehr und mehr erleichtert, dann müsste er zumindest aufklären. Und zwar über die Folgen, wenn die Ehe nicht durch den Tod, sondern durch den Richter geschieden wird.

Betrachtet man andere Rechtsgeschäfte, zeigt sich, dass es der Gesetzgeber ansonsten doch sehr genau mit Hinweis- und Belehrungspflichten nimmt. Auch ist er sehr empfindlich, was Verträge mit längerer Laufzeit betrifft.

So hält es der Gesetzgeber für erforderlich, dass man beim Kauf von Kopfschmerztabletten anhand der Packungsbeilage in verständlicher Form darauf hingewiesen wird, dass die Einnahme unter anderem zu Hautirritationen führen kann. Eine Ehe kann zu viel weiter reichenden Folgen führen als eine Tablette. Warum gibt es also keine Aufklärung im Vorfeld einer Eheschließung? Warum erachtet der Gesetzgeber möglicherweise auftretende Hautrötungen als aufklärungswürdiger als beispielsweise Unterhaltsansprüche oder die Aufteilung von Rentenanwartschaften?

Der Gesetzgeber normiert, dass bestimmte Verträge unwirksam sind, zum Beispiel ein Fitnessstudio-Vertrag mit einer Laufzeit von mehr als zwei Jahren, da die Bindung zu lange ist. Warum will er nicht zumindest für Aufklärung sorgen bei einem Rechtsgeschäft mit lebenslanger Laufzeit?

Für das Einreichen eines Antrags zur Auflösung einer Ehe benötigt man einen Anwalt. Warum ist kein rechtlicher Beistand oder wenigstens Aufklärung beim Eingehen der Ehe vorgesehen?

Für bestimmte Rechtsgeschäfte, etwa Grundstücksgeschäfte, schreibt der Gesetzgeber die notarielle Form vor. Der Beurkundungszwang beim Notar soll auf die Bedeutung des Geschäftes hinweisen, vor dem Eingehen unüberlegter Verpflichtungen schützen und eine sachgemäße Beratung der Parteien sicherstellen. Warum gilt das nicht für die Eheschließung und warum genügt ein einfaches „Ja“ beim Standesamt, um das weitreichende Rechtsgeschäft Ehe zu begründen? Stuft der Gesetzgeber etwa eine Grundstücksübertragung höher ein als die Ehe?

Wenn Sie einen Immobiliendarlehensvertrag mit der Bank abschließen möchten, werden Sie – gesetzlich zwingend – vorab in einem langwierigen Beratungsgespräch peinlich genau über Inhalt und Auswirkungen des Vertrags aufgeklärt und mit Belehrungsbögen überhäuft. Vor der Eheschließung hingegen wird Ihnen nicht einmal ein Merkblatt in die Hand gedrückt. Und das, obwohl die Risiken weitaus gravierender sein können als der Abschluss eines Kreditvertrags.

Konsequenterweise müsste der Staat also erst recht für eine ausreichende Belehrung über das Rechtsgeschäft Ehe sorgen. Eine solche ist jedoch nicht einmal ansatzweise vorgesehen und wird es wohl auch in Zukunft nicht geben.

Lässt der Staat seine Bürger also bewusst in die Ehefalle tappen – möglicherweise um das Nachwachsen künftiger Renten- und Steuerzahler nicht zu gefährden? Oder geht es dem Staat darum, sich vor seiner sozialen Verantwortung zu drücken? Tatsache ist nämlich, dass der Sozialhilfeanspruch des Einzelnen gegenüber dem Staat durch den gegenseitigen

Unterhaltsanspruch vorrangig auf den Ehegatten verlagert wird. Denn die Ehe stellt eine Bedarfsgemeinschaft dar.

Aus welchen Gründen auch immer der Staat seine Bürger ins offene Messer laufen lässt, mit dieser Tatsache wird man sich wohl oder übel abfinden müssen.

Darum dieses Buch.

Hiermit möchte ich Ihnen klar machen, dass die Ehe mehr ist als ein romantisches Fest ganz in Weiß, sondern ein knallhartes Rechtsgeschäft, das schon für viele den finanziellen Ruin brachte. Ganz zu schweigen von den zahlreichen menschlichen Katastrophen nach einer Trennung und Scheidung. Ich möchte Ihnen auch vor Augen führen, dass sich das Rechtsgeschäft Ehe bereits während des Zusammenlebens äußerst negativ auf die Familienfinanzen auswirken kann und zum Teil Probleme schafft, die es ohne die Eheschließung gar nicht gäbe.

Kurzum: Sie sollen sich bewusst werden, worauf Sie sich einlassen, wenn Sie „Ja" sagen. Denn Sie sagen letztlich nicht „Ja" zu Ihrem Partner, sondern zum Rechtsgeschäft Ehe.

Das Buch veranschaulicht die rechtlichen Auswirkungen der Ehe anhand von 66 Beispielsfällen. Diese stellen dabei keinesfalls den „worst case" dar, sondern sind aus dem Leben gegriffene Fälle, wie sie sich täglich im deutschen Ehealltag oder in Gerichtssälen ereignen. Ausdrücklich sei darauf hingewiesen, dass nicht nur 66 Gründe gegen die Ehe sprechen. Es sind weitaus mehr. Alle darzustellen hätte jedoch den Rahmen dieses Buches gesprengt.

Selbstverständlich hat die Ehe auch Vorteile. Dies zeigt sich vor allem daran, dass einer beeindruckenden Anzahl Geschiedener, die einen aufreibenden Rosenkrieg überlebt haben, nichts Besseres einfällt, als sofort wieder zum Standesamt zu laufen.

Auf jeden Fall sollten Sie, bevor Sie sich trauen, sich zu trauen, das Für und Wider einer Ehe sorgfältig abwägen und vorab einen Anwalt zurate ziehen.

Sofern Sie im Anschluss daran „Nein" zur Ehe sagen, können Sie sich zu diesem Entschluss nur gratulieren. Sie ersparen sich für die Zukunft mit an Sicherheit grenzender Wahrscheinlichkeit jede Menge Ärger, Nerven und vor allem hohe Kosten. Und nicht zuletzt die maßlose Enttäuschung über einen zerplatzten Lebenstraum. Denn das Risiko, dass Ihre Ehe geschieden wird, liegt bei etwa 50 Prozent. Und weshalb sollten ausgerechnet Sie eine Ausnahme sein?

Selbst wenn Sie nicht zu den Ehepaaren gehören, die früher oder später vor dem Scheidungsrichter landen, heißt das noch lange nicht, dass Sie eine glückliche Ehe führen werden. Möglicherweise werden Sie in Ihrer Ehe viel ertragen und hinnehmen, weil eine Scheidung zu teuer ist, weil Sie Angst vor der Reaktion Ihres Umfelds haben, aus religiösen Gründen, weil Sie finanziell vom Ehepartner abhängig sind, wegen der Kinder, wegen der wirtschaftlichen Verflechtungen oder einfach aus Bequemlichkeit. Dieses Schicksal können Sie sich nur ersparen, indem Sie dem Rechtsgeschäft Ehe von Vornherein eine Absage erteilen.

Zumindest aber sollten Sie, um das Schlimmste zu verhindern, einen notariellen Ehevertrag abschließen, der Ihren Vorstellungen und Ihrem Verständnis von der Ehe am ehesten entspricht. Dabei muss jedoch beachtet werden, dass die Vertragsfreiheit bei Eheverträgen ihre Grenzen hat und ein Restrisiko nicht ausgeschlossen werden kann. Schlimmstenfalls kann es Ihnen passieren, dass ein bei Vertragsabschluss wirksamer Ehevertrag später bei der Scheidung vom Gericht als nichtig bewertet wird und keinerlei Wirkung entfaltet. So mussten bereits viele Ehepartner eine böse Überraschung erleben, als sie sich auf einen vermeintlich „wasserdichten" Ehevertrag verlassen haben und am Ende dennoch finanziell ruiniert waren.

Nichts falsch machen können Sie also nur dann, wenn Sie nach dem Motto leben:

Don't marry – be happy!

Ihre Dr. Sabine Mayer

§2 Die Ehe: Ein romantisches Rechtsgeschäft

Die Ehe wird vor dem Standesbeamten durch das Jawort geschlossen. Mann und Frau betreten dadurch eine Rechtszone, deren Ausmaß sie nicht einmal ansatzweise erahnen. Denn der Standesbeamte verbindet zwar ein Paar vor dem Gesetz. Er erklärt jedoch nicht, was sich für die Ehegatten vom Hochzeitstag an ändert.

Vergeblich ist der Versuch, sich Klarheit über die rechtlichen Folgen der Ehe durch einen Blick ins Bürgerliche Gesetzbuch zu verschaffen. Denn dort steht nur eine Generalklausel mit folgendem Inhalt:

> „Die Ehe wird auf Lebenszeit geschlossen. Die Ehegatten sind einander zur ehelichen Lebensgemeinschaft verpflichtet; sie tragen füreinander Verantwortung."

Klingt harmlos.

Ist es aber nicht! Diese wenigen Worte haben weitreichende Konsequenzen, die sich in der Regel nur einem Juristen erschließen.

Wann also erfährt ein frisch Vermählter, der nicht Jura studiert oder vor der Heirat juristische Fachliteratur gewälzt hat, was der Standesbeamte meint, wenn dieser nach dem „Ja" feierlich feststellt, dass die Brautleute nunmehr „rechtmäßig verbundene Eheleute" sind?

Die Antwort ist einfach, aber dramatisch: Die Ehegatten erfahren Inhalt und Tragweite ihres Jaworts erst dann, wenn sie die negativen Konsequenzen am eigenen Leib zu spüren bekommen. Etwa wenn sie für die Heimkosten ihrer Schwiegereltern zur Kasse gebeten werden oder wenn sie bei größeren Anschaffungen ihren Ehepartner um Erlaubnis bitten müssen. Sofern Ehegatten das Glück haben und während ihrer intakten Ehe von negativen Auswirkungen verschont bleiben, werden sie spätestens bei der Trennung mit den rechtlichen Verpflichtungen konfrontiert, die sie bei der Heirat eingegangen sind.

Nun zu den Folgen des Jaworts:

Durch die Heirat, bei der man einen Ehenamen bestimmen soll (nicht muss), wird die „Pflicht zur ehelichen Lebensgemeinschaft" begründet. Das umfasst in der Regel all die vielversprechenden und verheißungsvollen Ansprüche auf gegenseitige Liebe und Treue, auf Respekt, Beistand, Fürsorge, Rücksichtnahme, Sex, Hilfe, Gefahrenabwehr, Achtung und so weiter.

Obwohl viele Ehen hauptsächlich aus diesen Motiven heraus geschlossen werden (zumindest behaupten das die meisten Ehegatten), handelt es sich dabei mehr oder weniger nur um moralische Verpflichtungen. Denn diese Ansprüche können zwar vor dem Familiengericht geltend gemacht werden, aber nicht zwangsweise durchgesetzt werden. So ist eine Zwangsvollstreckung aus gerichtlichen Entscheidungen, welche die ehelichen Pflichten zum Inhalt haben, nicht möglich. Das heißt, ein Gerichtsvollzieher wird Ihnen nicht dabei behilflich sein, den untreuen Ehepartner dazu zu zwingen, auf den Pfad der Tugend zurückzukehren oder die Liaison mit der Geliebten zu beenden.

Anders sieht es hingegen bei vermögensbezogenen ehelichen Pflichten aus. Diese haben nicht bloße Appellwirkung, sondern können knallhart per Gerichtsvollzieher, Lohn- oder Kontopfändung durchgesetzt werden, wie etwa Unterhaltsansprüche.

Unterhaltsansprüche der Ehegatten entstehen im Übrigen nicht erst bei Trennung und Scheidung. Während der intakten Ehe muss jeder Ehegatte angemessen zum Familienunterhalt beitragen, sei es durch Arbeitsleistung oder Haushaltsführung. Geht ein Ehegatte keiner Erwerbstätigkeit nach, weil er beispielsweise die Kinder betreut oder den Haushalt führt, hat er gegenüber dem anderen zusätzlich zum Haushaltsgeld einen Anspruch auf Taschengeld.

Zudem beginnt mit dem Jawort im Hinblick auf das Vermögen der Ehegatten automatisch der Güterstand der Zugewinngemeinschaft (gesetzlicher Güterstand). Eine Ausnahme besteht, wenn durch Ehevertrag ein anderer Güterstand, also Gütertrennung oder Gütergemeinschaft, vereinbart wird. Während der Ehe bleibt das Vermögen der Ehegatten bei der Zugewinngemeinschaft zwar getrennt, bei der Scheidung ist dann aber der Zugewinn auszugleichen, den die Ehegatten während der Ehe erwirtschaftet haben.

Darüber hinaus ist die Zustimmung des Ehegatten erforderlich, wenn der andere über seine Haushaltsgegenstände oder sein Vermögen im Ganzen verfügen möchte.

Unabhängig vom Güterstand kann ein Ehegatte den anderen bei Alltagsgeschäften zur Deckung des Lebensbedarfs der Familie automatisch zur Zahlung mitverpflichten, zum Beispiel beim Einkauf von Lebensmitteln oder Haushaltsgeräten. Auch die Zwangsvollstreckung gegen Verheiratete ist leichter, denn der Gläubiger des einen Ehegatten kann in Gegenstände vollstrecken, die der andere Ehegatte besitzt.

Des Weiteren gilt zwischen Ehegatten in der Regel ein gemilderter Haftungsmaßstab, sodass die Realisierung von Schadensersatzansprüchen erschwert ist. Darüber hinaus begründet die Heirat das wechselseitige

Erbrecht, wodurch Erbansprüche von Verwandten gekürzt oder ausgeschlossen werden. Falls ein Kind während der Ehe geboren wird, gilt als Vater des Kindes automatisch der Mann, der mit der Mutter zum Zeitpunkt der Geburt verheiratet war, auch wenn er biologisch nicht der Vater ist.

Sozialrechtlich gesehen bilden Ehegatten eine Bedarfsgemeinschaft. Vermögen und Einkommen werden wechselseitig angerechnet mit der Folge, dass staatliche Leistungen gekürzt werden oder komplett wegfallen. Stattdessen haben die Ehegatten gegenseitig für ihren Lebensbedarf zu sorgen. Das umfasst auch die Pflicht, dem anderen die Benutzung der Ehewohnung bis zur Ehescheidung zu gestatten.

„Ja, ich will", sagen Sie bei der standesamtlichen Trauung zu all dem, was Sie soeben gelesen haben. Denn das sind die wichtigsten ehelichen Rechte und Pflichten, die Sie mit der Heirat eingehen. Und zwar lebenslänglich. Eine vorzeitige Lösung vom Jawort ist zwar möglich. Allerdings nur über den steinigen und kostspieligen Weg der Scheidung.

1. Verliebt, verlobt ... Schadensersatz

Tausend Gedanken schossen ihr durch den Kopf. Ihr Herz raste. In dem festlich geschmückten Saal stand ein Mann in Anzug und Krawatte vor ihr und bewegte die Lippen. Aber seine Worte kamen bei Lisa nicht an. Unentwegt überlegte sie, was sie sagen sollte, wenn der Mann zu reden aufhörte.

Dabei sollte doch heute der schönste Tag in ihrem Leben sein. Ihre Hochzeit. Alles war perfekt organisiert. Die Feier im Schloss, die Kutsche, das Traumkleid, die tolle Frisur, die Blumenkinder. Eine fabelhafte Zukunft erwartete sie. Vor einem Jahr hatte ihr Tom auf einer Familienfeier den Heiratsantrag gemacht. Sie ging freudig darauf ein. Ihre Eltern weinten vor Glück. Dann übernahm Tom den Handwerksbetrieb seines Vaters. Lisa sollte künftig für die Büroarbeit zuständig sein. Auch das Familienanwesen war schon geplant. Der Entwurf des Architekten sah drei Kinderzimmer vor. Tom liebte Kinder. Mit dem Hausbau sollte gleich nach der Hochzeit begonnen werden, auch mit der Familienplanung. Da fielen ihr die Worte ihres Ausbilders wieder ein: „Machen Sie was aus Ihrem Talent, Sie haben eine große Zukunft vor sich." Er hatte ihr geraten, ein Jahr ins Ausland zu gehen, um danach in Deutschland beruflich durchzustarten. Doch dann kam die Verlobung dazwischen. Nun sollte sie eine Familie gründen und im Betrieb ihres Mannes mitarbeiten. Alle ihre Freundinnen hatten bereits Familie. Aber so richtig glücklich war keine. Einige waren sogar schon wieder geschieden und lebten von staatlicher Unterstützung.

Als der Mann zu reden aufgehört hatte und alle Blicke auf sie gerichtet waren, zögerte sie nicht: Sie sagte laut und deutlich NEIN. Ein Raunen ging durch den Saal, eine Tante kreischte und Tom sank fassungslos auf seinen Stuhl. Lisa drehte sich um und lief aus dem Rathaus. Dort standen bereits die Mitglieder des örtlichen Schützenvereins Spalier.

Tom trennte sich sofort von ihr. Mit ihren Zukunftsplänen konnte er nichts anfangen. Damals nicht und jetzt nicht. Außerdem wollte er die Blamage nicht auf sich sitzen lassen. Da wusste Lisa, dass ihre Entscheidung richtig gewesen war.

Eine Entscheidung, die sie teuer zu stehen kam. Die Kosten für die geplatzte Hochzeitsfeier musste sie Tom erstatten. Ebenso die Kosten für den Architekten, der das künftige Familiendomizil geplant hatte. Auch den Verlobungsring musste sie zurückgeben.

Bereut hat Lisa ihre Entscheidung trotzdem nicht. Sie hat Karriere gemacht.

Noch bevor sich Mann und Frau vor dem Standesamt das Jawort geben, betreten sie zwangsläufig juristisches Terrain. Denn durch das Versprechen, künftig die Ehe miteinander einzugehen, wird ein Vertrag geschlossen. Und zwar das Verlöbnis. Die Willenserklärungen, die zu einem Vertragsabschluss notwendig sind, liegen bei einem formellen Heiratsversprechen auf jeden Fall vor, zum Beispiel wenn ein Partner dem anderen einen Heiratsantrag macht und der andere annimmt. Keine Rolle spielt es, ob dies vor einem großen Publikum stattfindet oder in trauter Zweisamkeit. Klassisches Beiwerk einer Verlobung, etwa der Austausch von Verlobungsringen, eine Verlobungsfeier oder Verlobungsanzeigen, sind für ein wirksames Heiratsversprechen nicht erforderlich.

Auch wenn sich viele Partner darüber nicht im Klaren sind, kann ein Verlöbnis auch durch schlüssiges Verhalten begründet werden. Dies ist beispielsweise der Fall, wenn man einen gemeinsamen Hochzeitstermin bestimmt, die Hochzeitsfeier zusammen plant, Einladungskarten für die Hochzeit unterschreibt und verschickt, an einem Traugespräch teilnimmt oder anderweitig zum Ausdruck bringt, mit einer Heirat einverstanden zu sein. Dies gilt selbst dann, wenn dies widerwillig geschehen sollte. Selbst wenn ein Partner eigentlich gar nicht heiraten möchte und sich zu einem Eheversprechen hinreißen lässt – etwa weil der Heiratsantrag vor laufender Kamera oder in der Öffentlichkeit gemacht wird –, spielt dies keine Rolle und es wird ein rechtlich wirksames Verlöbnis begründet.

Anders als bei sonstigen Verträgen, zum Beispiel einem Kauf- oder Mietvertrag, ist es beim Verlöbnis nicht möglich, die Erfüllung des gegenseitigen Versprechens gerichtlich geltend zu machen. Insofern kann aus dem Verlöbnis nicht auf Eingehen der Ehe geklagt werden. Ebenso wenig kann man wirksam eine Vertragsstrafe für den Fall vereinbaren, dass die Eheschließung unterbleibt.

Tritt allerdings ein Verlobter ohne wichtigen Grund von der Verlobung zurück oder gibt er dem Partner durch sein Verschulden einen Anlass dazu, so macht er sich unter anderem dem Partner oder dessen Eltern gegenüber schadensersatzpflichtig. Zu ersetzen sind in diesem Fall vor allem Investitionen, die aufgrund des Rücktritts vom Verlöbnis sinnlos und vergebens werden – wie Aufwendungen für die Hochzeitsfeier oder Kosten für Anschaffungen für den gemeinsamen Haushalt. Sofern dem anderen Verlobten ein Verdienstausfall entstanden ist, weil er im Vertrauen auf die künftige Ehe seinen Arbeitsplatz aufgegeben hat, muss auch dieser Schaden ersetzt werden. Schlimmstenfalls geht es dabei sogar um mehrere Monatsgehälter. Nur wenn ein wichtiger Grund für den Rücktritt vorliegt, muss kein Schadensersatz geleistet werden, etwa bei Untreue des anderen, körperlicher Gewalt, schweren Beleidigungen oder Unkenntnis von einer tödlichen Krankheit.

Einen wichtigen Grund für den Rücktritt vom Verlöbnis im Sinne der gesetzlichen Vorschriften stellt es übrigens nicht dar, wenn ein Verlobter einfach nur „kalte Füße“ bekommt, nicht mehr verliebt ist, es sich anders überlegt und doch nicht mehr heiraten will. Dann ist Schadensersatz zu leisten.

Abgesehen davon, dass in diesen Fällen auch die Verlobungsgeschenke zurückgegeben werden müssen, kann sich also ein Eheversprechen als teure Angelegenheit erweisen, wenn man sich seiner Sache nicht ganz sicher ist.

2. Hilfe, ich bin verheiratet – holt mich hier raus!

Panisch rannte sie aus der Wohnung. So schnell wie möglich wollte Nora von zu Hause fort.

Dabei hätte es ein wunderbarer Tag werden sollen. In der Arbeit hatte sie extra früher Schluss gemacht, um ein Fünf-Gänge-Menü für sich und ihren Ehemann vorzubereiten und sich schick zu machen. Sie wollte ihn an ihrem ersten Hochzeitstag überraschen.

Überrascht war Bernd tatsächlich, als er die Wohnung betrat. Denn er hatte nicht damit gerechnet, dass sie schon zu Hause war. Er gab ihr einen flüchtigen Kuss und verschwand ins Badezimmer. Dabei fiel ihr auf, dass etwas anders war als sonst. Trotz der sommerlichen Temperaturen trug er seine weite Winterjacke. Ansonsten legte ihr Ehemann immer Wert auf perfektes Styling. Sie fragte sich, ob er etwas zu verbergen hatte.

Diese Gedanken schob sie schnell beiseite, als er aus dem Badezimmer kam. Er war ein Bild von einem Mann. Groß, muskulös und sehr attraktiv. Das Handtuch hatte er locker um die Hüften geschwungen. Als er Nora an sich drückte und sie küsste, waren das Abendessen und der festlich gedeckte Tisch schnell vergessen. Es folgten leidenschaftliche Stunden im Schlafzimmer. Als Bernd eingeschlafen war, löste sie sich aus seinen Armen und ging ins Badezimmer. Sie traute ihren Augen nicht, als sie neben seiner Kleidung eine benutzte Windel fand. Sie weckte Bernd und stellte ihn zur Rede. Erschrocken rang er um Worte.

Dann gestand er ihr, dass er es als äußerst erotisch empfand, Windeln zu tragen. Das Gefühl auf seiner Haut erregte ihn außerordentlich. Vor allem wenn er sich damit in der Öffentlichkeit bewegte, wie heute Nachmittag. Begonnen hatte alles im Alter von neun Jahren. Da er unter einem schweren Darminfekt litt, packte man ihn im Krankenhaus kurzerhand in Windeln. Das Gefühl, als ihm die Krankenschwester das erste Mal eine Windel anlegte, war für ihn unbeschreiblich. Im Lauf der Zeit wurde er regelrecht süchtig danach. Er bedauerte es sehr, dass Nora sein kleines Geheimnis nun per Zufall entdeckt hatte. Aber jetzt, da alles ans Tageslicht gekommen war, bat er sie inständig, sich zumindest versuchsweise mit seinen Vorlieben anzufreunden. Vielleicht würde es ihr sogar selbst großen Spaß machen.

Nora stand unter Schock. Dennoch willigte sie ein. Bernd verließ sodann das Schlafzimmer, kurze Zeit später stand er wieder vor ihr. Er trug auf dem Kopf ein Häkelmützchen, um die Hüften eine Windel. In der einen Hand hatte er eine Babyrassel, in der anderen Babypuder.

Als ihr klar wurde, dass sie einen Windelfetischisten geheiratet hatte, wollte Nora nur noch weg. Sie rannte los und betrat die Ehewohnung nie wieder. Auch ihren Ehemann wollte sie nicht mehr wiedersehen.

Wegen arglistiger Täuschung bestand Nora auf sofortiger Aufhebung der Ehe. Der Richter wies ihren Antrag zurück, auch den Antrag auf Härtefallscheidung. Und so musste sie noch ein Jahr mit dem Mann verheiratet bleiben, der für sie ein Fremder geworden war. Dann erst wurde sie vom Windel-Mann geschieden.

Anders als bei politischen oder religiösen Ämtern ist es bei einer Ehe nicht so ohne Weiteres möglich, das Handtuch zu werfen und von heute auf morgen zurückzutreten.

So einfach macht es Ihnen der Gesetzgeber nicht. Wurde eine wirksame standesamtliche Ehe geschlossen, kann diese nur durch das Familiengericht mit Wirkung für die Zukunft aufgelöst oder geschieden werden. Am häufigsten wird eine Ehe durch eine Scheidung nach Ablauf des Trennungsjahres beendet. Die einjährige Trennungszeit ist selbst dann einzuhalten, wenn die Ehe nur wenige Stunden gedauert hat. Beispielsweise wenn man in der Hochzeitsnacht plötzlich feststellt, dass man doch nicht so gut zusammenpasst, wie man einmal dachte. Insofern gibt es Paare, deren Ehe überwiegend aus der Trennungszeit bestand, bis der Familienrichter sie endlich erlöste.

Eine Ausnahme vom obligatorischen Trennungsjahr ist nur bei Härtegründen möglich. Dann kann der Scheidungsantrag sofort bei Gericht eingereicht werden. Es muss eine unzumutbare Härte vorliegen, die sich auf das „Weiter-miteinander-verheiratet-sein“ bezieht. Die Umstände, auf die sich die Unzumutbarkeit stützt, müssen dabei gerade in der Person des anderen Ehegatten liegen. Da die Härtefallscheidung eine absolute Ausnahme ist, legt die Rechtsprechung strenge Maßstäbe an die Voraussetzungen an. Zu diesen gehören beispielsweise Morddrohungen, wiederholte Misshandlungen oder schwerer Alkoholmissbrauch, nicht jedoch bloße Schwierigkeiten, Unstimmigkeiten oder ehetypische Zerwürfnisse.

Ist eine Ehe bereits fehlerhaft zustande gekommen, kann sie vom Familiengericht auf Antrag aufgehoben werden. Das trifft unter anderem zu bei fehlender Ehemündigkeit (Minderjährigkeit), Geschäftsunfähigkeit, Verstoß gegen das Verbot der Doppelehe oder Verwandtschaft, Formfehlern oder Willensmängeln (zum Beispiel Bewusstlosigkeit), vorübergehender Störung der Geistestätigkeit, Eingehen einer Scheinehe, Drohung oder arglistige Täuschung. Letzteres stellt den praktisch bedeutendsten Aufhebungsgrund dar. Hierbei muss ein Ehegatte beim anderen bewusst einen Irrtum hervorgerufen oder aufrechterhalten haben in der Absicht, den Partner zum Eingehen der Ehe zu veranlassen. Das ist beispielsweise der Fall beim Vortäuschen einer Schwangerschaft oder eines bestimmten Berufs.

Eine Aufhebung der Ehe kann allerdings nicht verlangt werden, wenn die Täuschung nur die Vermögensverhältnisse betrifft, etwa wenn ein Ehegatte vortäuscht, reich zu sein, und stattdessen arm wie eine Kirchenmaus ist. Das bloße Verschweigen bestimmter Umstände genügt in der Regel nicht, außer es besteht eine Offenbarungspflicht. Eine solche gilt für Umstände, die für die eheliche Gemeinschaft und das Familienleben von grundlegender Bedeutung sind, zum Beispiel die Unfähigkeit zum Geschlechtsverkehr, erbliche oder unheilbare, ansteckende Krankheiten, eine voreheliche Ausübung der Prostitution, eine frühere Ehe, das Vorhandensein von vorehelichen minderjährigen Kindern oder auch Vorstrafen und laufende Bewährungszeiten.

Werden lediglich bestimmte Vorstellungen über die Eheführung oder sexuelle Vorlieben nicht offenbart, liegt in der Regel keine arglistige Täuschung vor.

Zu beachten ist, dass sowohl für eine Scheidung als auch für die Aufhebung der Ehe ein gerichtliches Verfahren erforderlich ist. Eine Ehe kann also nur vom Familiengericht auf Antrag geschieden beziehungsweise aufgehoben werden, nicht vom Notar oder Standesbeamten. Der antragstellende Ehegatte muss sich vor Gericht von einem Anwalt vertreten lassen, denn in Ehesachen herrscht grundsätzlich Anwaltszwang. Die Kosten eines Scheidungs- oder Aufhebungsverfahrens werden in der Regel gegeneinander aufgehoben mit der Folge, dass jeder die Hälfte der Gerichtskosten bezahlt und jeder die Kosten seines eigenen Anwalts. Und zwar unabhängig davon, wer die Scheidung beantragt hat. Insofern ist es also wesentlich unkomplizierter und kostengünstiger, eine Ehe einzugehen, als sich von dieser wieder zu lösen.

3. Risikominimierung durch Ehevertrag – das kann ins Auge gehen

Hajo war ein Macher. Gut aussehend. Erfolgreich. Und ausgerechnet ihm passierte es. Nicht nur, dass er der Letzte war, der von der Daueraffäre seiner Frau erfuhr. Jetzt wollte sie ihn auch noch bei der Scheidung über den Tisch ziehen und ihn kräftig abkassieren. Aber nicht mit ihm! Immerhin konnte er einen wasserdichten Ehevertrag vorweisen, für den er damals viel Geld ausgegeben hatte.

Er erinnerte sich daran, wie er Andrea in einer Disko kennengelernt hatte. Er verliebte sich Hals über Kopf. Bald war sie schwanger. Sie zog zu ihm in sein schönes Landhaus, nur einen Koffer hatte sie dabei, sonst nichts. Dann wurde ihr gemeinsamer Sohn geboren, sein ganzer Stolz. Oft sprach sie von Hochzeit. Doch er wollte nicht heiraten. Er hatte einen Handwerksbetrieb, das finanzielle Risiko bei einer Scheidung war ihm zu groß. Sie beteuerte, sie würde ihn nicht wegen des Geldes heiraten. Sie versprach, bei einer Scheidung auf alles zu verzichten. Nur aus Liebe wolle sie mit ihm den Bund fürs Leben eingehen.

Dann ging alles sehr schnell. Aus steuerlichen Gründen sollte noch im selben Jahr geheiratet werden. Sein Firmenanwalt entwarf den Ehevertrag und besprach ihn mit beiden ausführlich. Wie versprochen verzichtete Andrea für den Fall einer Scheidung auf alles. Kurz vor dem Jahreswechsel wurde der Vertrag dann beim Notar unterzeichnet, die Hochzeit folgte.

Bald darauf begann Andrea eine Affäre. Sie dauerte zwei Jahre. Immer wenn Hajo auf Geschäftsreise war, traf sie ihren Geliebten in Hajos Haus. Als alles aufflog, verlangte er ihren sofortigen Auszug.

Von Hajo forderte Andrea entgegen ihrem Versprechen nachehelichen Unterhalt und Zugewinn. Er zeigte dem Familienrichter erleichtert den Ehevertrag, in dem sie auf alles verzichtet hatte. Doch das Gericht erklärte den notariellen Vertrag insgesamt für ungültig.

Nach der Gerichtsverhandlung erinnerte Hajo Andrea an das Versprechen, das sie ihm vor der Heirat gegeben hatte. Sie lachte ihn nur aus, drehte sich um und zog triumphierend von dannen. Das Gericht verurteilte Hajo dazu, ihr eine hohe Geldsumme und für viele Jahre Unterhalt zu bezahlen. Finanziell war er ruiniert, sein schönes Landhaus musste er verkaufen. Trotz Versprechen. Trotz Ehevertrag.

Dass auf das gesprochene Wort oftmals kein Verlass ist, haben bereits viele im Lauf ihres Lebens leidvoll erfahren müssen. Dass dies auch für das geschriebene Wort gelten kann, sogar wenn es notariell beurkundet ist, wird viele überraschen.

Dies gilt vor allem für Eheverträge. Selbst wenn die zwingend notwendige notarielle Form eingehalten wurde, bedeutet das noch lange nicht, dass Eheverträge automatisch gültig, das heißt rechtswirksam, sind. So bedürfen Eheverträge zwar keiner richterlichen Genehmigung, unterliegen jedoch der gerichtlichen Inhaltskontrolle. Zwar können die Ehegatten grundsätzlich frei bestimmen, welche Regelungen sie in den Ehevertrag aufnehmen wollen. Erstmals im Jahr 2001 hat jedoch die Rechtsprechung des Bundesgerichtshofs und des Bundesverfassungsgerichts der Vertragsfreiheit Grenzen gesetzt. Diese liegen dort, wo ein Ehegatte dominiert und der andere strukturell unterlegen ist. Dann basiert der Vertrag auf ungleichen Verhandlungspositionen und eine einseitige eheliche Lastenverteilung ist vertraglich vorgesehen. Paradebeispiel für eine derartige sittenwidrige Vereinbarung ist der Verzicht des wirtschaftlich unterlegenen Ehegatten auf jede Form von Unterhalt für die Betreuung gemeinsamer Kinder. Aber auch bei missbräuchlichem Vorgehen eines Ehegatten kann der Vertrag insgesamt unwirksam sein, etwa wenn der Mann die hochschwangere Frau wenige Tage vor der Heirat drängt, einen notariellen Ehevertrag abzuschließen, mit der Ankündigung, er werde ansonsten die Hochzeit, zu der bereits viele Verwandte der Braut angereist sind, platzen lassen.

Sofern das Gericht aufgrund einer Gesamtwürdigung zu dem Ergebnis gelangt, dass Sittenwidrigkeit vorliegt, ist der ganze Vertrag mit jeder einzelnen Regelung unwirksam, also auch der gegebenenfalls vereinbart Güterstand der Gütertrennung. Dies gilt selbst dann, wenn die Sittenwidrigkeit nur einen einzigen Vertragspunkt betreffen sollte. Anstelle der vertraglichen Vereinbarung tritt dann die gesetzliche Rechtslage. Die vom Gesetz vorgesehenen Scheidungsfolgen werden in Gang gesetzt. Es tritt also genau das ein, was man eigentlich mit Abschluss des Ehevertrags verhindern wollte.

Ist der Vertrag nicht insgesamt sittenwidrig, aber dennoch zu beanstanden, ordnet der Richter die Rechtsfolge an, die den berechtigten Belangen beider Parteien in der jetzt eingetretenen Situation in ausgewogener Weise Rechnung trägt. Das kommt vor allem infrage, wenn die Entwicklung der Ehe von der ursprünglich dem Vertrag zugrunde liegenden Lebensplanung abweicht, etwa weil man bei Abschluss der Vereinbarung von einer kinderlosen Ehe ausging und später doch Kinder bekam. Dann werden die vertraglich festgelegten Rechtsfolgen angepasst oder umgestaltet. Dies betrifft jedoch nicht den Vertrag in seiner Gesamtheit, sondern ausschließlich die Vertragspunkte, die zu beanstanden sind.

Mit einem vermeintlich „wasserdichten" notariellen Ehevertrag ist man nicht automatisch auf der sicheren Seite. Denn vor Gericht muss dieser erst einmal einer richterlichen Inhaltskontrolle standhalten, um die gewünschte Wirkung zu entfalten.

4. Die Ehe – ein Dauerabo für Sex?

Er war erleichtert, als er den Telefonhörer auflegte. Soeben hatte Erich einen Termin bei einem Rechtsanwalt vereinbart. So konnte es schließlich nicht weitergehen. Viel zu lange hatte er sich das Verhalten seiner Ehefrau gefallen lassen. Er war fest entschlossen, für sein Recht zu kämpfen und notfalls vor Gericht zu ziehen. Er selbst konnte sich nichts vorwerfen. Er war ein vorbildlicher Ehemann. Brachte das Geld nach Hause, war treu und fürsorglich. Er hielt sich an seine ehelichen Pflichten. Im Gegensatz zu Frieda.

Wütend dachte er an den gestrigen Abend zurück. Diesmal sollte es endlich klappen. Gleich als seine Frau nach dem Fernsehabend ins Schlafzimmer gegangen war, eilte Erich ins Badezimmer. Er machte sich frisch, putzte sich die Zähne und legte das teure Eau de Toilette auf, das er extra für diese Gelegenheit gekauft hatte. Diesmal konnte also nichts schiefgehen. Dachte er. In freudiger Erwartung legte er sich neben seine Frau ins Ehebett. Vorsichtig tastete er sich unter der Bettdecke vor. Er wollte sie zärtlich berühren. Und dann sollte eines das andere geben.

Als seine Hand Frieda erreicht hatte, musste er feststellen, dass diese wieder einmal ihre Rüstung in Form eines bis zum Hals zugeknöpften Frotteeschlafanzugs trug. Er versuchte, seine Hand unter das Kleidungsstück zu bringen, um sein Vorhaben umzusetzen. Vergeblich. Da verspürte er auch schon einen heftigen Schlag im Gesicht. Die Ohrfeige hatte gesessen. Seine Ehefrau schimpfte los. Sie wolle endlich in Ruhe gelassen werden. Wenn Erich seinem Trieb nachgehen müsse, solle er sich selbst befriedigen; sie werde hierfür nicht zur Verfügung stehen. Sie bot sogar an, ihm Geld für ein Bordell zu geben. Für sie komme allerdings Sex nicht mehr infrage, das solle er endlich kapieren.

Die halbe Nacht lag Erich wach und ärgerte sich. Er erinnerte sich daran, dass er den letzten Sex mit seiner Ehefrau hatte, als ihr Sohn gezeugt wurde. Dieser hatte letzte Woche seinen neunten Geburtstag! Eindeutig zu lange, dachte er und entschloss sich, das Problem auf andere Weise anzugehen. Ein Anwalt sollte ihm dabei helfen, Frieda an ihre ehelichen Pflichten zu erinnern und sein Recht durchzusetzen. Doch der Termin beim Anwalt war für ihn eine bittere Enttäuschung. Von einer Klage gegen seine Ehefrau wurde ihm dringend abgeraten. Und so gab es auch in den folgenden Ehejahren für Erich keinen Sex. Zumindest nicht mit seiner Ehefrau.

Der Bundesgerichtshof, das höchste deutsche Zivilgericht, hat sich im Jahr 1966 mit der Frage beschäftigt, wie der eheliche Beischlaf zu vollziehen ist. In seiner Entscheidung hat er damit die Pflicht zur Sexualgemeinschaft als selbstverständlich vorausgesetzt und fordert von der Ehefrau, den ehelichen Beischlaf in engagierter Weise durchzuführen.

So ist in der Urteilsbegründung Folgendes ausgeführt:

> „Die Frau genügt ihren ehelichen Pflichten nicht schon damit, dass sie die Beiwohnung teilnahmslos geschehen lässt. Wenn es ihr infolge ihrer Veranlagung oder aus anderen Gründen [...] versagt bleibt, im ehelichen Verkehr Befriedigung zu finden, so fordert die Ehe von ihr doch eine Gewährung in ehelicher Zuneigung und Opferbereitschaft und verbietet es, Gleichgültigkeit oder Widerwillen zur Schau zu tragen. Denn erfahrungsgemäß vermag sich der Partner, der im ehelichen Verkehr seine natürliche und legitime Befriedigung sucht, auf die Dauer kaum jemals mit der bloßen Triebstillung zu begnügen, ohne davon berührt zu werden, was der andere dabei empfindet. [...] Deshalb muss der Partner, dem es nicht gelingt, Befriedigung im Verkehr zu finden, [...] jedenfalls darauf verzichten, seine Gefühle in ehrverletzender Form auszusprechen."

Die Frage, ob Sex eine eheliche Pflicht ist, spielt jedoch seit der Aufgabe des Verschuldensprinzips bei der Ehescheidung im Jahr 1977 kaum mehr eine Rolle. Damals konnte eine Ehe nur dann geschieden werden, wenn dem anderen Ehegatten ein Fehlverhalten vorgeworfen werden konnte. Die Missachtung einer ehelichen Pflicht, wie beispielsweise der Vollzug ehelichen Beischlafs in einer dem Ehemann missfallenden Weise, lieferte noch einen Scheidungsgrund. Vor diesem Hintergrund erging die oben zitierte Gerichtsentscheidung. Da nach derzeitiger Rechtslage bei einem Scheidungsverfahren auf die Zerrüttung einer Ehe abgestellt wird, spielt eheliches Fehlverhalten bei einer regulären Scheidung keine Rolle mehr. So ist die Frage, ob Sex eine eheliche Pflicht ist, in den Hintergrund gerückt.

Derzeit kann zwar vor dem Familiengericht ein Beschluss auf Herstellung der Geschlechtsgemeinschaft erwirkt werden. Ein solcher entfaltet aber allenfalls moralische Appellwirkung. Eine Vollstreckung ist nicht möglich. Sie werden also vergebens einen Gerichtsvollzieher suchen, der Ihnen bei dem Problem behilflich wäre, den unwilligen Ehegatten gefügig zu machen. Auch auf andere Weise, etwa durch Selbstjustiz, darf Sex natürlich nicht erzwungen werden. Denn Vergewaltigung ist selbstverständlich auch in einer Ehe als Verbrechen strafbar. Zu beachten ist jedoch, dass eine eheliche Pflichtverletzung unterhaltsrechtlich relevant sein. Bei Verweigerung des ehelichen Beischlafs kann also möglicherweise der Unterhalt vom Familiengericht versagt oder herabgesetzt werden.

Um den eigenen Unterhaltsanspruch unter keinen Umständen zu gefährden, kann man zumindest unterhaltsrechtlich nichts falsch machen, wenn man entsprechend den Vorgaben des BGH sicherheitshalber beim ehelichen Verkehr stets höchste Erregung vorgaukelt. Natürlich nur, wenn der Ehepartner nicht imstande ist, hierzu seinen erforderlichen Beitrag zu leisten.

5. Kurzer Prozess mit Zeugungsverweigerern

Fast täglich lag ihm Jutta in den Ohren, sie wolle endlich heiraten und eine Familie gründen. Aber er fühlte sich noch zu jung mit seinen 21 Jahren. Dieter wollte reisen, ausgehen und das Leben genießen. Ohne Verantwortung. Ohne Kinder, zumindest vorläufig.

Jutta zeigte Verständnis und schlug vor, mit dem Nachwuchs zu warten.

Zur Sicherheit bestand Dieter auf einer schriftlichen Regelung: In den ersten fünf Ehejahren keine Kinder. Für die Verhütung sollte Jutta zuständig sein, das war seiner Meinung nach Frauensache. Bei einem Verstoß sollte sie verpflichtet sein, eine Strafe von 50.000 Euro an ihn zu zahlen. Nachdem Jutta die Vereinbarung unterzeichnet hatte, willigte er in die Heirat ein.

Ein Jahr lang genossen sie ihr Leben als junges Ehepaar in vollen Zügen. Dann wurde Jutta schwanger. Dieter war geschockt, als sie ihm freudestrahlend das Ultraschallbild präsentierte. Sie gestand ihm, dass sie heimlich die Pille abgesetzt hatte. Sie fand, dass die Zeit für ein Kind gekommen sei. Sie war sicher, er werde in die Vaterrolle schon hineinwachsen.

Dieter wollte aber nicht. Er trennte sich sofort von Jutta und berief sich auf die Vereinbarung, die sie vor der Heirat getroffen hatten. Da Jutta die von ihm vorgeschlagene Abtreibung ablehnte, forderte er die vereinbarte Vertragsstrafe ein. Vor Gericht hatte er keine Chance, seine Klage wurde abgewiesen.

Später verlor er ein weiteres Mal vor Gericht. Als das Kind geboren wurde, verurteilte ihn das Familiengericht, für Jutta Ehegattenunterhalt zu bezahlen, weil sie wegen der Kinderbetreuung nicht mehr arbeiten gehen konnte. Dieter wehrte sich mit Händen und Füßen gegen seine Unterhaltspflicht. Er berief sich auf die klare Absprache und darauf, dass er das Kind nicht gewollt hatte, dass er von seiner Frau vorsätzlich hintergangen worden sei. Sie solle jetzt selbst sehen, wie sie zurechtkam. Doch das alles interessierte den Richter nicht.

Ebenso wenig interessierte sich Dieter für sein Kind. Er wollte es kein einziges Mal sehen. Es musste ohne Vater aufwachsen.

Das Zeugen oder das Empfangen eines Kindes gehören nach heutigem juristischem Eheverständnis nicht mehr zum ehelichen Pflichtenkreis. Insofern ist auch eine kinderlose Ehe eine vollwertige Ehe. Die Ehegatten dürfen in freier gemeinsamer Verantwortung darüber entscheiden, ob, zu welchem Zeitpunkt und gegebenenfalls auf welche Weise sie Nachwuchs haben wollen.

Dennoch entfalten Abreden über die Familienplanung nach höchstrichterlicher Rechtsprechung keine Bindungswirkung und können gegen den Willen des anderen Ehegatten jederzeit aufgekündigt werden. Der Grund liegt darin, dass eine Bindungswirkung mit dem individuellen Selbstbestimmungsrecht eines jeden Ehegatten nicht zu vereinbaren ist. Denn die Entscheidung, zum Entstehen eines neuen Lebens beizutragen und für dieses verantwortlich sein zu wollen, gehört zu den höchstpersönlichen Angelegenheiten eines jeden Menschen und kann nicht zum Gegenstand richterlicher Überprüfung gemacht werden. Etwas anderes wäre auch mit dem Wesen der Ehe nicht zu vereinbaren, wonach sich die Partner gegenseitig achten und respektieren sollen, vor allem was den engsten persönlichen Intimbereich angeht. Und dazu gehört zweifelsfrei der Kinderwunsch.

Folglich löst ein Verstoß gegen eine vertragliche Vereinbarung zur Verhütung weder eine vereinbarte Vertragsstrafe noch Schadensersatzansprüche aus. Ebenso wenig kommt eine Freistellung von Unterhaltsansprüchen in Betracht. Auch eine Einschränkung des Unterhalts wegen grober Unbilligkeit, etwa weil der gegen die Vereinbarung verstoßende Ehepartner seine Unterhaltsbedürftigkeit mutwillig selbst herbeigeführt oder sich schwerwiegend über die Vermögensinteressen des anderen Ehegatten hinweggesetzt hat, ist nicht möglich.

Ein Ehegatte, der den Kinderwunsch des anderen oder getroffene Abreden bewusst missachtet, hat also in der Regel mit keinen finanziellen Nachteilen zu rechnen.

Die Suppe müssen dafür wieder einmal die Kinder auslöffeln, die möglicherweise ein Leben lang damit zu kämpfen haben, dass ein Elternteil sie als ungewollt ablehnt.

6. So leicht wird der Ehevertrag zum Verhängnis

Es war die ganz große Liebe. Alles wollten Anne und Fred miteinander teilen, alles sollte ihnen von nun an gemeinsam gehören. Jeder hatte bereits eine gescheiterte Ehe hinter sich. Jetzt wollten sie gemeinsam bei null anfangen und einen Neustart in ein glückliches Leben wagen. Ihre tiefe Verbundenheit sollte ein Ehevertrag zum Ausdruck bringen. Obwohl ihnen der Notar dringend davon abgeraten hatte, vereinbarten sie Gütergemeinschaft. Der Notar klärte sie ausführlich über die Folgen auf. Aber sie waren zu verliebt, um seinen warnenden

Worten zu folgen. Freudestrahlend verließen sie mit ihrem Ehevertrag das Notariat und ließen sich standesamtlich trauen.

Als Anne das Haus ihres Großvaters erbte, sollte ihr Glück perfekt sein. Endlich konnten sie aus der kleinen Mietwohnung ausziehen und in einem Haus im Grünen leben. Das Haus wollte sie stets in Ehren halten, das hatte sie ihrem Großvater auf dem Sterbebett versprochen.

Dieses Versprechen konnte Anne jedoch nicht halten.

Ein halbes Jahr, nachdem sie eingezogen waren, schrieb der Staat. Es ging um Unterhaltsschulden, die sich bei Fred im Lauf der Jahre vor der Heirat angesammelt hatten. Anne wusste, dass Fred vier Kinder hatte. Sie wusste auch, dass er nie den vollen Unterhalt leisten konnte, immerhin bezog er nur ein geringes Einkommen. Nach besten Kräften hatte Fred bezahlt, für den Rest kam der Staat auf. Und jetzt wollte sich dieser das verauslagte Geld von Fred holen. Er schrieb zurück, er sei arm wie eine Kirchenmaus. Zusätzlich schickte er seinen Arbeitslosengeldbescheid, um zu zeigen, dass er nicht zahlen konnte. Sie dachten, damit sei die Sache erledigt. Denn bei ihm war nichts zu holen.

Aber so schnell gab sich der Staat nicht zufrieden. Zwei Wochen später kam ein neues Schreiben. Diesmal war es an Anne gerichtet. Sie sollte Freds Schulden bezahlen. Ansonsten drohte man Anne damit, ihr ererbtes Haus zu versteigern.

Sofort vereinbarte sie einen Termin beim Anwalt. Diese Unverschämtheit wollte sie sich nicht bieten lassen. Was hatte sie mit den Unterhaltsschulden ihres Ehemannes zu tun? Immerhin waren es seine Kinder. Und diesen gegenüber war sie schließlich nicht unterhaltspflichtig. Noch dazu stammten die Schulden aus der Zeit, in der sie noch gar nicht verheiratet waren.

Ihr Anwalt gab ihr zunächst recht. Er revidierte jedoch seine Meinung schnell, als ihm Anne den Ehevertrag zeigte. Ihr blieb nichts anderes übrig, als das Haus zu verkaufen und von dem Erlös die gesamten Unterhaltsschulden ihres Ehemannes zu bezahlen.

Meist werden Eheverträge abgeschlossen, um das eigene Vermögen zu schützen oder sonstige finanzielle Nachteile von vornherein auszuschließen. Man kann aber auch genau das Gegenteil erreichen, sein Vermögen großen Gefahren aussetzen und ihm Schaden zufügen. Auf einem guten Weg dahin befindet man sich, wenn man mit notariellem Vertrag die Gütergemeinschaft wählt. Diesem Güterstand liegt die Idee zugrunde, dass zwischen den Eheleuten nicht nur eine Lebens-, sondern auch eine Vermögensgemeinschaft besteht.

Im Gegensatz dazu stehen die Zugewinngemeinschaft (gesetzlicher Güterstand) oder die notariell vereinbarte Gütertrennung. In diesen Fällen bestehen das Vermögen des Ehemannes und das der Ehefrau selbstständig nebeneinander.

Bei der Gütergemeinschaft hingegen wird das Vermögen, das jeder vor der Ehe hatte, und alles, was später hinzukommt, vereint. Es wird folglich gemeinschaftliches Vermögen, unabhängig davon, wer wie viel hierzu beigetragen hat. Das Gesamtgut wird in der Regel gemeinschaftlich verwaltet, sofern vertraglich nichts anderes geregelt wird. Ein Ehegatte kann daher weder über seinen Anteil am Gesamtgut noch über einzelne Gegenstände allein verfügen. Neben dem Gesamtgut gibt es daneben vier weitere Vermögensmassen: das Sonder- und Vorbehaltsgut des Mannes und das Sonder- und Vorbehaltsgut der Frau. Sondergut sind alle Gegenstände, die durch ein Rechtsgeschäft nicht übertragen werden können, etwa der Anteil an einer offenen Handelsgesellschaft oder ein Nießbrauchsrecht. Beim Vorbehaltsgut handelt es sich um Gegenstände, die zum Beispiel durch eine Erbschaft erworben werden. Sowohl das Vorbehalts- als auch das Sondergut verwaltet der jeweilige Ehegatte selbstständig.

Besonders risikoreich ist die Gütergemeinschaft wegen der Schuldenhaftung. Denn die Gläubiger des Mannes und der Frau können in der Regel Erfüllung aus dem Gesamtgut verlangen. Das bedeutet, dass das gemeinschaftliche Vermögen für die Schulden jedes Ehegatten haftet – von wenigen Ausnahmen abgesehen. Dies gilt auch für solche Verbindlichkeiten, die bereits bei Beginn des Güterstandes da waren, also noch aus der Zeit vor der Eheschließung herrühren, beispielsweise Unterhaltsrückstände. Während des Bestehens der Gütergemeinschaft haftet der andere Ehegatte sogar persönlich, also auch mit seinem Sonder- und Vorbehaltsvermögen, etwa geerbten Gegenständen. Besonders unvorteilhaft wirkt sich die umfassende Schuldenhaftung aus, wenn Verwandte oder ein geschiedener Ehegatte Unterhalt geltend machen. Denn alle Einkünfte der Ehegatten werden demjenigen Ehegatten zugerechnet, der Unterhaltsschuldner ist. Selbst Geldstrafen oder Schulden wegen Schadensersatzleistungen nur eines Ehegatten gehören zu den Gesamtgutsverbindlichkeiten und sind somit aus dem Gesamtgut zu bezahlen, sprich aus dem gemeinsamen Einkommen oder Vermögen.

> Angesichts der komplizierten Rechtslage bei der Gütergemeinschaft – das heißt der Existenz von fünf Vermögensmassen, der Abhängigkeit der Partner voneinander, schwierigen Verwaltungsfragen, der risikoreichen Haftung und einer besonders komplizierten Auseinandersetzung bei ihrer Beendigung – ist dieser Güterstand in der Regel nicht zu empfehlen.

7. „Zwangsheirat" wegen Schwangerschaft – das war einmal

Gebannt starrte sie auf das Plastikstäbchen. Und dann stand fest, was Miriam schon seit Tagen befürchtet hatte: Sie war schwanger. Tränen liefen ihr übers Gesicht. Aber nicht aus Freude, sondern aus Verzweiflung. Denn in ihrer Partnerschaft war sie nicht mehr glücklich, oft gab es Streit. Am wenigsten passte jetzt ein Kind in diese chaotische Beziehung.

Paul reagierte überraschend gelassen auf die Nachricht, dass er Vater werden sollte. Da sie beide knapp 30 Jahre alt waren und seit drei Jahren zusammenlebten, fand er, es sei ohnehin an der Zeit, eine Familie zu gründen. Kurz darauf machte er ihr einen halbherzigen Heiratsantrag. Er war der Meinung, dass sich das schließlich gehöre, wenn ein Kind unterwegs sei. Auch ihr Vater drängte zur Heirat. Er meinte, dass das Kind in geordneten Verhältnissen aufwachsen solle und nicht in einer wilden Ehe. Außerdem sei sie bei einer Heirat abgesichert. Aber seine Argumente überzeugten Miriam nicht.

Überzeugt hat sie vielmehr ein Gespräch mit Ihrer Mutter. Diese gestand Miriam, dass sie damals in der gleichen Situation war: schwanger und ledig. Sie wurde zur Heirat gedrängt. Miriams Vater drohte ihr an, er werde sich sonst nicht um sie und das Kind kümmern, geschweige denn sie finanziell unterstützen. Auch ihre Eltern versagten ihr jede Hilfe. Sie meinten, sie solle an ihren Ruf denken, die Nachbarn würden mit Fingern auf die Familie zeigen, wenn sie ein uneheliches Kind bekäme. Sie verlangten vor ihr, zumindest aus Rücksicht ihren Eltern gegenüber, zu heiraten, obwohl sie von den Seitensprüngen des werdenden Vaters wussten. „Die Ehe ist kein Zuckerschlecken", hieß es, und so musste sie in den sauren Apfel beißen. Viel hatte sie ertragen müssen in der Ehe. Aber sie konnte nichts tun. Sie war finanziell abhängig von ihrem Ehemann, ohne abgeschlossene Berufsausbildung, und an staatliche Unterstützung war damals nicht zu denken. Als Miriam von ihrer Mutter wissen wollte, ob sie noch einmal heiraten würde, meinte sie: „Vielleicht. Aber sicher nicht mehr deinen Vater." Damit stand der Entschluss von Miriam fest.

Paul akzeptierte ihre Entscheidung, mit der Heirat zu warten. Anfangs bemühte er sich noch sehr um Miriam. Je weiter die Schwangerschaft jedoch fortschritt, desto mehr ließ sein Interesse nach. Immer öfter war Paul allein unterwegs. Als sie im achten Monat schwanger war, ging er fremd. Miriam beendete die Beziehung sofort und Paul zog noch vor der Geburt aus. Von seinem Kind wollte er nichts wissen. Er wollte frei sein.

Wie froh sie doch war, dass sie sich nicht auf die Heirat mit Paul eingelassen hatte. Miriam war zwar jetzt alleinerziehende Mutter. Aber glücklich. Glücklich, dass sie sich das Schicksal ihrer Mutter erspart hatte, mit einem untreuen Ehemann verheiratet zu sein. Glücklich, dass sie nicht bei jeder Kleinigkeit das Kind betreffend einem desinteressierten Vater wegen Unterschriften hinterherlaufen musste. Glücklich, dass sie bei der Vergabe des Kita-Platzes als alleinerziehende Mutter bevorzugt behandelt wurde. Und glücklich, dass sich keine nervige Schwiegermutter in die Kindererziehung einmischte.

Versorgt war Miriam trotzdem, auch ohne Eheschließung. Denn Paul musste nicht nur für sein Kind, sondern auch für Miriam Unterhalt bezahlen. Und zwar so lange, bis sie wieder ganztags arbeiten gehen konnte.

Seit dem Jahr 1995 wurde der früher sehr begrenzte Unterhaltsanspruch der unverheirateten Kindesmutter gegen den Vater des nichtehelichen Kindes immer mehr ausgeweitet.

Bis zum dritten Lebensjahr des Kindes hat die nichteheliche Mutter nunmehr einen Rechtsanspruch auf persönliche Betreuung des Kindes, auf Fremdbetreuung muss sie sich nicht verweisen lassen. Der Anspruch kann sich sogar über das dritte Lebensjahr des Kindes hinaus verlängern, soweit und solange dies der „Billigkeit“ entspricht, das heißt, den Interessen des Kindes oder des betreuenden Elternteils angemessen Rechnung trägt. Hierbei sind insbesondere bestehende Kinderbetreuungsmöglichkeiten und die Belange des betroffenen Kindes zu berücksichtigen, zum Beispiel wenn das Kind eine Lernschwäche hat oder besondere Förderung erforderlich ist. Ebenso können elternbezogene Gründe zu einer Verlängerung des Unterhalts führen, etwa wenn die Kindesmutter wegen der Kinderbetreuung im Einvernehmen mit dem Vater ihre Erwerbstätigkeit aufgegeben hat. Der Unterhalt der nichtehelichen Mutter ist in den wesentlichen Punkten der Betreuungsdauer und der Verlängerungsmöglichkeiten dem nachehelichen Ehegattenunterhalt angepasst worden.

Ein wesentlicher Unterschied besteht jedoch bei der Berechnung der Unterhaltshöhe. Während man bei der Berechnung der Höhe des Ehegattenunterhaltes auf die ehelichen Lebensverhältnisse abstellt, richtet sich der Unterhaltsanspruch der nichtehelichen Mutter allein nach deren Lebensstellung und orientiert sich nicht am Einkommen des Kindesvaters. Sofern die Kindesmutter bis zur Geburt erwerbstätig war, richtet sich ihr Unterhaltsbedarf nach dem Einkommen, das sie zuletzt dauerhaft erzielte. Bezog die Kindesmutter vor der Geburt staatliche Leistungen oder hatte sie noch keine eigene Lebensstellung, zum Beispiel als Schülerin oder Studentin, ist ein Mindestbedarf in Höhe des Existenzminimums anzusetzen, das derzeit bei 800 Euro im Monat liegt.

Zu beachten ist, dass der Unterhaltsanspruch durch den Halbteilungsgrundsatz begrenzt ist, also dem Unterhaltsberechtigten nicht mehr verbleiben darf als dem Unterhaltspflichtigen. Außerdem muss der Verpflichtete leistungsfähig sein und ihm ein angemessener Selbstbehalt verbleiben, derzeit 1100 Euro monatlich. Unterhalt kann ab Geburt des Kindes übrigens auch der nichteheliche Vater gegen die Kindesmutter geltend machen, sofern er das Kind betreut.

Der Anspruch nichtehelicher Väter ist nicht nur theoretischer Natur. Denn diese haben nunmehr durch eine Reform des Sorgerechts die Möglichkeit, in einem unbürokratischen Verfahren die gemeinsame elterliche Sorge für das Kind zu erwirken und damit auch selbst ihr Kind zu betreuen. Nach altem Recht war dies nur möglich, wenn die Eltern geheiratet oder sich übereinstimmend für die gemeinsame elterliche Sorge entschieden hatten. Andernfalls war die Kindesmutter die alleinige Inhaberin der elterlichen Sorge. Nunmehr haben nichteheliche Väter die Möglichkeit, sich auch ohne Zustimmung der Kindesmutter durch einen Antrag beim Familiengericht Zugang zum Sorgerecht zu verschaffen, wenn dies das Wohl des Kindes nicht beeinträchtigt. Demzufolge steht nach neuer Rechtslage nicht mehr der Wille der Kindesmutter im Mittelpunkt, sondern das Kindeswohl.

§3 Einer zahlt immer drauf

Schon kurz nach der Hochzeit kehrt der Ehealltag ein. Die akute Phase der Verliebtheit ist überwunden, die Schmetterlinge im Bauch sind über alle Berge und der Zauber des schönsten Tags in Ihrem Leben hat sich in Luft aufgelöst. Und so landen Sie schneller als ihnen lieb ist, von der rosa Wolke sieben auf der Erde. Möglicherweise sanft. Vielleicht aber auch ungebremst mit einer Bauchlandung.

Ernüchtert stellen dann viele früher oder später fest, dass sie nicht mehr freiwillig mit ihrem Partner zusammen sind, sondern weil sie sich dazu verpflichtet haben und es das Gesetz von ihnen fordert. Diese bittere Erkenntnis bildet von nun an die Basis ihres künftigen gemeinsamen Lebens. Die Zeit des Erwachens tritt umso schneller und gnadenloser ein, je mehr sie von den negativen Auswirkungen der Ehe gebeutelt werden. Denn vielen ist nicht bewusst, dass die Ehe nicht nur positive, sondern auch negative Seiten hat. Und zwar ganz unabhängig von einer Trennung und Scheidung. Diese können bereits während des ehelichen Zusammenlebens auftreten und zu schlimmen Nachteilen führen.

Gemeint sind dabei nicht die tatsächlichen Lebensumstände, sprich die „guten und schlechten Zeiten“, Gesundheit und Krankheit und Ähnliches.

Vielmehr gibt es ungeahnte rechtliche Konsequenzen, die zum Teil gravierende Folgen haben können und mit denen man in seinen kühnsten Träumen nicht gerechnet hätte. Noch dazu treten diese Probleme ausschließlich deshalb auf, weil man die Ehe geschlossen hat.

Sprich: Die Ehe schafft Probleme, wo sonst keine sind.

Dabei geht es nicht um bloße Unannehmlichkeiten oder gefühlte Ungerechtigkeit, die man in Kauf nehmen muss. Vielmehr kann die Ehe im Einzelfall zu existenzbedrohenden Szenarien führen. So kann es beispielsweise einem unbedarften Ehegatten passieren, dass er wegen seiner Eheschließung von seinem Arbeitgeber gefeuert wird. Eine harte Strafe. Und das, obwohl Ehe und Familie unter dem besonderen Schutz des Grundrechts stehen und die Ehe als „Keimzelle der Familie“ doch eigentlich von Staat und Kirche gefördert wird. Genau diese, von Nächstenliebe predigende katholische Kirche aber setzt ihre Angestellten regelmäßig vor die Tür, wenn es diese nach einer Scheidung wagen, erneut eine Ehe einzugehen. Dabei stellt sich der Staat nicht einmal schützend vor seine Bürger. Er nickt vielmehr das diskriminierende Treiben der Kirche ab.

Aber nicht nur der Staat oder die Kirche können Ehegatten böse mitspielen. Auch selbst tappen viele Ehegatten in so manche Falle, weil sie Gefahren nicht erkennen. Zum Beispiel werden gemeinsame Verträge unterzeichnet, ein gemeinsames Bankkonto wird eröffnet oder die gemeinsame steuerliche Veranlagung gewählt. Weil man es schlicht und ergreifend nicht besser weiß, wird ungeprüft das gemacht, was all die anderen Ehepaare üblicherweise auch machen. Ob das im Einzelfall von Vorteil oder Nachteil ist, wird in der Regel vorher nicht hinterfragt. So löst also nicht nur die Ehe selbst rechtliche Probleme aus. Oftmals sind diese von den Ehegatten hausgemacht, weil im Hinblick auf die Ehe unüberlegt Entscheidungen getroffen werden.

Einen kleinen Trost gibt es allerdings: Alle Probleme, die vor der Ehe nicht da waren, teilen Sie von nun an mit Ihrem Ehegatten.

8. Kündigung wegen neuer Ehe – die katholische Kirche darf das

Als er Johanna an diesem Abend den letzten Tritt gegen den Kopf versetzte, hörte sie zu atmen auf. Der Notarzt holte sie ins Leben zurück. In ein Leben voller Angst und Gewalt – ein Leben mit Kurt, ihrem Ehemann. Drei Monate lag sie im Koma mit einem Schädel-Hirn-Trauma und Knochenbrüchen. Sie hatte viel Blut verloren.

Familie und Freunde unterstützten sie dabei, sich von ihm zu trennen. Diesmal endgültig. Es war ein harter Weg für Johanna. Oft dachte sie an das Eheversprechen, das sie ihm in der kleinen Kapelle im Dorf geben hatte. Damals war alles noch so schön. Dann verlor Kurt seine Arbeit und begann zu trinken. Immer öfter ging er auf sie los, demütigte, schlug und verletzte sie. Jetzt konnte sie einfach nicht mehr.

Nach der Scheidung traf sie den sympathischen Pfleger, der ihr im Krankenhaus oft zugehört hatte, zufällig beim Einkaufen wieder. Es dauerte lange, bis sie ein Paar wurden. Bei ihrer Hochzeit standen alle Kinder aus dem Kindergarten, in dem sie arbeitete, vor dem Rathaus und streuten Blumen. Johanna war glücklich. Jeder, der sie und ihre Leidensgeschichte kannte, freute sich mit ihr. Als sie von der Hochzeitsreise zurückkam, erhielt sie einen Einschreibebrief von ihrem Arbeitgeber. Es war keine Glückwunschkarte.

Ihr wurde gekündigt, weil sie nach ihrer Scheidung von Kurt wieder geheiratet hatte. Man warf ihr deshalb einen schweren Loyalitätsverstoß vor. Die Klage gegen die Kündigung verlor Johanna. Das Arbeitsgericht gab der katholischen Kirche, der Trägerin des Kindergartens, in dem Johanna schon seit vielen Jahren als Erzieherin gearbeitet hatte, recht.

Sie war lange arbeitslos, bis sie wieder eine Stelle fand. Aus der Kirche trat Johanna aus. Ebenso ihre Familie und der gesamte Freundeskreis.

8. Kündigung wegen neuer Ehe – die katholische Kirche darf das

Nahezu jede zweite Ehe in Deutschland wird zwischenzeitlich geschieden. Viele der geschiedenen Ehegatten treten anschließend erneut vor den Standesbeamten und gehen eine neue Ehe ein. Sofern ein wieder verheirateter Ehegatte in einem weltlichen Arbeitsverhältnis steht, dürfte dies seinen Arbeitgeber nicht sonderlich interessieren. Bestenfalls erhält er ein Geschenk zur Hochzeit.

Sofern die katholische Kirche der Arbeitgeber ist, erhält der Arbeitnehmer im Regelfall die Kündigung. Während eine „ehebedingte" Kündigung eines weltlichen Arbeitgebers unrechtmäßig ist, gelten hier andere Maßstäbe. Die Kündigung durch einen kirchlichen Arbeitgeber ist regelmäßig wirksam. Und zwar unabhängig davon, wie hart den einzelnen Arbeitnehmer und seine Familie der Arbeitsplatzverlust auch treffen mag.

Denn die katholische Kirche, die mit circa 1,3 Millionen Beschäftigten in Deutschland zu den größten Arbeitgebern gehört, hat gegenüber weltlichen Arbeitgebern weitreichende Privilegien und Sonderrechte. Diese müssen die Arbeitsgerichte zwingend beachten. So verlangt die Kirche von ihren Angestellten, dass sie die Grundsätze der christlichen Glaubens- und Morallehre auch in ihrem Privatleben anerkennen und befolgen. Eine Kündigung aus kirchenspezifischen Gründen kommt bei schwerwiegenden Loyalitätsverstößen in Betracht, unter anderem zählt dazu eine Wiederheirat nach einer Scheidung. Denn nach dem Glaubensverständnis der Kirche handelt es sich dabei um eine ungültige Ehe – weil die katholische Ehe eines der sieben Sakramente ist und geschlossen wird, „bis dass der Tod euch scheidet". Eine weltliche Scheidung ist daher schlicht unwirksam, der Geschiedene ist zur außerehelichen Enthaltsamkeit verpflichtet und darf keine neue Ehe eingehen. Allenfalls gestattet die Kirche in besonderen Härtefällen (zum Beispiel erheblicher Gewalt) die Trennung von Tisch und Bett, nicht jedoch die formelle Scheidung.

Dieser Rechtsordnung bringen viele Menschen in der heutigen Zeit nur wenig Verständnis entgegen. Das mag wohl auch daran liegen, dass man einen Normgeber vor sich hat, der sich nicht einmal selbst an seine eigenen Prinzipien und Grundsätze hält. Erschwerend kommt hinzu, dass bei Verstößen augenscheinlich mit zweierlei Maß gemessen wird. Während weltliche Mitarbeiter hart sanktioniert, das heißt mit Kündigung und Ausschluss von der Kommunion bestraft werden, nimmt man es bei Verstößen aus den eigenen Reihen nicht so genau und drückt in der Regel ein oder beide Augen zu.

9. Die Ehe als Steuersparmodell – reine Augenwischerei

Deprimiert verließ sie den Gerichtssaal. Für Ruth bedeutete die Scheidung, noch mal ganz von vorne anfangen zu müssen. Und das mit 45 Jahren. Sie fragte sich, was schief gelaufen war.

Begonnen hatte es vor 20 Jahren, als sie Volker kennenlernte. Ein halbes Jahr später kam die Verlobung, noch im selben Jahr wurde geheiratet. Ihr ging alles zu schnell, aber Volker wollte dem Staat nichts schenken und den Steuervorteil so früh wie möglich nutzen.

Vorher wurde noch ein Ehevertrag beim Notar unterzeichnet. Volker sagte, es wäre für beide das Beste. Immerhin hatte Ruth schon vor der Eheschließung eine kleine Eigentumswohnung und Volker ein Baugrundstück. Keinesfalls sollte hierüber im Fall einer Scheidung gestritten und Geld ausgegeben werden. Und so wurde Gütertrennung vereinbart. Keiner sollte bei der Scheidung vom Vermögen des anderen etwas bekommen.

Ein Jahr später war ihr erstes Kind unterwegs. Sofort wurde mit dem Hausbau auf Volkers Grundstück begonnen. Den erforderlichen Kredit bei der Bank erhielten sie problemlos.

In der Folge kümmerte Ruth sich um die Erziehung der Kinder und den Haushalt. Als der jüngere Sohn in den Kindergarten kam, begann sie, wieder Teilzeit zu arbeiten. Sie nahm eine Stelle als Aushilfe an, da sie in ihrem erlernten Beruf kein passendes Angebot in der Umgebung fand. Sie erschrak, als sie ihre erste Lohnabrechnung in Händen hielt. Die steuerlichen Abzüge waren gewaltig. Dafür hatte ihr Ehemann ein umso höheres Einkommen mit der guten Steuerklasse. Ruth musste in den sauren Apfel beißen und mit der schlechten Steuerklasse leben, immerhin waren sie ja eine Familie und das gemeinsame Einkommen zählte. Sagte Volker.

Da diesem aber allzu viele Gemeinsamkeiten nicht recht waren, bestand er auf getrennte Konten. Und so eröffnete Ruth ihr eigenes, auf welches ihr Gehalt bezahlt wurde. Volkers Gehalt ging auf sein Konto, ebenso das Kindergeld. Monatlich legte er 400 Euro in die Haushaltskasse, was jedoch bei Weitem nicht ausreichte. Immerhin mussten von dem Geld neben den Nahrungsmitteln auch noch die Nachhilfestunden, Hobbys, Kleidung und Haustiere der Kinder finanziert werden. Und so nahm sie immer öfter Geld von ihrem Konto und gab es für die Familie aus. Dass im Lauf der Zeit von ihrem Gehalt am Monatsende nie etwas übrig blieb, nahm sie in Kauf. Oft hatte Ruth ihren Mann schon gebeten, mehr Geld für die Familie beizusteuern. Aber er ließ sich nicht erweichen. Er rechnete ihr vor, dass er den Kredit für das Haus bezahlen musste und die Lebensversicherung. Diese sollte ihnen beiden im Alter zugute kommen. Den Rest benötigte Volker für sein teures Hobby, das Modellfliegen. Dieses wollte er unter gar keinen Umständen aufgeben. Und so verbrauchte Ruth weiterhin ihr gesamtes Geld für den Familienunterhalt. Ihr Konto stand regelmäßig auf null.

Als sich Volker von ihr trennte, hoffte sie, sie werde bei der Scheidung zumindest einen finanziellen Ausgleich dafür erhalten, dass sie all die Jahre die schlechte Steuerklasse hatte und von ihrem geringen Einkommen den Unterhalt der Familie finanzierte.

Ruth bekam nichts. Sie stand mit leeren Händen da, im Gegensatz zu Volker. Denn dieser konnte während der Ehe sein Haus und die Lebensversicherung finanzieren. Auf ihre Kosten. Aber das interessierte das Gericht nicht.

So manche Ehe wird geschlossen, um Steuern zu sparen. Der Staat fördert die Ehe dadurch, dass Ehegatten die Zusammenveranlagung wählen können (sogenanntes Ehegattensplitting). Durch diese Art der Besteuerung haben Ehepaare im Hinblick auf ihr gemeinsames Einkommen einen steuerlichen Vorteil.

Beim Splitting werden zunächst die Einkommen der Ehegatten addiert. Unabhängig davon, welcher Ehegatte wie viel zu diesem Gesamteinkommen beigetragen hat, wird jedem die Hälfte zugerechnet und dann nach dem Splittingtarif besteuert. Die Steuerlast der Ehegatten ist insgesamt niedriger als bei einer Einzelbesteuerung, wobei die Splittingwirkung grundsätzlich nur dann eintritt, wenn die Ehegatten unterschiedlich hohes Einkommen haben. Je größer die Einkommensdifferenz ist, desto größer fällt der Steuervorteil aus.

Wenn beide Ehegatten einer Erwerbstätigkeit nachgehen, wird in der Regel der Ehegatte mit dem höheren Einkommen nach der für ihn günstigen Steuerklasse III besteuert, der andere Ehegatte hat die ungünstige Steuerklasse V. Im Ergebnis bedeutet das, dass dem Ehegatten mit dem höheren Einkommen von seinem Arbeitslohn durch die steuerliche Entlastung mehr ausbezahlt wird als vor der Eheschließung. Dem Ehegatten mit dem niedrigeren Einkommen wird weniger ausbezahlt. Dieser hat in der Regel dadurch Anteil am steuerlichen Vorteil, dass das Einkommen des besser Verdienenden für die Familie, also auch für ihn verwendet wird. Entsprechend dem Gedanken des Gesetzgebers kommen die beiden Einkommen in einen „Topf", aus dem gemeinsam gewirtschaftet und gelebt wird.

Oftmals gibt es aber keinen gemeinsamen „Topf". Etwa wenn es kein gemeinsames Konto gibt und jeder Ehegatte ausschließlich alleine über sein Gehalt verfügen kann.

Lässt der besser verdienende Ehegatte den anderen in diesem Fall nicht am Steuervorteil teilhaben, hat dieser das Nachsehen. Denn nachträgliche Ausgleichsansprüche für den Ehegatten mit der schlechten Steuerklasse gibt es nicht. Begründet wird das damit, dass der ehelichen Lebensgemeinschaft die Auffassung zugrunde liegt, dass die Ehegatten mit dem

Einkommen gemeinsam wirtschaften und finanzielle Mehrleistungen nicht auszugleichen seien. Insofern sind die Gerichte der Auffassung, die während der Ehe praktizierte Großzügigkeit dürfe nachträglich keiner „kleinlichen Nachkalkulation" unterworfen werden. Die Ehegatten müssen sich also während der Ehe selbst um einen gerechten Ausgleich des Steuervorteils kümmern. Im Nachhinein ist das nicht mehr möglich.

Eine Teilhabe sieht der Gesetzgeber nur im Fall der Scheidung über den Zugewinnausgleich vor. Demnach muss der Ehegatte, der während der Ehe ein höheres Vermögen erwirtschaftet hat, die Hälfte davon an den anderen ausgleichen. Sofern also ein Zugewinn aus dem Steuervorteil resultiert, profitiert der Ehegatte mit der schlechten Steuerklasse. Ihm muss die Hälfte ausbezahlt werden. Er geht jedoch leer aus, wenn Gütertrennung vereinbart ist, also der Zugewinn ausgeschlossen wurde. Denn in diesem Fall findet ein Ausgleich nicht statt. Das gleiche Ergebnis kommt heraus, wenn zwar grundsätzlich ein Zugewinnausgleich stattfindet, der andere aber durch den steuerlichen Vorteil kein Vermögen geschaffen hat, sondern das höhere Einkommen während der Ehe für sich, teure Hobbys, seine Geliebte oder einen aufwendigen Lebensstil verbraucht hat. Denn wenn am Ende der Ehe kein Vermögen vorhanden ist, muss in der Regel auch nichts ausgeglichen werden.

Das Ehegattensplitting kann also dazu führen, dass ausschließlich einem Ehegatten der steuerliche Vorteil zugute kommt. Und zwar demjenigen, der ohnehin schon ein höheres Einkommen hat als der andere.

10. Ein Tag Prinzessin, 30 Jahre Aschenputtel

Nachdenklich lag sie auf der Sonnenliege. Über ihr der strahlend blaue Himmel, vor ihr ein weißer Sandstrand und das türkisfarbene Meer. Es war ihr Traumurlaub in einem Luxushotel auf den Malediven. Der erste Urlaub in ihrem Leben. Hanna war jetzt 52 Jahre alt. Als ihr der Kellner eine Piña Colada servierte, dachte sie daran, dass sie eigentlich damals mit Rudi diesen Traumurlaub geplant hatte. Hier auf den Malediven wollten sie ihre Flitterwochen verbringen. Das war vor 30 Jahren. Aber die Reise kam nie zustande. Rudi hatte es sich nach der Hochzeit anders überlegt und wollte das Geld lieber sparen. Keinen einzigen gemeinsamen Urlaub gab es während der Ehe. Eine Ehe, die so wundervoll begonnen hatte. Mit einer Traumhochzeit. Wie eine Prinzessin sah sie aus, in ihrem weißen Kleid. Zu Hause wurde sie von einer Kutsche abgeholt. Ihr Vater führte sie in die festlich geschmückte Kirche, vor ihr gingen die Blumenkinder in rosa Tüllkleidern und streuten Rosenblätter. Stolz schritt sie den Gang entlang. Der Hochzeitsmarsch ertönte. Am Altar wartete Rudi, ihr Traummann. Er hatte

Tränen in den Augen, als sie den Schleier hob und ihn ansah. Die Zeremonie verlief wie geplant. Beim Ave-Maria zückten die Verwandten die Taschentücher und die Mütter der Brautleute weinten vor Rührung. Beim Ausmarsch aus der Kirche wurden die frisch Vermählten mit Reis beworfen, der Schützenverein stand Spalier und weiße Tauben flogen in den blauen Himmel. Es folgte ein rauschendes Fest.

Schon in der Hochzeitsnacht passierte es: Hanna wurde schwanger. Sie kündigte ihre gut bezahlte Arbeitsstelle und kümmerte sich von diesem Zeitpunkt an um den Haushalt. Wenn etwas zu besorgen war, bat sie ihren Ehemann um Geld. Dieser gab ihr, was sie brauchte. Frisch verliebt wie er war, konnte er ihr keinen Wunsch abschlagen.

Dies änderte sich schnell, als ihr Sohn geboren wurde. Die Ausgaben für den Haushalt stiegen, da zusätzlich das Baby zu versorgen war. Weil Rudi immer viel zu wenig Geld in die Haushaltskasse legte, musste Hanna ihn immer öfter um Geld bitten und sich für die Ausgaben rechtfertigen. Sie sparte, wo es möglich war. Selbst konnte sie sich kaum mehr etwas leisten, etwa regelmäßige Friseurbesuche, Kosmetik oder modische Kleidung. Lieber gab sie das Geld für das Baby aus.

Ab und zu dachte sie an ihre frühere Arbeitsstelle. Wie gerne hätte sie wieder eigenes Geld verdient und gearbeitet. Doch dann wurde sie wieder schwanger. Diesmal waren es Zwillinge. Als die Kinder aus dem Gröbsten heraus waren, plante sie, in ihren Beruf zurückzukehren. Aber es ging nicht. Denn zwischenzeitlich wohnten sie in dem großen Haus mit Garten und Swimmingpool, alle Familienmitglieder hatten sich an ihren Rundum-Dienstleistungsservice gewöhnt. Als die Kinder aus dem Haus waren, pflegte Hanna viele Jahre ihre Schwiegermutter. Auch in dieser Zeit war nicht daran zu denken, eigenes Geld zu verdienen.

Die Zeit verging und ihr Ehemann wurde immer geiziger. Ständig gab es Streit um die Finanzen. Nicht einmal zu ihrem 50. Geburtstag wollte er für Hanna Geld ausgeben, um mit der Familie und Freunden in einem Lokal zu feiern. Stattdessen bestand er darauf, künftig die Einkäufe selbst zu erledigen. Er wälzte am Wochenende die Werbeblätter und begab sich unter der Woche stundenlang auf Schnäppchenjagd. Die Wünsche von Hanna ignorierte er, nicht einmal das Biomüsli gönnte er ihr mehr. Stattdessen kaufte er alles im Discounter.

Als es Hanna nicht mehr aushielt, trennte sie sich von ihrem Ehemann. Erst von ihrer Anwältin erfuhr sie, dass dieser wesentlich mehr verdiente, als er immer behauptete. Zusätzlich hatte er ein beträchtliches Vermögen angespart. Da Rudi Unterhalt bezahlen musste, hatte Hanna nun monatlich so viel Geld zur Verfügung, wie sie sich niemals hätte träumen lassen. Außerdem musste Rudi bei der Scheidung die Hälfte des Geldes abgeben, das er durch seine Sparsamkeit angehäuft hatte. Dafür konnte sich Hanna jetzt all das leisten, war sie in ihrer 30-jährigen Ehe entbehren musste.

Wie gern hätte sie dieses Geld mit Rudi ausgegeben. Aber dafür war es jetzt zu spät.

Streit über die Finanzen ist in einer Ehe einer der größten Beziehungskiller. Wenn beide Ehegatten gleich viel verdienen, gibt es in der Regel keine Diskussionen ums Geld. Diese treten meist dann auf, wenn ein Ehegatte weniger als der andere oder gar nichts verdient und es darum geht, das Einkommen des erwerbstätigen Ehegatten zu verteilen.

Sofern ein Ehegatte den Haushalt im Einvernehmen mit dem anderen Ehegatten allein führt, leistet er einen gleichwertigen Beitrag wie der erwerbstätige Partner zum Familienunterhalt. Dies ist im Gesetz ausdrücklich so geregelt. Folglich hat der erwerbstätige Ehegatte die Familie in finanzieller Hinsicht in vollem Umfang zu unterhalten. Dies umfasst alles, was nach den Verhältnissen der Ehegatten erforderlich ist, um die Kosten des Haushalts zu bestreiten und ihre persönlichen Bedürfnisse und den Lebensbedarf der gemeinsamen Kinder sicherzustellen. Dazu gehört zum einen das Haushaltsgeld, das für die Haushaltsführung und zur Sicherung des Lebensbedarfs der Familie erforderlich ist, zum Beispiel für Nahrung, Kosten der Wohnung, Heizung, Kleidung, Erziehungs- und Ausbildungskosten der Kinder, Pflegeartikel oder Ausgaben für medizinisch notwendige Behandlungen.

Neben dem Haushaltsgeld steht dem haushaltsführenden Ehegatten Taschengeld zu. So hat jeder Ehegatte Anspruch auf einen angemessenen Teil des Gesamteinkommens, der ihm die Befriedigung seiner persönlichen Bedürfnisse nach eigenem Wünschen ermöglicht, ohne dass der andere Ehegatte ein Mitspracherecht hat. Die Höhe des Taschengeldes richtet sich nach Vermögen, Einkommen, Lebensstil und Zukunftsplanung der Ehegatten. Es beträgt circa 5 bis 7 Prozent des bereinigten Nettoeinkommens des Erwerbstätigen und wird gebildet aus dem Nettoeinkommen abzüglich der Vorsorgeaufwendungen, berufsbedingten Aufwendungen sowie berücksichtigungsfähigen Schulden und Unterhaltspflichten.

> Sofern sich der erwerbstätige Ehegatte weigert, angemessenes Haushaltsgeld oder Taschengeld zu bezahlen, bleibt dem anderen Ehegatten nichts anderes übrig, als seine Ansprüche vor dem Familiengericht durchzusetzen. Da jedoch viele haushaltsführende Ehegatten nicht den Bestand der Ehe durch einen Streit über das Haushalts- oder Taschengeld gefährden wollen, sind diese Verfahren die Ausnahme. So werden der Geiz und die Sparsamkeit des Erwerbstätigen nicht selten über viele Jahre hinweg geduldig ertragen, bis dadurch die Ehe irgendwann scheitert.

11. Veräußern von Vermögen: Nicht ohne Zustimmung des Ehepartners

„Dich mach ich fertig", waren die letzten Worte ihres Ehemannes bei seinem Auszug.

Endlich war er weg. Nun hatten Lara und die drei Kinder Ruhe. Seine Drohung nahm sie nicht ernst. Schlimmer konnte es nicht kommen. Mit Unterhaltszahlungen war ohnehin nicht zu rechnen, da ihr Ehemann arbeitslos war. Und das Haus, in dem sie jetzt mit den Kindern lebte, stand schon bei der Eheschließung in ihrem Eigentum. Sie hatte es vor vielen Jahren von ihrer Großmutter geerbt, es war schuldenfrei. Ein finanzieller Ausgleich stand ihrem Ehemann ihrer Meinung nach bei einer Scheidung folglich nicht zu. Ihr konnte also nichts passieren.

Sie plante mit ihren Kindern einen Neuanfang in einer anderen Stadt. Das Haus sollte verkauft werden. In einer kleinen Eigentumswohnung wollte sie in Ruhe und Frieden mit den Kindern leben. Weit weg von ihrem Mann. Von dem restlichen Geld sollten Schulden aus der Ehe zurückgezahlt werden. Außerdem wollte sie eine Reise in die Türkei finanzieren. Ihre Tochter war behindert, es wurde ihr zu einer Delphintherapie geraten, die aber die Krankenkasse nicht bezahlte. Das Geld aus dem Hausverkauf konnte sie hierfür gut gebrauchen.

Schnell hatte der Immobilienmakler einen Interessenten für ihr Haus gefunden. Einen jungen Familienvater, der einen guten Preis bot. Lara war glücklich, endlich konnte sie neu anfangen und ihre Träume in die Tat umsetzen.

Wie eine Seifenblase zerplatzten diese jedoch. Denn als sie wegen des Kaufvertrags zu einem Vorgespräch beim Notar war, erklärte ihr dieser, dass ihr Ehemann nach den gesetzlichen Vorschriften dem Verkauf zustimmen musste. Dabei spielte keine Rolle, dass sie das Haus schon mit in die Ehe gebracht hatte und alleinige Eigentümerin war. Lara befürchtete das Schlimmste und dachte an die letzten Worte ihres Mannes bei seinem Auszug.

Wie erwartet konnten weder der Notar noch der Makler oder Rechtsanwalt ihren Ehemann dazu bringen, dem Verkauf freiwillig zuzustimmen. Ohne Grund verweigerte er seine Einwilligung. Am einfachsten wäre es für sie gewesen, sofort die Scheidung zu beantragen, dann hätte sie seine Zustimmung nicht mehr benötigt. Das ging aber nicht, weil das Trennungsjahr erst seit Kurzem lief. Mit einer Scheidung war also frühestens in einem Jahr zu rechnen.

Letztendlich musste sie ein Verfahren vor dem Familiengericht einleiten, um die Zustimmung per Gerichtsbeschluss zu erzwingen. Das zog sich über mehrere Monate hin. Der Kaufinteressent sprang zwischenzeitlich ab, ihm dauerte das Ganze zu lang.

Als das Verfahren endlich beendet war, konnte sie ihr Haus verkaufen. Allerdings zu einem deutlich niedrigeren Kaufpreis. Und von diesem musste sie noch dazu Gerichts- und Anwaltskosten bezahlen.

Wer glaubt, man dürfe seine eigenen Sachen nach Lust und Laune verkaufen, kann eine böse Überraschung erleben. Jedenfalls wenn er verheiratet ist. Zwar verwaltet im gesetzlichen Güterstand der Zugewinngemeinschaft jeder Ehegatte sein Vermögen grundsätzlich selbstständig. Eine Ausnahme gilt jedoch dann, wenn ein Ehegatte über sein eigenes Vermögen im Ganzen verfügen möchte. Denn hierfür ist die Zustimmung des anderen erforderlich. Diese gesetzliche Regelung dient der Erhaltung der wirtschaftlichen Existenzgrundlage der Familie und soll den anderen Ehegatten vor der Gefährdung seines möglichen Zugewinnausgleichs bei der Scheidung schützen.

Zustimmungsbedürftig sind Rechtsgeschäfte über das gesamte Vermögen oder über einzelne Gegenstände, zum Beispiel ein Haus oder Grundstück, wenn diese nahezu das gesamte Vermögen des Ehegatten ausmachen. Das ist der Fall, wenn nach dem Verkauf weniger als circa 10 bis 15 Prozent vom einstigen Vermögen übrig bleiben. Unberücksichtigt bleibt also das, was an die Stelle des Vermögensgegenstands tritt, etwa der erzielte Kaufpreis. Unerheblich ist ebenso, ob der verfügende Ehegatte das Vermögen schon bei Eheschließung hatte oder dieses erst später erwirtschaftet wurde.

Ohne die erforderliche Zustimmung des anderen Ehegatten ist ein solches Rechtsgeschäft unwirksam. Allerdings kann das Familiengericht auf Antrag die Zustimmung ersetzen. Das setzt voraus, dass das Rechtsgeschäft den Grundsätzen einer ordnungsgemäßen Verwaltung entspricht und der andere seine Zustimmung ohne ausreichenden Grund verweigert oder beispielsweise durch Krankheit verhindert ist. Sofern also ein Ehegatte grundlos nicht einwilligt, bleibt nur der langwierige und kostspielige Weg über das Familiengericht. Ansonsten kann man während der Ehe nicht wirksam über sein eigenes Vermögen verfügen.

Auch Haushaltsgegenstände sind von dieser Regelung betroffen. Wenn ein Ehegatte also über einen ihm gehörenden Gegenstand des ehelichen Haushalts verfügen will, benötigt er hierzu ebenfalls das Einverständnis des Partners.

Eine solche Zustimmung ist übrigens nur dann erforderlich, wenn die Ehegatten im gesetzlichen Güterstand der Zugewinngemeinschaft leben. Wird hingegen Gütertrennung vereinbart, können beide frei verfügen und müssen den anderen nicht um seine Einwilligung bitten. Gleiches gilt, wenn Ehegatten, die im gesetzlichen Güterstand der Zugewinngemeinschaft leben, im Vorfeld die Verfügungsbeschränkung durch notariellen Vertrag aufheben. Die meisten machen von dieser Möglichkeit jedoch keinen Gebrauch, weil sie nicht ahnen, dass die Ehe ihr Recht beschneidet, über eigenes Vermögen frei zu verfügen.

12. Das Tollpatsch-Privileg

Er schämte sich in Grund und Boden, als er mit dem Makler und den Mietinteressenten durch die Räume ging. Erst vor einer Woche war seine Ehefrau mit den fünf Kindern aus seinem Einfamilienhaus ausgezogen. Nun wollte Marko es sofort vermieten. Nicht im Traum hatte er daran gedacht, dass sich das Haus in einem solchen Zustand befinden könnte. Ansonsten hätte er nicht gleich den Makler zur Besichtigung bestellt und sich diese Blamage erspart.

Dabei hatte er es doch gut gemeint. Vor über einem Jahr war er aus dem Haus ausgezogen und hatte es seitdem nicht mehr betreten. Seine Ehefrau wollte eine Auszeit. Er überließ ihr das Haus freiwillig zur Nutzung. Den fünf gemeinsamen Kindern zuliebe. Neben dem Unterhalt bezahlte er sogar die gesamten Nebenkosten. Denn er wollte nicht, dass die Kinder von heute auf morgen aus ihrer gewohnten Umgebung gerissen wurden.

Und das war nun der Dank: Im gesamten Haus waren die teuren Teppichböden verschmutzt. Darauf befanden sich undefinierbare Flecken, zum Teil Brandlöcher. Der edle Parkettboden im Erdgeschoss war zerkratzt, die Wände waren mit Fingerfarben beschmiert. Die Küche war total verdreckt, in den Ecken bildete sich bereits Schimmel, zum Teil waren Schubladen aus der Verankerung gerissen. Den Herd konnte man nicht mehr benutzen, weil das Ceranfeld zersprungen war. Der Garten, den einst für viel Geld ein Gärtner angelegt hatte, bestand aus Unkraut und Gestrüpp. Weder die teuren Sträucher noch der Rasen waren noch erkennbar. Die Holzterrasse war zum Teil abgebrannt, auf den Überresten stand der Grill vom letzten Sommer. Schließlich musste er feststellen, dass seine wertvollen Koi-Karpfen tot an der Wasseroberfläche des Gartenteichs trieben.

Mit betretenen Mienen verabschiedeten sich die Mietinteressenten. Der Makler riet Marko, zunächst das Haus auf Vordermann zu bringen. Erst dann wären weitere Besichtigungen sinnvoll. Viel Zeit und Geld investierte er, um die Schäden zu beseitigen, die seine Ehefrau hinterlassen hatte. Erst sechs Monate später konnte das Haus vermietet werden.

Von seiner Ehefrau forderte Marko Schadensersatz. Für den Mietausfall und die Renovierungskosten. Immerhin war sie schuld, dass das Haus derart heruntergekommen war und er viel Geld investieren musste, bis es wieder vermietet werden konnte. Fest glaubte er daran, dass sie nicht so leicht davonkommen werde und dass er für seine Gutmütigkeit nicht auch noch bestraft werden würde.

Die Quittung bekam er vom Gericht. Seine Klage wurde abgewiesen. Er blieb auf dem gesamten Schaden sitzen.

Sofern ein tollpatschiger Handwerker bei Ihnen zu Hause etwas kaputt macht, wird Ihnen der dadurch entstandene Schaden meist anstandslos ersetzt. Wenn jedoch Ihr Ehegatte beim Waschen Ihr Smartphone ertränkt, werden Sie im Regelfall leer ausgehen. Denn durch die Ehe wird das Entstehen von gegenseitigen Schadensersatzansprüchen, etwa durch Sachbeschädigung oder Körperverletzung, erheblich erschwert.

Insofern haben Ehegatten nur für diejenige Sorgfalt einzustehen, die sie typischerweise in eigenen Angelegenheiten walten lassen. Der Umfang der Sorgfaltspflicht ist während des Bestehens einer Ehe also deutlich herabgesetzt. Ist ein Ehegatte üblicherweise tollpatschig, ungeschickt, unordentlich, nachlässig oder schlampig, und verursacht er hierdurch fahrlässig Schäden am Eigentum des anderen, kann dieser keine Schadensersatzansprüche geltend machen. Denn so wie ein Ehegatte mit seinen eigenen Sachen umgeht, darf er auch mit den Sachen seines Ehegatten verfahren.

Die Milderung des Haftungsmaßstabs findet allerdings ihre Grenzen. Zum einen dann, wenn ein Ehegatte grob fahrlässig oder vorsätzlich handelt, etwa mit Absicht die Katze des Partners vergiftet. Eine Ausnahme besteht zum anderen, wenn ein Ehegatte unter Verstoß gegen die Regeln des Straßenverkehrsrechts den Partner verletzt oder schädigt. Dann haftet er uneingeschränkt, also auch für einfache Fahrlässigkeit, wie der Ehegatte, der chronisch zu schnell unterwegs ist und den Pkw des anderen fahrlässig zu Schrott fährt.

Sofern ein Ehegatte in solchen Fällen uneingeschränkt haftet, gibt es eine zusätzliche Hürde. Die Befugnis zur Geltendmachung von Schadensersatzansprüchen gegen den anderen Ehegatten ist durch das Gebot der gegenseitigen Rücksichtnahme eingeschränkt. Deshalb kann es sein, dass Ersatzansprüche gegen den schädigenden Ehegatten nur teilweise oder im Einzelfall gar nicht geltend gemacht werden können. Ausschlaggebend ist, ob sich der Schädiger bemüht, den Schaden anderweitig im Rahmen seiner wirtschaftlichen Möglichkeiten zu überwinden oder zu lindern. Wenn also Hilfsmaßnahmen ausreichend erfolgt sind, scheiden Schadensersatzansprüche in der Regel aus. In diesem Fall besteht eine Verpflichtung des Geschädigten zum „Stillhalten“.

Schadensersatzansprüche gegenüber einem Ehegatten lassen sich daher nicht – wie einem Dritten gegenüber – uneingeschränkt geltend machen, sondern nur in Ausnahmefällen. Meistens bleiben also geschädigte Ehegatten auf ihrem Schaden sitzen, insbesondere wenn es sich um einfache Fahrlässigkeit im häuslichen Bereich handelt, also wenn Kleidung falsch gewaschen wird, Geräte beschädigt werden und bei anderen Malheurs.

13. Ich bin dann mal über alle Berge

Eine halbe Stunde lang hatte sie den kleinen Linus geschaukelt. Endlich war er eingeschlafen, um zwei Uhr nachts. Christina wagte es nicht, das Kind ins Bettchen zu legen. Sie hatte Angst, dass es wieder zu schreien anfing und dass seine Zwillingsschwester aufwachte. Und sie hatte vor allem Angst, dass sie die Kontrolle über sich verlieren würde. Diese Gefühle hatte sie oft in letzter Zeit. Sie war gereizt, unkonzentriert und weinte häufig. Sie schlief kaum noch. Linus war ein Schreikind. Wenn sie am Morgen aufstand, war sie gleich wieder müde. Den Haushalt erledigte sie mehr schlecht als recht. Jeden Tag Wäsche waschen, bügeln, kochen, abspülen, saubermachen, einkaufen. Und nebenher drei kleine Kinder versorgen. Dazu kamen Arztbesuche und Behördengänge.

Christina war an der Grenze ihrer Belastbarkeit angelangt. Das hatte sie selbst erkannt. Aber was sollte sie tun? Schon der Gedanke, zum Arzt zu fahren, um sich helfen zu lassen, löste bei ihr Panikzustände aus. Alle drei Kinder fertig machen, ins Auto packen. Dann die lange Autofahrt, das Warten. An ein ruhiges Gespräch mit dem Arzt war nicht zu denken. Bestimmt würde Linus wieder schreien. Ihre eigene Mutter lehnte es inzwischen ab, auf alle drei Kinder aufzupassen. Sie meinte, das sei zu viel für sie.

Auch für Christina war es zu viel, aber sie hatte ja keine Wahl. Im Gegensatz zu ihrem Ehemann.

Sie wusste noch genau, wie sehr er sich gleich nach der Hochzeit Kinder gewünscht hatte. Sie wollte noch warten, um ihre Ausbildung zu beenden. Aber ihr Mann überredete sie, gleich den Kinderwunsch in die Tat umzusetzen. Und so gründeten sie im Alter von knapp 20 Jahren eine Familie. Als ihre Tochter zwei war, wurde die Familienplanung fortgesetzt. Diesmal waren es Zwillinge. Christinas Schwester war ihr bei der Betreuung von Anfang an eine große Hilfe. Jeden Tag stand sie ihr zur Seite. Allein hätte sie es nicht geschafft, allen drei Kindern gerecht zu werden. Auch ihr Mann kümmerte sich um die Familie. Vor allem nach Feierabend und am Wochenende entlastete er sie, damit sie Zeit für sich hatte und zur Ruhe kommen konnte. Doch irgendwann wurde es ihm zu viel. Er packte seine Koffer und zog aus. Sie und die drei Wunschkinder ließ er zurück. Einfach so.

Auch die Kinder waren bald weg. Sie wurden vom Jugendamt in einer Pflegefamilie untergebracht. Denn ihr Ehemann kümmerte sich nicht mehr um seine Familie, geschweige denn dass er Christina bei der Betreuung entlastete. Er hatte eine neue Liebe gefunden und wollte diese in vollen Zügen genießen. Da es sich hierbei um ihre eigene Schwester handelte, stand auch diese für die Kinderbetreuung nicht mehr zur Verfügung. Christina wollte mit ihr nichts mehr zu tun haben. So war sie mit den Kindern von heute auf morgen auf sich allein gestellt. Hilfesuchend wandte sie sich nach mehreren Monaten an das Jugendamt. Sofort wurde ihr eine Familienhelferin zugeteilt. Aber die Hilfe kam leider zu spät. Als die Familienhelferin feststellen musste, dass Christina aufgrund ihrer Depressionen den Haushalt und die Kinder nicht mehr ausreichend versorgen konnte, wurden diese in einer Pflegefamilie untergebracht. Einige Monate verbrachte Christina in einer Klinik, um sich zu erholen. Dann durfte sie die Kinder wieder zu sich nehmen. Da sie keine Ausbildung hatte und ihr Mann nur wenig Unterhalt für die Kinder bezahlte, lebte sie von nun an von staatlicher Unterstützung. Ihr Mann gründete nach der Scheidung eine neue Familie.

Eine Ehe wird auf Lebenszeit geschlossen. Im Vertrauen darauf wird oftmals eine Familie gegründet. Im Zusammenhang damit fallen auch weitreichende Entscheidungen, zum Beispiel über die Rollenverteilung in der Ehe und darüber, wer überwiegend zu Hause bleibt, zumindest in den ersten Lebensjahren der gemeinsamen Kinder. Dementsprechend wird ein Ehegatte seine Berufstätigkeit einschränken oder aussetzen. Für den anderen hingegen wird sich durch die Geburt der Kinder nichts ändern, zumindest was seine Erwerbstätigkeit anbelangt. Der Ehegatte, der seine berufliche Tätigkeit einschränkt, verlässt sich berechtigterweise darauf, dass der andere die Familie mit seinem Einkommen unterhält und dass beide die Kinder gemeinsam großziehen. Das ist der Regelfall.

Dies kann sich schnell ändern, wenn ein Ehegatte an dem gemeinsamen Lebensplan nicht mehr festhalten möchte und die Familie verlässt. Der andere wird meist vor vollendete Tatsachen gestellt und muss künftig die gemeinsamen Kinder allein erziehen und betreuen, möglicherweise neben seiner beruflichen Arbeit. Entgegen der ursprünglichen Vorstellung ist er von nun an auf sich allein gestellt und muss damit irgendwie zurechtkommen. Besonders hart ist es, wenn der andere von den Wunschkindern nichts mehr wissen will, keinen Umgang möchte und wenig Unterhalt bezahlt. Der Verlassene muss dann nicht nur die Kinder 7 Tage in der Woche 24 Stunden am Tag allein betreuen. Er muss auch zusehen, wie die Familie von nun an finanziell über die Runden kommt. Nicht selten kommt es in dieser Lage zu einer Überforderung des sitzen gelassenen Ehegatten.

Oftmals ist in solchen Fällen Hilfe vom Jugendamt notwendig, damit der verlassene Ehegatte lernt, mit der neuen Situation umzugehen. So gewähren Jugendämter Hilfe zur Erziehung, unter anderem in Form von sozialpädagogischer Familienhilfe. Dabei sollen durch Beratung und Begleitung über einen längeren Zeitraum hinweg Alltagsprobleme gelöst und Konflikte bewältigt werden. Dies geschieht, indem Familienhelfer wöchentlich für mehrere Stunden die betroffenen Familien zu Hause besuchen und die Eltern bei der Erziehung oder der Versorgung des Haushalts anleiten. Es wird also Hilfe zur Selbsthilfe geleistet. Und zwar so lange, bis der verlassene Ehegatte mit der Trennung, dem Haushalt und den Kindern allein zurechtkommt.

14. Ausgeliefert: Das gemeinsame Bankkonto

Endlich war sie frei und unabhängig. Mit Olaf sollte es keine Gemeinsamkeiten mehr geben. Immerhin waren sie jetzt geschieden. Beim Scheidungstermin hatten sie vereinbart, dass ihr Exehemann das alte Gemeinschaftskonto übernehmen sollte. Sara brauchte es ja nicht mehr. Sie hatte jetzt endlich ihr eigenes Konto. Darauf wurde ihr Lohn überwiesen. Kindesunterhalt bekam sie nicht. Denn Olaf hatte als Frührentner nur ein geringes Einkommen.

Als Sara wenige Monate nach der Scheidung ihre Kontoauszüge abholte, konnte sie es nicht fassen. Die Bank hatte ihren gesamten Lohn einbehalten. Keinen Cent konnte sie von ihrem Geld abheben, das Konto stand auf null. Wovon sollte sie jetzt die Miete, Lebensmittel und den Schulausflug der Kinder bezahlen?

Dies interessierte die Bank kein bisschen. Vielmehr wurde ihr vorgehalten, dass das alte Gemeinschaftskonto bis zum Kreditlimit überzogen war. Da ihr Exehemann pleite war, verlangte die Bank, dass sie jetzt für die Schulden aufkam. Schulden, die Sara nicht gemacht hatte, denn das Konto wies bei der Scheidung sogar ein geringes Guthaben auf. Danach hatte sie mit dem Konto nichts mehr zu tun gehabt. Schließlich war vereinbart, dass es Olaf übernahm. Den Schuldenbetrag zog die Bank dennoch gnadenlos von ihrem hart erarbeiteten Gehalt ab, das auf ihr neues Konto einbezahlt wurde. Kein Cent blieb ihr und den Kindern zum Leben.

Dass Sara als alleinerziehende Mutter dringend auf ihr monatliches Einkommen angewiesen war, zählte für die Bank nicht. Den Verantwortlichen war es auch gleichgültig, wovon Sara und ihre minderjährigen Kinder in diesem Monat leben sollten. Vielmehr berief man sich auf die Allgemeinen Geschäftsbedingungen. Damit war der Fall für die Bank erledigt.

Obwohl das Horrorszenario, dass ein Ehegatte das Konto plündert und das ganze Geld abräumt, bekannt ist, setzen sich viele Ehegatten dieser Gefahr aus. Denn häufig errichten Ehegatten bei der Bank ein Gemeinschaftskonto. Auf dieses fließen die Gehälter, von denen die monatlichen Ausgaben bezahlt werden, wie Miete, Strom, Kreditraten. Ein solches Konto kann entweder in der Form eines „Und-Kontos“ (nur beide Ehegatten können gemeinsam verfügen) oder eines „Oder-Kontos“ (jeder Ehegatte kann allein verfügen) geführt werden. Letzteres ist der Regelfall. Die Folge ist, dass die Ehegatten gegenüber der Bank Gesamtgläubiger sind, das heißt, die Bank muss an jeden Ehegatten ausbezahlen, der dies verlangt. Der andere braucht sein Einverständnis hierzu nicht jedes Mal zu erteilen. Dies eröffnet jedem Ehegatten die Möglichkeit, ohne Wissen des anderen das Gemeinschaftskonto vollständig abzuräumen. Ob der Ehegatte hierzu gegenüber dem anderen berechtigt ist, spielt für die Bank keine Rolle. Das müssen die Ehegatten unter sich regeln, wobei der Grundsatz gilt, dass jedem Ehegatten die Hälfte am Guthaben zusteht. Insofern kann ein Ehegatte wegen unberechtigter Abhebungen Ansprüche nur gegen den unrechtmäßig handelnden Ehegatten geltend machen, nicht aber gegenüber der Bank.

Abgesehen davon besteht zusätzlich die Gefahr, dass ein Ehegatte sogar Schulden mit Wirkung für den nichts ahnenden Ehegatten machen kann. Denn ein gemeinschaftliches Konto hat zur Folge, dass zwischen den Ehegatten Gesamtschuldnerschaft besteht. Das bedeutet, dass beide der Bank gegenüber für Kontoüberziehungen in dem Kreditrahmen haften, der mit der Bank vereinbart war. Hierbei spielt es keine Rolle, wer das Konto überzogen hat oder ob er im Verhältnis zum anderen Ehegatten dazu überhaupt berechtigt war. So muss jeder Ehegatte gegenüber der Bank auch für die Schulden aufkommen, die der jeweils andere zu Lasten des Gemeinschaftskontos verursacht hat. Er haftet der Bank gegenüber also nicht nur für die Hälfte, sondern komplett.

Besonders leicht haben es Banken bei Überziehungen, wenn einer der Ehegatten bei der gleichen Bank ein weiteres Konto führt und dieses ein Guthaben aufweist. Denn dann besteht die Möglichkeit, dass dieses Guthaben direkt mit den Schulden des Gemeinschaftskontos verrechnet wird. Die gemeinsamen Schulden werden in diesem Fall vom Guthaben des Einzelnen einfach abgezogen. Diese Möglichkeit ist in den meisten Allgemeinen Geschäftsbedingungen der Banken vorgesehen. Die Folge ist unter anderem, dass der Pfändungsschutz von Arbeitseinkommen, der die Existenzsicherung des Schuldners und minderjähriger Kinder sicherstellen soll, umgangen wird. Somit können sich die Banken am gesamten Arbeitseinkommen bedienen ohne Rücksicht darauf, dass dadurch das Existenzminimum ihrer Kunden und das ihrer Kinder gefährdet ist.

Dies gilt selbst dann, wenn sich der andere Ehegatte etwa bei der Scheidung verpflichtet hat, das Gemeinschaftskonto oder bestehende Verbindlichkeiten in vollem Umfang zu übernehmen. Denn eine solche interne Absprache zwischen Ehegatten hat keine Wirkung gegenüber der Bank. Eine Ausnahme besteht nur dann, wenn die Kontoinhaberschaft im Einverständnis mit der Bank geändert wird. Ansonsten besteht das Gemeinschaftskonto weiter fort. Mit allen sich daraus ergebenden Gefahren.

15. Wenn der Vermieter der Dumme ist

Sein halbes Leben hatte er gespart. Das Reihenhaus war als Altersvorsorge gedacht. Jakob wollte unbedingt eine Immobilie anschaffen, einen bleibenden Wert. Eine Geldanlage war ihm zu unsicher.

Die Mieteinnahmen sollten ihm zusätzlich zu seiner Rente einen sorgenfreien Ruhestand ermöglichen. Viele Monate renovierte er das Haus. Dann suchte er nach passenden Mietern. Er war froh, als sich die nette Familie Huber auf sein Inserat meldete. Sie würden sicher lange dort wohnen bleiben, die Kinder waren ja noch klein. Über den Mietpreis wurde man sich schnell einig. Es war Jakob etwas unangenehm, sie auf die finanzielle Situation anzusprechen. Aber ein geregeltes Einkommen war Voraussetzung für den Abschluss des Mietvertrags. Er war beruhigt, als er hörte, dass der künftige Mieter leitender Angestellter in einem großen Elektromarkt war. Seine Ehefrau erhielt derzeit Elterngeld, wollte später wieder in ihrem Beruf als kaufmännische Angestellte arbeiten. Jakob besorgte sich aus der Buchhandlung einen Mietvertrag. Diesen unterschrieb das Ehepaar. Die Miete wurde immer pünktlich bezahlt.

Jakob bedauerte sehr, als er nach einigen Jahren erfuhr, dass sich seine Mieter getrennt hatten und Herr Huber ausgezogen war. Da die Miete weiterhin bezahlt wurde, machte er sich allerdings keine Sorgen. Auch nicht, als er ein Einschreiben seiner Mieter erhielt, in dem stand, dass sie jetzt geschieden waren und Herr Huber seiner Exfrau und den Kindern das Haus zur alleinigen Nutzung überlassen hatte.

Doch einige Monate später gingen die Probleme los. Die Miete wurde nur noch unregelmäßig bezahlt, dann gar nicht mehr. Frau Huber erklärte Jakob, dass ihr Mann keinen Ehegattenunterhalt mehr bezahlte. Mit den drei Kindern bekam sie auch nicht so leicht einen Job. Die Miete konnte sie nicht mehr bezahlen – wovon auch? Jakob forderte Herrn Huber auf, die rückständige Miete sofort zu begleichen. Immerhin hatte dieser den Mietvertrag mitunterschrieben. Doch Herr Huber reagierte nicht. Jakob kündigte daraufhin das Mietverhältnis fristlos. Da Frau Huber nicht freiwillig auszog, erhob er vor dem Amtsgericht eine Räumungsklage; zusätzlich klagte er die ausstehende Miete ein. Eine stattliche Summe.

Die Klage gegen Herrn Huber verlor Jakob mit Pauken und Trompeten. Dieser war nämlich aus dem Mietverhältnis ausgeschieden, wie ihm der Richter in der Verhandlung erklärte. Der Räumungsprozess gegen Frau Huber mit anschließender Zwangsräumung einschließlich aller Vollstreckungsschutzanträge dauerte über ein Jahr. Das Verfahren kostete ihn viel Geld. Ganz zu schweigen von dem Mietausfall, auf dem er letztlich sitzen blieb.

Um die Kosten für die Anwälte, das Gericht und den Gerichtsvollzieher aufzubringen, musste er schweren Herzens sein Haus verkaufen.

Prinzipiell können Verträge nur im Einverständnis aller Vertragsparteien geändert werden, insbesondere dann, wenn es um die Änderung wesentlicher Vertragsbestandteile geht. Dazu zählen zweifelsfrei die Vertragsparteien. Eine Ausnahme von diesem Grundsatz gilt bei Mietverträgen mit Ehepaaren.

Haben Ehegatten zusammen einen Mietvertrag für die Ehewohnung unterzeichnet, kann das Mietverhältnis nach rechtskräftiger Scheidung umgestaltet werden. Und zwar ohne Zustimmung des Vermieters. Voraussetzung ist, dass sich die geschiedenen Ehegatten darüber einig sind, wer von beiden die Wohnung weiter nutzen soll. Dies muss dem Vermieter mitgeteilt werden.

Die Folge ist, dass das Mietverhältnis durch diese Mitteilung umgestaltet wird, unabhängig davon, ob dies dem Vermieter passt oder nicht. Somit scheidet ein Ehegatte aus den Rechten und Pflichten des Mietvertrages aus, das heißt, er muss künftig keine Miete mehr bezahlen. Der Vertrag wird vom anderen Ehegatten allein fortgesetzt. Im Übrigen bleibt der Mietvertrag bestehen; es ändert sich nur die Person des Mieters. Dies kann für den Vermieter zu dem unerwünschten Ergebnis führen, dass der erwerbstätige Ehegatte aus dem Vertrag ausscheidet und der Ehegatte, der sich die Miete eigentlich nicht leisten kann, alleiniger Mieter wird.

Der Vermieter hat in diesem Fall nur die Möglichkeit, das Mietverhältnis innerhalb von einem Monat außerordentlich zu kündigen. Voraussetzung für dieses Sonderkündigungsrecht ist, dass dem Vermieter nicht zugemutet werden kann, das Mietverhältnis fortzusetzen. Dies kommt beispielsweise in Betracht, wenn der nunmehr alleinige Mieter nicht in der Lage ist, die Miete zu bezahlen, wobei öffentliche Hilfen (zum Beispiel Wohngeld) oder Unterhaltszahlungen bei der Prüfung der Zahlungsunfähigkeit berücksichtigt werden. Außer diesem Sonderkündigungsrecht stehen dem Vermieter ansonsten keine Sicherungsmöglichkeiten für die künftigen Mietzahlungen zu. Der Gesetzgeber hat sich bewusst gegen Schutzmaßnahmen entschieden, denn er ist der Meinung, dass der Vermieter durch die Mietkaution genügend abgesichert ist. Überdies steht ihm ein fristloses Kündigungsrecht bei Zahlungsverzug zu. Dies stellt jedoch bei Weitem keinen ausreichenden Schutz des Vermieters dar, wenn das Mietverhältnis wegen Zahlungsverzugs gekündigt wird. Denn ein Räumungsprozess mit notwendiger Zwangsvollstreckung und allen Vollstreckungsschutzanträgen dauert mindestens ein Jahr.

> Wenn man die hohen Kosten eines solchen Verfahrens und die ausbleibenden Mietzahlungen betrachtet, kann der Verlust, den ein Vermieter durch Ausscheiden eines Ehegatten aus einem Mietvertrag erleidet, immens hoch und im Extremfall sogar existenzgefährdend sein.

16. Das stille Leiden der Kinder

„Herr Dr. Meise, Ihre Mutter ist am Telefon." Er übernahm das Gespräch. Seine Mutter bat ihn mit bebender Stimme, am Wochenende nach Hause zu kommen. Sie müsse etwas Wichtiges mit ihm besprechen. Am Telefon wolle sie nicht darüber reden.

Am Wochenende machte sich Martin auf den Weg in seinen 500 Kilometer entfernt liegenden Heimatort. Er war stolz, dass er mit dem sportlichen Firmenwagen fahren konnte. Mit seinen 25 Jahren hatte er schon viel erreicht. Nach erfolgreichem Abschluss seines Studiums und anschließender Promotion hatte er einen tollen Job bei einem großen Autohersteller bekommen. Er befand sich am Anfang einer steilen Karriere.

Immer unwohler wurde ihm, als er sich seinem Elternhaus näherte. Als er aus dem Wagen stieg, wackelten seine Knie. Schweißperlen liefen ihm über die Stirn. Mit jedem Schritt, den er auf das Haus zuging, schwand sein Selbstbewusstsein. Noch bevor er die Haustür erreichte, lief ihm seine Mutter entgegen und sagte: „Keine Angst, er ist nicht da." Gemeint war sein Vater. Als er das Haus betrat, fühlte er sich wieder wie der kleine Junge von damals. Wertlos, mies und überflüssig.

Nach dem Abendessen schüttete ihm seine Mutter ihr Herz aus. Sein Vater hatte schon wieder eine Affäre. Bei dieser Frau war er jetzt eingezogen. Genaueres wusste sie nicht. Jeden zweiten Tag kam er heim, um frische Wäsche zu holen. Seine Schmutzwäsche legte er ihr zum Waschen hin. Immer wenn er nach Hause kam, behandelte er sie wie einen Fußabtreter, beschimpfte und beleidigte sie. Dann sagte seine Mutter: „Martin, ich kann nicht mehr. Bitte verzeih mir, aber ich muss mich von deinem Vater trennen."

Martin brach in Tränen aus. Wie oft hatte er sich als Kind gewünscht, dass sie den Vater für immer verließen. Einen Vater, der keiner war. Immer war er unterwegs, immer hatte er Affären. Es gab ständig Streit zwischen den Eltern. Er kannte es nicht anders. Die Mutter tat oft so, als sei alles in Ordnung. Aber Martin bemerkte jedes Mal, wenn sie heimlich geweint hatte. Geschlagen hatte der Vater nie. Aber seine Worte waren wie Peitschenhiebe. Er wusste genau, wie er seine Frau und Martin treffen konnte. Oft beschimpfte ihn der Vater als Versager und Muttersöhnchen, der es nie zu etwas bringen werde. Auch Martins Mutter musste viel ertragen. Und Martin musste stark sein, sie oft trösten. Keinesfalls wollte er zeigen, wie sehr er litt. Aber jetzt brach alles aus ihm heraus. Die Tränen aus seiner Kindheit schossen wie ein Wasserfall. Stundenlang.

Sein langjähriger Psychotherapeut meinte später, dass Martin diese Aussprache ein großes Stück weitergebracht habe. Ein weiteres Stück auf dem Weg in ein glücklicheres Leben …

Viele Horrorszenarien ranken sich darum, welche schweren psychischen Schäden Kinder durch die Trennung und Scheidung ihrer Eltern angeblich erleiden. Um ihren Kindern ein solches Schicksal zu ersparen, versuchen viele Ehepaare eine unglückliche Ehe um jeden Preis aufrechtzuerhalten. Eine Trennung schieben sie hinaus. Denn sie wollen nicht, dass ihre Kinder unglücklich werden. Damit erreichen sie aber genau das Gegenteil.

Ständige Streitigkeiten der Eltern sind für Kinder schädlicher als die Trennung selbst. Kinder müssen oftmals jahrelang miterleben, wie sich Eltern gegenseitig bedrohen, beleidigen, beschimpfen, schlagen, demütigen oder aber sich zurückziehen, jedem Streit aus dem Weg gehen oder passiv reagieren. Zwangsläufig werden bei Dauerstreit der Eltern das Befinden und die Sozialentwicklung der Kinder gestört. Diese leiden vor allem unter Loyalitätskonflikten, Angst, Schuldgefühlen, Verwirrung et cetera. Je nachdem, wie lange Kinder dem Kriegszustand der Eltern ausgesetzt sind, kann dies sogar Verhaltensauffälligkeiten nach sich ziehen. So werden bei manchen Kindern die Gefühle nach außen gerichtet, was zu Aggressionen, hyperaktivem Verhalten oder Straftaten führen kann. Die Folge kann aber auch sein, dass Kinder ihre Emotionen nach innen richten und zum Beispiel Depressionen oder psychische Erkrankungen entwickeln. Wenn Kinder so reagieren, wird dies besonders leicht übersehen und meist erst dann bemerkt, wenn eine Erkrankung schon weit fortgeschritten ist. Besonders schädlich für Kinder ist es auch, wenn sie von den Eltern als Verbündete in den Streit mit hineingezogen werden, denn Kinder fühlen sich in der Regel beiden Elternteilen verbunden. Nachteilig ist es auch, wenn emotionale Nähe, die beim Partner fehlt, beim Kind gesucht wird. Denn nicht Kinder müssen Eltern eine Stütze sein, sondern umgekehrt.

Selbst wenn Eltern nicht vor den Kindern streiten und gleichgültig nebeneinander her leben, hat das auf die psychische Entwicklung der Kinder meist negative Auswirkungen. Denn Kinder haben feine Antennen und fühlen, wenn etwas nicht in Ordnung ist. Wenn ihnen Eltern dennoch die „heile Familie“ vorspielen, verlieren Kinder leicht das Vertrauen in die eigenen Gefühle und Wahrnehmungen oder denken schlimmstenfalls, sie hätten etwas falsch gemacht und seien am Unglück der Eltern schuld. Auch in solchen Fällen fehlt zwangsläufig die emotionale Stabilität und Sicherheit, die für die kindliche Entwicklung so wichtig ist.

> Kinder sind meist besser dran, wenn sich Eltern trennen, als wenn sie unglücklich zusammenbleiben. Denn Kinder können nur dann glücklich sein, wenn es auch ihre Eltern sind. Und eine unglückliche Ehe macht sicher niemanden glücklich. Weder die Ehegatten noch die Kinder.

17. In guten wie in schlechten Tagen

Er wurde um Mitternacht in die Notaufnahme gerufen. Wieder einmal häusliche Gewalt, sagte die Krankenschwester. Dr. Frank betrat das Untersuchungszimmer. Solche Verletzungen hatte er selten gesehen. Tiefe Bisswunden und Kratzer am ganzen Oberkörper. Einige davon mussten sogar genäht werden. Es gab auch ältere Narben. Also war es nicht das erste Mal. „Warum lassen Sie sich das gefallen, warum wehren Sie sich nicht?", fragte Dr. Frank, als er mit der Behandlung begann.

„Ich kann doch meine Frau nicht schlagen", sagte sein Patient mit zitternder Stimme. „Ich bin ja selber schuld." Der Patient erzählte von seiner leitenden Position in einer großen Bank. Dort war auch seine Frau beschäftigt. Vor Kurzem hatte er eine Affäre mit einer jungen, attraktiven Mitarbeiterin begonnen. Nichts Ernstes. Als seine Frau es erfuhr, rastete sie regelrecht aus. Oft kam es deshalb abends zum Streit. Seine Frau war dann wie von Sinnen, schlug wütend auf ihn ein, biss und verletzte ihn. Er konnte sie ja verstehen. Die Affäre hatte er sofort beendet, aber seine Frau glaubte ihm nicht.

Eine Trennung oder gar Scheidung kam für ihn nicht infrage, schon aus Glaubensgründen. Außerdem gehörte das Haus seiner Frau. Eine Trennung käme auch viel zu teuer, da er einen hohen Unterhalt an sie zahlen müsste. Dies hatte sich das bereits von einem Anwalt ausrechnen lassen. Im Übrigen wollte er nicht, dass seine Affäre an die große Glocke gehängt wurde; damit drohte seine Frau im Falle einer Trennung. Ebenfalls kündigte sie an, dass er seine Kinder nie wieder zu Gesicht bekäme. Hierzu würde sie schon Mittel und Wege finden und ihn ausnehmen wie eine Weihnachtsgans. Abgesehen davon würde doch kein Mensch glauben, dass er als gestandener und erfolgreicher Mann von seiner zierlichen, allseits beliebten Ehefrau misshandelt werde. Er meinte auch, man würde ihn nur auslachen, wenn er Anzeige erstattete. Und diese Blamage wollte er sich ersparen.

Als die Wunden versorgt waren zog sein Patient sein Hemd über und ging mit gesenktem Haupt zögerlich den langen Flur entlang zum Ausgang. Vor der Notaufnahme wartete eine Frau in einem Luxuswagen auf ihn – hübsch, zierlich. Als sie ihn aus dem Krankenhaus kommen sah, verzog sie keine Miene. Wortlos stieg der Patient in den Wagen und fuhr mit ihr davon. Mit der prügelnden Ehefrau.

Nicht nur von der Öffentlichkeit wird sie totgeschwiegen, sondern auch von den Opfern selbst: Gewalt gegen Männer.

Nach einer nicht repräsentativen Pilotstudie des Bundesfamilienministeriums hat circa ein Viertel aller befragten Männer innerhalb einer Partnerschaft schon einmal Gewalt durch die Partnerin erfahren und zwar in Form von körperlicher Gewalt (Ohrfeigen, Beißen, Kratzen, schmerzhaftes Treten, Stoßen, Nachwerfen von Gegenständen), psychischer Gewalt, sozialer Kontrolle (Handy kontrollieren, Kontakte verbieten) und sexualisierter Gewalt (sexuelle Bedürfnisse werden aufgedrängt). Dabei hat kein einziger der in dieser Studie befragten Männer die Polizei gerufen. Viele Übergriffe bleiben also verborgen, denn Männer schweigen überwiegend über die ihnen widerfahrene Gewalt im häuslichen Bereich, schämen sich und haben Angst, nicht ernst genommen oder gar ausgelacht zu werden.

Wesentlich gravierendere Straftaten gehen jedoch von Männern gegenüber ihren Frauen aus.

Nach Zahlen des Bundeskriminalamts wird nahezu jeder zweite Frauenmord vom Partner verübt. Frauen sind demnach von häuslicher Gewalt viel stärker bedroht als durch andere Gewalttaten im öffentlichen Raum. Fast jede vierte Frau musste schon einmal häusliche Gewalt erleben, unabhängig von der Gesellschaftsschicht. Bei den Übergriffen handelt es sich um ein breites Spektrum unterschiedlicher körperlicher, psychischer und sexueller Gewalthandlungen. Frauen werden von ihren männlichen Partnern geschlagen, beschimpft, bedroht, eingesperrt, vergewaltigt, gedemütigt, eingeschüchtert, sexuell genötigt, gestalkt, kontrolliert ...

Obwohl es jedem freisteht, sich gegen seinen gewalttätigen Ehegatten mit polizeilicher oder gerichtlicher Hilfe zur Wehr zu setzen und sich zu trennen, nehmen viele Partner Übergriffe als „normal" hin. Sie suchen die Schuld bei sich selbst, hoffen auf Besserung oder haben Angst vor den Folgen einer Trennung oder Scheidung. Oft verharren sie jahrelang in einer Beziehung, die von Gewalt und Unterdrückung geprägt ist. Selbst wenn sich ein betroffener Ehegatte überwindet und bei der Polizei Strafanzeige gegen den misshandelnden Ehegatten erstattet, kommt es nicht selten vor, dass er später zurückrudert und in einem gerichtlichen Verfahren von seinem Zeugnisverweigerungsrecht Gebrauch macht. Denn niemand muss in einem Strafverfahren als Zeuge gegen seinen eigenen Ehegatten aussagen. Meist geschieht die Zeugnisverweigerung jedoch nicht aus freien Stücken. Das Opfer wird wiederum mit Gewalt oder Drohungen durch den gewalttätigen Ehegatten gezwungen, keine Zeugenaussage zu machen. Die Folge ist, dass der Täter ungeschoren davonkommt. Denn ohne Aussage des Opfers lassen sich die Taten, die meist hinter verschlossenen Türen geschehen, in der Regel nicht nachweisen.

> Behörden und Gerichten sind bei häuslicher Gewalt zwischen Ehegatten daher oftmals die Hände gebunden. Helfen kann sich in einem derartigen Fall nur das Opfer selbst.

§4 Wenn zwei sich heiraten, freut sich der Dritte

Eine Hochzeit ist ein freudiges Ereignis. Die Brautleute freuen sich, weil sie mit einem Fest für die monatelangen, nervenaufreibenden Vorbereitungen des „schönsten Tages im Leben“ belohnt werden. Selbst wenn sie von diesem Tag nur wenig haben, weil sie von gratulierenden Verwandten belagert werden, peinliche Hochzeitsspielchen über sich ergehen lassen müssen oder weil sie unter dem Einfluss von Alkohol stehen. Die meisten machen gute Miene zu diesem allseits beliebten Spiel und posieren geduldig lächelnd für die Kamera des Fotografen.

Das Lächeln schwindet schnell, wenn die Eheleute unmittelbar nach ihrem Traumtag feststellen müssen, dass die Ehe nicht allein ihr Privatvergnügen ist. Auch andere freuen sich, dass Sie sich getraut haben. Und diese Freude liegt darin begründet, dass Sie als Ehegatten nunmehr zur Kasse gebeten werden können.

Ehegatten haften zwar nicht automatisch für die Schulden des Partners – von wenigen Ausnahmen abgesehen. Oftmals setzen sich Ehegatten selbst mit ihrer Unterschrift dieser die Existenz bedrohenden Gefahr aus. Dies geschieht meist nicht aus freien Stücken, sondern weil sie von Banken dazu gedrängt werden. Gemeint sind nicht Kreditverträge, die beiden Ehegatten zugute kommen, etwa weil ein gemeinsamer Konsumkredit aufgenommen oder ein gemeinsames Hauses gekauft wird. In diesen Fällen gehen die Ehegatten in der Regel gemeinsam zur Bank, weil sie beide das Geld brauchen.

Wenn jedoch nur ein Ehegatte einen Kredit benötigt, beispielsweise weil sein voreheliches Darlehen umgeschuldet wird, besteht für den anderen keine Notwendigkeit, die Bank selbst aufzusuchen. Denn dieser Ehegatte braucht ja kein Geld. Aber das interessiert die Bank nicht. So gehört es fast schon zum Standard, dass Ehegatten auch in solchen Fällen vom Kreditsachbearbeiter in die Bank zitiert werden. Dort werden sie dann so lange bearbeitet, bis sie ihre Unterschrift ebenfalls unter einen Vertrag setzen, von dem sie selbst nicht profitieren. Ehegatten sind daher für Banken ein willkommenes zusätzliches Haftungsobjekt.

Am allermeisten freut sich allerdings der Staat über Ihren Bund fürs Leben. Denn von der Hochzeit an tritt die staatliche Verantwortung zurück. Vorrang hat von der Eheschließung an die Familiensolidarität. Dass man verpflichtet ist, für den Lebensunterhalt seines Ehegatten und der eigenen Kinder aufzukommen, leuchtet ein und ist selbstverständlich. Bei vielen hört jedoch irgendwann das Verständnis auf. Und zwar dann, wenn sie von der Hochzeit an für Stiefkinder, die im ehelichen Haushalt leben, aufkommen müssen, weil staatliche Zuwendungen ersatzlos gestrichen werden. Dass man grundsätzlich nur für den Unterhalt eigener Verwandter bezahlen muss, spielt hierbei keine Rolle. So hat die Ehe zur Folge, dass Sie gegebenenfalls auch für die Kinder, die nicht mit Ihnen, sondern mit Ihrem Ehegatten verwandt sind, finanziell sorgen müssen. Aber nicht nur das! Wenn Eltern Ihres Ehegatten im Pflegeheim sind, kann es passieren, dass Sie für die Heimkosten zur Kasse gebeten werden. Auch hier spielt es keine Rolle, dass eine Verwandtschaft zwischen Ihnen und den Eltern Ihres Ehegatten nicht besteht. Aber die Ehe macht's möglich. Und der Staat freut sich.

18. Der Ehepartner als gefundenes Fressen für die Banken

In vielen schlaflosen Nächten hatte sie am Bett ihrer Tochter gesessen und dem schwerbehinderten Kind über den Kopf gestreichelt. Im Hintergrund das monotone Geräusch des lebenswichtigen Beatmungsgeräts. Es war Claudia schwer ums Herz gewesen bei dem Gedanken, ihr Kind bald in eine Pflegeeinrichtung geben zu müssen. Allerdings konnte sie nicht mehr zu Hause bleiben, um die Kleine zu pflegen. Sie musste arbeiten, denn sie brauchte dringend Geld.

Kurz vorher hatte sie die Hiobsbotschaft von der Bank erhalten. Sie wurde wegen einer Bürgschaft in Anspruch genommen und sollte auf einen Schlag 60.000 Euro bezahlen. Sie hatte bereits mit der Bank telefoniert. Man erklärte ihr, dass ihr Exmann seine Schulden nicht mehr bezahlen konnte. Sein Kredit wurde deshalb gekündigt. Da bei ihm nichts zu holen war, wurde sie aus der Bürgschaft in Anspruch genommen. Diese hatte sie damals während der Ehe unterzeichnet. Der Sachbearbeiter sagte: „Da kann man nichts machen, Unterschrift ist Unterschrift." Als besonderes Entgegenkommen bot man Claudia monatliche Ratenzahlung an.

Wie es zu dieser Unterschrift gekommen war, wusste sie noch genau. Sie war damals hochschwanger. Ihr Mann wollte einen Kredit bei der Bank aufnehmen, um seinen Betrieb zu erweitern. Kurz vor Abschluss des Vertrags musste sie mit zur Bank, sie wusste nicht warum. Ihren zweijährigen Sohn nahm sie mit, weil sie keinen Babysitter hatte. Der Sachbearbeiter war sehr nett, bot Kaffee und Kuchen an. Man plauderte zunächst über Kindererziehung. Dann wurde ihr ein Formular vorgelegt. Sie sollte eine Bürgschaft unterschreiben. Damals hatte sie weder Einkommen noch Vermögen. Aber das interessierte den Banker nicht. Er meinte, es handle sich um eine reine Formsache. Sie solle sich keine Sorgen machen. Es sei üblich, dass der Ehegatte seine Unterschrift leiste. Sie unterschrieb und stellte keine weiteren Fragen. Als später der Kredit erhöht wurde, musste sie eine weitere Unterschrift leisten. Damals war ihre Tochter zehn Monate alt. Dass das Kind schwer behindert war, wusste der Banker. Er sprach ihr und ihrem Mann nach der Unterschrift deshalb viel Kraft und Mut zu.

Ihr Mut verließ sie schnell, als sie von der Bank die letzte Mahnung mit Androhung einer Klage und anschließender Zwangsvollstreckung erhielt. Lange überlegte sie, ob sie anwaltliche Hilfe in Anspruch nehmen sollte. Ihre Eltern rieten ihr ab, sich mit einer mächtigen Bank anzulegen. Sie prophezeiten ihr, dass sie auf jeden Fall den Kürzeren ziehen würde. Die Banken säßen bekanntermaßen am längeren Hebel und könnten sich die besten Anwälte leisten. Sie rieten ihr, sich auf die Ratenzahlung einzulassen. Einen Teil des Geldes wollten sie ihr als vorzeitiges Erbe geben.

Claudia war froh, dass sie den Rat ihrer Eltern nicht befolgt hatte. Denn nach einem kurzen Schriftwechsel ihrer Anwältin mit der Bank war die Sache schnell erledigt. Die Bank schrieb, dass sie aus der Bürgschaft entlassen werde und gegen sie keine Ansprüche gestellt würden. Die Zeit der schlaflosen Nächte, die ihr die Angelegenheit mit der Bank bereitet hatte, war damit vorbei. Den Platz für ihre Tochter in der Pflegeeinrichtung kündigte sie erleichtert.

Ehegatten, die im gesetzlichen Güterstand der Zugewinngemeinschaft leben, haften nicht automatisch für Kreditverbindlichkeiten des anderen. Die Ehe allein begründet eine solche Mitverpflichtung nicht. Diese können die Ehegatten nur selbst dadurch eingehen, dass sie Darlehensverträge des Ehegatten mitunterzeichnen oder Bürgschaften abgeben. Diese Unterschriften, die oftmals gedankenlos und dem anderen Ehegatten zuliebe geleistet werden, sind hoch riskant und können zum finanziellen Ruin führen.

So ist die Bürgschaft ein Vertrag, durch den sich der Bürge gegenüber einem Dritten (meist der Bank) verpflichtet, für die Erfüllung von Verbindlichkeiten eines anderen einzustehen. Meist handelt es sich dabei um die Rückzahlung eines Darlehens. Mit der Bürgschaft sichert sich die Bank für den Fall ab, dass der Kreditnehmer zahlungsunfähig wird. In diesem Fall wird der Bürge zur Kasse gebeten und muss die Schulden des anderen bezahlen. Diese Form der Kreditsicherung ist bei Banken üblich. Oft ist die Bürgschaft sogar Voraussetzung, um überhaupt einen Kredit zu bekommen. Da viele Ehegatten ihren Partner aus emotionaler Verbundenheit nicht „hängen“ lassen wollen, leisten sie mehr oder weniger freiwillig die von der Bank geforderten Unterschriften. Das entspricht der gängigen Praxis der Banken. Für diese ist es dabei unwichtig, ob der bürgende Ehegatte einkommens- und vermögenslos ist.

Der Bundesgerichtshof hat dieses Vorgehen bis zum Jahr 1993 gebilligt. Seitdem werden Inhalt und Umfang von Ehegattenbürgschaften eingegrenzt. Diese können seitdem unter bestimmten Voraussetzungen sittenwidrig sein. Das ist dann der Fall, wenn der Bürge mit der Übernahme seiner Verpflichtung finanziell stark überfordert ist und die Verpflichtung aus emotionaler Verbundenheit mit seinem Ehepartner übernommen hat. Eine krasse Überforderung des Bürgen liegt jedenfalls dann vor, wenn er bei Vertragsschluss voraussichtlich nicht einmal in der Lage ist, die laufenden Zinsen der Hauptschuld zahlen zu können. Dann ist davon auszugehen, dass die Bürgschaft nur aus rein emotionaler Verbundenheit übernommen wurde, ohne dass die Interessenlage und die wirtschaftlichen Risiken vorher rational eingeschätzt wurden und dass die Bank dies in sittlich anstößiger Weise ausgenutzt hat. Die Bürgschaft ist in diesem Fall unwirksam. Der Bürge kann von der Bank nicht in Anspruch genommen werden.

Ausnahmsweise kann sich aus einer Gesamtwürdigung der Umstände ergeben, dass eine Bürgschaft – trotz krasser Überforderung des Bürgen – dennoch wirksam ist. Das ist der Fall, wenn der Bürge durch den aufgenommenen Kredit unmittelbar einen Vorteil erhält, indem er beispielsweise Miteigentümer an der geplanten Anschaffung wird, für den der Kredit des Ehegatten aufgenommen wurde. Die zur Sittenwidrigkeit von Ehegattenbürgschaften entwickelten Grundsätze gelten übrigens auch für andere Formen der Mithaftung, etwa bei der Aufnahme oder Mitunterzeichnung eines Darlehensvertrags durch einen Ehegatten, der ausschließlich im Interesse des anderen Ehegatten aufgenommen wurde. Auch in solchen Fällen kann also Sittenwidrigkeit vorliegen, wenn der Unterzeichnende keinen Vorteil aus dem Kredit erlangt.

> Somit kann es sein, dass Ehegatten trotz geleisteter Unterschrift nicht für die Schulden des anderen aufkommen müssen. Um dieses Ergebnis zu erreichen, ist es jedoch oftmals erforderlich, mit der Bank einen Rechtsstreit zu führen. Denn freiwillig entlassen Banken nur ungern einen Bürgen aus der Haftung.

19. Wenn Sie die Heimkosten der Schwiegereltern zahlen müssen

Missmutig saß Franz mit seiner Ehefrau am Bett der Schwiegermutter im Pflegeheim. Wie jeden Sonntag brachten sie der alten Frau selbst gebackenen Kuchen. Er kochte innerlich vor Wut. Unentwegt dachte er an den zermürbenden Rechtsstreit, der erst letzte Woche sein jähes Ende gefunden hatte.

Begonnen hatte es vor über einem Jahr mit einem Schreiben des Sozialhilfeträgers. Die Schwiegermutter war schon seit zwei Jahren im Pflegeheim. Da ihre Ersparnisse zwischenzeitlich aufgebraucht waren und die laufende Rente und die Zahlung der Pflegekasse nicht ausreichten, musste der Staat einspringen und über 1000 Euro im Monat an das Heim bezahlen. Und jetzt wollte der Staat die Kinder der Pflegebedürftigen zur Kasse bitten. Franz sah das Ganze sehr entspannt. Immerhin verdiente seine Ehefrau nur 300 Euro monatlich. Also konnte sie nie und nimmer 1000 Euro für ihre Mutter zahlen. Außerdem wurde das Geld für die eigenen Kinder gebraucht, die beide noch studierten. Sie schickten der Sozialverwaltung die Lohnabrechnung der Ehefrau und dachten, damit wäre alles erledigt.

Dem war aber nicht so. Auch Franz musste sein Einkommen offenlegen. Dies tat er nur widerwillig, nachdem ihm sein Anwalt dazu geraten hatte. Nun mussten sie sich für jede einzelne Ausgabe rechtfertigen. Vor allem dafür, weshalb die Kinder so hohe Zahlungen für ihr Studium erhielten. Die Behörde forderte, die monatlichen Zahlungen zu reduzieren und sich dann an den Heimkosten der Schwiegermutter zu beteiligen. Nach einem langen Papierkrieg waren alle Erklärungen geliefert, alle Belege geschickt und sämtliche Nachfragen beantwortet.

Monatelang passierte nichts. Dann kam der Bescheid. Seine Ehefrau sollte 950 Euro im Monat zahlen. Das war dreimal mehr, als sie verdiente. Sie gingen erst von einem Versehen der Behörde aus.

Dass es kein Behördenirrtum war, erklärte ihnen der Anwalt. Da Franz ein gutes Einkommen hatte und die Familie in der eigenen Immobilie wohnte, kam es zu dieser Forderung. Nach zähen Verhandlungen mit dem Sozialhilfeträger wurde der Betrag auf 600 Euro monatlich reduziert. Dass seine Ehefrau wesentlich weniger verdiente, interessierte den Staat nicht. Und so blieb Franz nichts anderes übrig, als selbst die Heimkosten seiner Schwiegermutter zu bezahlen.

Aus Verärgerung stellte er seine wöchentlichen Besuche bei seiner Schwiegermutter bald ein. Auch die Enkel besuchten sie nicht mehr. Denn in ihrer freien Zeit mussten sie nun jobben, um im Studium finanziell über die Runden zu kommen.

Verwandte in gerader Linie sind verpflichtet, einander Unterhalt zu gewähren. Zu diesem Personenkreis gehören beispielsweise Eltern und Kinder, Großeltern und Enkel. Keine Unterhaltspflicht besteht gegenüber Geschwistern, Cousins, Onkeln oder Tanten. Denn mit diesen ist man lediglich in der Seitenlinie verwandt.

Gar keine Verwandtschaft besteht zu den Schwiegereltern. Wer nun schlussfolgert, dass man für deren Unterhalt erst recht nicht aufkommen müsse, erlebt womöglich eine böse Überraschung. Denn über den Umweg des Ehegatten kann sehr wohl das befremdliche Ergebnis herauskommen, dass man für die Heimkosten der Schwiegereltern bezahlen muss.

Ausgangspunkt der „verdeckten Schwiegerkindhaftung“ ist der Grundsatz, dass Kinder ihren Eltern gegenüber zum Unterhalt verpflichtet sind. Somit haben nicht nur Kinder gegenüber ihren Eltern Anspruch auf Unterhalt, sondern auch umgekehrt. Praktisch bedeutsam wird dies, wenn Eltern in einem Pflegeheim untergebracht sind und deren Vermögen und Einkommen (Rente, Leistungen aus der Pflegeversicherung etc.) nicht ausreichen, um die Heimkosten zu decken. Damit keine Versorgungslücke entsteht, springt zunächst der Sozialhilfeträger ein und übernimmt die Kosten, die der Bedürftige selbst nicht aufbringen kann. Seine Aufwendungen verlangt er allerdings nach den familienrechtlichen Vorschriften zurück, unter anderem von den unterhaltspflichtigen Kindern. Denn wenn der Sozialhilfeträger finanzielle Hilfe zur Pflege leistet, gehen die Unterhaltsansprüche der Eltern gegenüber ihren Kindern auf den Sozialhilfeträger über. Diese macht der Sozialhilfeträger dann gegen die Kinder geltend. Ob die Eltern das wollen, ist unerheblich. Sie haben kein Mitspracherecht mehr.

Voraussetzung für den Unterhaltsanspruch der Eltern ist unter anderem, dass das in Anspruch genommene Kind leistungsfähig ist. Derzeit liegt der Selbstbehalt bei 1600 Euro monatlich. Dieser Betrag muss dem unterhaltspflichtigen Kind also monatlich verbleiben, und zwar nach Abzug von Zins- und Tilgungsleistungen, vorrangigen Unterhaltspflichten (zum Beispiel gegenüber minderjährigen Kindern), monatlichen Zahlungen für Altersvorsorge, berufsbedingten Aufwendungen (wie Fahrtkosten), Besuchskosten bei den pflegebedürftigen Eltern und so weiter.

Sofern der Selbstbehalt von 1600 Euro monatlich überschritten wird, ist die Hälfte davon für den Unterhalt der Eltern einzusetzen. Wird der Selbstbehalt nicht erreicht, scheidet eine Zahlungspflicht aus. Jedenfalls dann, wenn das Kind nicht verheiratet ist.

Sofern das nicht leistungsfähige Kind verheiratet ist, kommt es nicht mehr entscheidend auf dessen eigenes Einkommen an. Vielmehr wird das Einkommen des Ehegatten dazugerechnet und ein Familienselbstbehalt gebildet. Dieser beträgt monatlich 2880 Euro und errechnet sich aus dem Selbstbehalt des Kindes in Höhe von 1600 Euro und dem Selbstbehalt des mit dem unterhaltspflichtigen Kind zusammenlebenden Ehegatten in Höhe von 1280 Euro. Wird der Familienselbstbehalt überschritten, muss ein Teil für den Unterhalt der Eltern verwenden werden. Dies gilt selbst dann, wenn das Kind nur geringe Einkünfte erzielt. Ausschlaggebend ist dann das Einkommen des Schwiegerkindes.

Bei Überschreiten des Familienselbstbehaltes von 2280 Euro monatlich – egal aus welchem Grund – wird also das Kind zur Kasse gebeten. Kann es wegen eigener geringer Einkünfte nicht selbst zahlen, muss gezwungenermaßen das Schwiegerkind einspringen und den Unterhalt leisten. Auf diese Weise kommt es zur „verdeckten Schwiegerkindhaftung“. Und das, obwohl Schwiegerkinder mit ihren Schwiegereltern nicht verwandt und daher grundsätzlich nicht zum Unterhalt verpflichtet sind. Ein Ergebnis, das mit Sicherheit nicht zum Erhalt des Familienfriedens beiträgt.

20. Mitgehangen, mitgefangen bei Alltagsgeschäften des Ehepartners

Kurt war fassungslos, als er das Schreiben von Zahnarzt Dr. Berger öffnete. Es war eine Rechnung. Er sollte für den Zahnersatz seiner zwischenzeitlich geschiedenen Ehefrau stolze 4000 Euro bezahlen. Das entsprach dem Anteil, den die Krankenkasse nicht übernahm.

Er fragte sich, wie der Zahnarzt dazu kam, ausgerechnet ihm eine Rechnung zu schicken. Bei diesem Zahnarzt war er noch nie in Behandlung gewesen. Nur seine geschiedene Frau war während der Ehe bei Dr. Berger. Sie hatte den Zahnersatz in Auftrag gegeben, nicht Kurt. Also sollte sich der Zahnarzt auch an sie wenden. Genau das teilte er ihm mit. Für Kurt war die Angelegenheit damit erledigt.

Die weiteren Mahnungen ignorierte Kurt und warf sie in den Mülleimer. „Der versucht's halt", dachte er. Als er schon gar nicht mehr an die leidige Geschichte mit den Zähnen seiner Ex dachte, wurde ihm eine Klage vom Amtsgericht zugestellt. Der Zahnarzt hatte ihn verklagt, die 4000 Euro zu bezahlen. Siegessicher nahm Kurt den Gerichtstermin war. Es stand für ihn 100 Prozent fest, dass der Zahnarzt seine Klage verlieren und auf den gesamten Anwalts- und Gerichtskosten sitzen bleiben würde.

Er hatte sich jedoch zu früh gefreut. Denn die gesamten Kosten musste er bezahlen, zusätzlich zu den 4000 Euro für den Zahnersatz seiner Ex. Die Klage verlor er nämlich. Berufung gegen das Urteil legte Kurt nicht ein. Davon riet ihm sein Anwalt ab.

Grundsätzlich haftet man nur für Verpflichtungen aus Verträgen, die man persönlich abgeschlossen hat. Eine automatische Mitverpflichtung für Geschäfte, die ein anderer vornimmt, sieht das Gesetz nicht vor. Bei der Ehe gibt es von diesem Grundsatz aber eine Ausnahme, die sogenannte „Schlüsselgewalt".

Demnach ist jeder Ehegatte berechtigt, Geschäfte zur angemessenen Deckung des Lebensbedarfs der Familie mit Wirkung auch für den anderen Ehegatten abzuschließen. Dabei muss er nicht einmal als Vertreter des anderen auftreten. Die Wirkung tritt automatisch ein.

Dies hat zur Folge, dass der andere Ehegatte, selbst wenn er einen solchen Vertrag nicht persönlich abschließt, dennoch aus diesem berechtigt und verpflichtet wird. Sprich, dass er Zahlung leisten muss.

Ein Geschäft zur angemessenen Deckung des Lebensbedarfs liegt zum Beispiel vor beim Kauf von Lebensmitteln und notwendigen Kleidungsstücken für die Familie, beim Kauf von Haushaltsgeräten und bei Reparaturaufträgen, bei Ausgaben für Kindererziehung und Spielzeug, bei der Beauftragung eines Tierarztes für den Familienhund, bei der Beauftragung eines Rechtsanwalts zur Abwendung einer Räumungsklage bezüglich der Ehewohnung etc. Auch Verträge über medizinisch gebotene Behandlungen (keine Sonderleistungen) der Familienmitglieder gehören dazu. Denn eine ärztliche Behandlung zählt zu den persönlichen Bedürfnissen und damit zum Lebensbedarf der Familie. Bei der Frage, ob ein Geschäft angemessen ist, sind die individuellen Bedürfnisse und Gebrauchsgewohnheiten der Familie entscheidend. Nicht zum Lebensbedarf gehören zum Beispiel Geschäfte zur Kapitalanlage, Hauskauf, Vermögensbildung, Darlehensaufnahme, Anmietung oder Kündigung einer Wohnung. Sofern ein solcher Vertrag von einem Ehegatten abgeschlossen wird, führt dies nicht automatisch dazu, dass der andere Ehegatte mitverpflichtet wird.

Für die Mitverpflichtung des Ehegatten ist der zwischen den Ehegatten bestehende Güterstand unwichtig. Sie tritt also auch bei Gütertrennung ein. Voraussetzung ist aber, dass die Ehegatten nicht getrennt leben. Generell kann die Mitverpflichtung auch beschränkt oder ausgeschlossen werden. Allerdings hat dies nur dann den gewünschten Erfolg, wenn das im Güterrechtsregister des Amtsgerichts eingetragen ist oder dem Vertragspartner bekannt ist.

Von dieser Möglichkeit machen jedoch die wenigsten Ehegatten Gebrauch. Und zwar mangels Kenntnis von dieser folgenreichen Vorschrift über die Mitverpflichtung des anderen Ehegatten.

21. Mein, dein … unser? Zwangsvollstreckung leicht gemacht

Eine Welt brach für Tanja zusammen, als ihr Ehemann direkt im Gerichtssaal verhaftet wurde. Bis zuletzt hatte sie Frank geglaubt, dass er unschuldig war. Vor Gericht gestand er dann die Taten. Er wurde zu einer langjährigen Freiheitsstrafe wegen Betrugs verurteilt.

Das war vor einem Jahr. Seitdem kamen immer öfter Briefe von den Betrogenen nach Hause in die Ehewohnung. Sie wollten von Frank ihr Geld zurück. All die Briefe und Schreiben brachte sie zu ihm in die Justizvollzugsanstalt. Er versprach, sich darum zu kümmern. Bei jedem Besuch von Tanja bat er sie um Verzeihung und darum, dass sie ihn nicht verließ. Sie war hin- und hergerissen. Je mehr sie über die Hintergründe seiner Taten erfuhr, desto mehr zweifelte sie daran, dass sie ihren Ehemann richtig kannte. Sie dachte ernsthaft über einen Neuanfang nach, ohne ihn. Hierzu wollte ihre Tante beitragen, indem sie ihr am Sterbebett ein Kuvert in die Hand drückte. Es waren 5000 Euro. Das Geld bewahrte Tanja in einer Vorratsdose in der Küche sicher auf.

Bald darauf war das Geld weg, es wurde vom Gerichtsvollzieher mitgenommen. Er war in der Ehewohnung und pfändete es. Und das, obwohl Tanja keine Schulden hatte und ihre Rechnungen immer pünktlich bezahlte. Der Gerichtsvollzieher legte ihr ein Schreiben vom Gericht vor. Ihr Ehemann war verurteilt worden, an einen der Betrogenen eine hohe Geldsumme zu bezahlen. Und da Frank nicht bezahlte, sollte der Gerichtsvollzieher das Geld eintreiben. Dieser freute sich, dass er in der Wohnung so schnell fündig geworden war.

Dass das Geld nicht ihrem Ehemann gehörte, sondern Tanja, war dem Gerichtsvollzieher egal. Er verwies auf die gesetzlichen Vorschriften und meinte, sie solle sich an einen Anwalt wenden. Der konnte ihr aber auch nicht helfen. Das Geld bekam sie nicht wieder. Weder vom Gerichtsvollzieher noch von Frank.

Wer meint, dass man nur wegen eigener Schulden vom Gerichtsvollzieher belangt wird, kann eine böse Überraschung erleben. Zumindest dann, wenn man verheiratet ist und der andere Ehegatte zu einer Zahlung rechtskräftig verurteilt wurde oder ein vollstreckbarer Vergleich vorliegt.

Zahlt der verurteilte Ehegatte nicht freiwillig, kann sein Gläubiger die Zwangsvollstreckung einleiten und beispielsweise den Gerichtsvollzieher beauftragen. In der Regel kommt dieser dann zum Schuldner nach Hause und sucht nach verwertbaren Sachen. Der Gerichtsvollzieher vollstreckt dabei grundsätzlich nur in solche Gegenstände, die dem Schuldner allein gehören. Ist der Schuldner jedoch verheiratet, ist das anders. Dann kann auch in solche Sachen vollstreckt werden, die der andere Ehegatte in Besitz hat, auch wenn dieser gar nicht verurteilt wurde und mit den Schulden nichts zu tun hat. Im Ergebnis bedeutet das, dass der Gerichtsvollzieher alles mitnehmen kann, was sich in einer Ehewohnung befindet.

Dieses unerfreuliche Ergebnis verdanken Ehegatten einer gesetzlichen Vorschrift, die bei allen Güterständen Anwendung findet, also auch bei vereinbarter Gütertrennung.

Zugunsten des Gläubigers einer verheirateten Person wird demnach unterstellt, dass die im Besitz des anderen Ehegatten oder beider Ehegatten befindlichen beweglichen Sachen der Person gehören, die die Schulden hat. Der Gerichtsvollzieher kann daher auch Zugriff auf das Hab und Gut desjenigen Ehegatten nehmen, der schuldenfrei ist. Eine Ausnahme gibt es aber beispielsweise bei persönlichen Gegenständen und Dingen, die zur Ausübung des Berufes benötigt werden.

Die gesetzliche Vermutung, dass ein Gegenstand dem Schuldner gehört, ist übrigens widerlegbar. Dazu ist aber in den meisten Fällen ein gerichtliches Verfahren erforderlich. In diesem muss der nichtschuldende Ehegatte sein Eigentum beweisen. Das ist denkbar schwierig, wenn Kaufbelege nicht mehr vorhanden sind oder Personen, die zum Beispiel eine Schenkung bezeugen sollen, nicht mehr leben. Der Ehegatte hat dann einfach Pech gehabt. Denn nur wenn der nichtschuldende Ehegatte beweisen kann, dass der weggenommene Gegenstand in seinem Eigentum ist steht, ist die Zwangsvollstreckung unzulässig. Ansonsten wird sein Eigentum verwertet.

22. Wenn das Finanzamt Ihr Konto abräumt: Steuerschulden Ihres Ehepartners

Als Daniela ihren Lohnzettel in Händen hielt, konnte sie es kaum glauben. Nicht nur, dass sie die Probezeit überstanden hatte. Auch ihr Einkommen war weit höher als erwartet. Und in diesem Monat kam auch das Weihnachtsgeld dazu. Sie hatte nicht gedacht, dass sie nach der Scheidung beruflich noch einmal Fuß fassen würde. Während der langjährigen Ehe war sie nur auf geringfügiger Basis beschäftigt gewesen. Mit viel Glück hatte sie eine Stelle in ihrem erlernten Beruf bekommen.

Auf ihrem Konto hatte sich zwischenzeitlich eine schöne Summe angehäuft. Dieses Jahr konnte sie sich zum Weihnachtsfest einige lang gehegte Wünsche erfüllen. Auch wollte sie sich ein paar Tage Wellness mit einer Freundin gönnen. Sie war unfassbar glücklich.

Bis sie einen Anruf von ihrer Bank erhielt. Ihr Konto wurde gepfändet. Die ganzen 4500 Euro, die sie angespart hatte, waren weg. Sofort fuhr sie zur Bank. Es musste sich um ein Missverständnis handeln. Immer zahlte sie pünktlich ihre Rechnungen, hatte keinen Cent Schulden. Eine Pfändung war schlichtweg nicht möglich.

Leider doch, wie ihr der Sachbearbeiter der Bank erklärte. Da ihr Exmann seine Steuerschulden aus der Zeit, in der sie noch verheiratet waren, nicht bezahlt hatte, musste sie nun für die ganze Summe aufkommen. Das Finanzamt ließ nicht mit sich reden, das Konto blieb leergeräumt. Das hart verdiente Geld war weg.

Viele Ehegatten nutzen den Anreiz, den der Staat für eine Eheschließung geschaffen hat. Sie wählen ab dem Jahr der Eheschließung bis ins Trennungsjahr die Zusammenveranlagung zur Einkommensteuer (siehe hierzu §3, Grund 9). Diese hat allerdings nicht nur Vorteile, sondern kann auch existenzgefährdende Nachteile hervorrufen, wenn die dadurch entstehenden Steuerschulden nicht beglichen werden.

Durch die Zusammenveranlagung haften die Ehegatten mit Steuernachzahlungen gegenüber dem Finanzamt als Gesamtschuldner. Das bedeutet, dass das Finanzamt wählen kann, welchen der Ehegatten es in Anspruch nimmt. Während des Bestehens der Ehe sind sich die Ehegatten in der Regel einig, wer eine Nachzahlung gegenüber dem Finanzamt leistet. Meist wird sie aus dem Gesamtfamilieneinkommen getragen, wenn die Familie aus einem „Topf" lebt.

Einen solchen gemeinsamen „Topf" gibt es aber nach einer Trennung nicht mehr und somit entfällt auch die Möglichkeit, daraus Nachzahlungen zu leisten. Solche kann das Finanzamt nach einer Trennung oder Scheidung für die Veranlagungszeiträume verlangen, in denen die Ehegatten noch zusammengelebt haben und zusammen veranlagt waren. Oder es wird ein geänderter Einkommensteuerbescheid nach einer Betriebsprüfung erlassen und folglich eine Nachzahlung festgesetzt.

Dadurch, dass die Ehegatten für diesen Zeitraum nach wie vor als Gesamtschuldner haften, kann das Finanzamt wählen, welchen der Ehegatten es in Anspruch nimmt. Dies gilt unabhängig davon, ob die Ehe zwischenzeitlich geschieden ist. In der Regel wird das Finanzamt auf den Ehegatten zurückgreifen, der zahlungsfähig ist. Wenn also ein Ehegatte nicht zahlen kann, etwa weil er insolvent ist, wird der andere vom Finanzamt zur Kasse gebeten. Dieser haftet dabei nicht nur für einen Teil der Nachzahlung, sondern für die gesamte Summe. Das gilt selbst dann, wenn auf diesen Ehegatten alleine wegen seines geringen Einkommens gar keine oder nur eine geringe Steuer entfallen würde. Er hat zwar gegenüber seinem Ehegatten einen Ausgleichsanspruch, wenn er die gesamten Steuerschulden bezahlt. Ist der (Ex-)Partner aber zahlungsunfähig und ist auch sonst nichts bei ihm zu holen, nützt ihm dieser Anspruch nichts.

Folglich besteht also die Gefahr, dass der vom Finanzamt in Anspruch genommene Ehegatte auf den Steuerschulden des anderen sitzen bleibt.

> Vorsorge ist aber möglich. Gemeinsam veranlagte Ehepartner können beim Finanzamt einen Antrag auf Aufteilung der Steuerschuld stellen. Dieser Antrag bewirkt, dass die Gesamtschuld in Teilschulden aufgeteilt wird, soweit sie auf die jeweiligen Einkünfte der Ehepartner entfallen. Die Ehegatten haften dann nicht mehr für die gesamte Schuld, sondern nur noch mit ihrem Anteil. Mangels Kenntnis über die Gefahren der gemeinsamen Veranlagung machen nur die wenigsten Ehegatten rechtzeitig von dieser Möglichkeit Gebrauch, sich zu schützen. Zu spät kommt ein Antrag nämlich dann, wenn die Schuld bereits getilgt ist und das Finanzamt das Konto leer geräumt hat.

23. Ich heirate eine Familie – schlimmstenfalls auch die Unterhaltspflicht für die Stiefkinder

Viel Glück mit Männern hatte Sigrid bis jetzt nicht. Aber als sie Ben das erste Mal begegnete, wusste sie, dass er der Richtige war.

Mit ihm wollte sie ein neues Leben beginnen und eine Zukunft aufbauen. Er akzeptierte sie so, wie sie war. Mit zwei kleinen Kindern. Sie war erst 16 gewesen, als ihre Tochter geboren wurde. Ihre Ausbildung zur Friseurin brach sie ab und wohnte einige Zeit in einem Mutter-Kind-Heim. Sie jobbte gelegentlich, dann kam ihr Sohn zur Welt. Mit dem Vater der Kinder lebte sie nur kurz zusammen. Er wollte frei sein, keine Verantwortung übernehmen. Irgendwann tauchte er unter. Er kümmerte sich weder um die Kinder, noch bezahlte er Unterhalt. Dafür bekam sie für die Kinder vom Jugendamt staatliche Hilfe in Form von Unterhaltsvorschuss. Geld, auf das sie dringend angewiesen war. Denn Sigrid verdiente ohne abgeschlossene Berufsausbildung als Aushilfe nur sehr wenig.

Auch Ben war kein Großverdiener. Aber man kam mit dem Wenigen aus. Die Hochzeit wurde in kleinem Kreis gefeiert. Sigrid und Ben waren glücklich. Nach der Hochzeit wollte sie ihre abgebrochene Ausbildung fortsetzen. Nächtelang rechneten sie und kalkulierten, ob dies finanziell möglich war. Beide waren fest entschlossen, den Gürtel enger zu schnallen. Schließlich ging es darum, Sigrid bessere Chancen auf dem Arbeitsmarkt zu ermöglichen.

Zerstört wurde diese Hoffnung jedoch auf einen Schlag durch ein Schreiben des Jugendamts. Sigrid wurde aufgefordert, die seit der Eheschließung erhaltenen Leistungen für die Kinder zurückzuzahlen. Außerdem wurde ihr mitgeteilt, dass sie künftig keinen Unterhaltsvorschuss mehr für die Kinder erhielt. Als Begründung wurde die Eheschließung mit Ben genannt. Zunächst glaubten sie an ein Missverständnis. Vielleicht dachte man, Sigrid hätte den leiblichen Vater der Kinder geheiratet. Nur dann ergäbe das Schreiben einen Sinn.

Aber sie wurden eines Besseren belehrt. So war es dem Amt gleichgültig, dass Ben nicht der leibliche Vater der Kinder war. Ausschlaggebend war einzig und allein, dass Sigrid geheiratet hatte. Ben wollte eine Erklärung, weshalb jetzt er für die Kinder eines anderen Mannes aufkommen musste. Das Geld sei zudem wichtig für den Lebensbedarf der Kinder. Der Sachbearbeiter verwies ihn auf den eindeutigen Gesetzeswortlaut und sagte, er könne nicht anders. Das Geld musste Sigrid zurückzahlen. Ihre Ausbildung konnte sie nicht fortsetzen. Sie musste weiterhin als Aushilfe arbeiten.

Nicht nur Ehegatten können durch eine Eheschließung Nachteile erleiden. Auch minderjährigen Kindern kann durch das Jawort eines Elternteils übel mitgespielt werden. Und zwar ganz legal vom Staat. Denn wenn ein Elternteil heiratet, fällt dadurch automatisch eine staatliche Leistung zur Existenzsicherung für minderjährige Kinder weg, und zwar der sogenannte Unterhaltsvorschuss.

Nach dem Unterhaltsvorschussgesetz ist dies eine Sozialleistung der Jugendämter für Kinder unter 12 Jahren. Ein Anspruch besteht dann, wenn der Elternteil, bei dem die Kinder nicht leben, keinen oder aber weniger Unterhalt bezahlt, als es der Höhe des Unterhaltsvorschusses entspricht, und wenn damit der Mindestunterhalt der Kinder gefährdet ist. Derzeit belaufen sich die monatlichen staatlichen Leistungen für Kinder bis fünf Jahre auf je 133 Euro, ab sechs Jahren auf je 180 Euro. Die Zahlungshöchstdauer beträgt insgesamt 72 Monate und endet spätestens mit Vollendung des 12. Lebensjahres.

Sie endet aber auch, wenn der alleinerziehende Elternteil eine (neue) Ehe eingeht. Dann fällt der Anspruch automatisch weg, das heißt, dem Kind werden die Sozialleistungen ersatzlos gestrichen. Begründet wird das vom Gesetzgeber unter anderem damit, dass ein Stiefkind in eine Familie eingebettet ist und an deren sozialem Standard automatisch teilhat. Sprich: Der Staat verlangt, dass die Stiefeltern anstelle des Staats den Unterhalt für die angeheirateten Kinder sicherstellen.

Abgesehen davon, dass diese ihren Stiefkindern mangels Verwandtschaft nicht zum Unterhalt verpflichtet sind, gibt es in Deutschland viele Familien, die ohnehin schon am Existenzminimum leben. Der soziale Standard erlaubt es dann oftmals nicht, das ohnehin schon geringe Einkommen auf alle Familienmitglieder angemessen zu verteilen. Verteilt wird dann nur Not und Elend. Dass durch den Wegfall der staatlichen Leistung bei einer Heirat das Existenzminimum minderjähriger Kinder gefährdet wird, nimmt der Staat in Kauf. Für diese Fälle sieht das Gesetz nicht einmal eine Ausnahme vor. Trotz des im Grundgesetz verankerten Verbots, Ehe und Familie nicht zu benachteiligen.

> Um zu verhindern, dass der Anspruch verloren geht, bleibt nur eines. Und zwar von einer Heirat Abstand zu nehmen und weiter in nichtehelicher Lebensgemeinschaft zu leben. Der Anspruch auf Unterhaltsvorschuss für minderjährige Kinder bleibt dann nämlich erhalten.

24. Wenn Ihr Ehepartner streitet, zahlen Sie die Rechnung

Er konnte es immer noch nicht fassen. Mehr als 3000 Euro hatte Leo zu bezahlen. Dies bedeutete für die Familie, den Gürtel enger zu schnallen. Außerdem musste der Urlaub für dieses Jahr gestrichen werden.

Begonnen hatte es harmlos, mit einem Brief vom Exmann seiner Ehefrau. Offenbar aus Verärgerung darüber, dass ein höherer Unterhalt für das gemeinsame Kind aus der Ehe zu zahlen war, forderte er plötzlich wieder Umgang. Fünf

Jahre lang hatte er sich nicht um das Kind gekümmert und es nicht sehen wollen. Deshalb erhielt Sandra auch bei der Scheidung das alleinige Sorgerecht.

Und jetzt wollte ihr Exmann plötzlich seinen Sohn alle 14 Tage zu sich nehmen. Leo verstand, dass Sandra damit nicht einverstanden war. Auch das Kind wollte keinen Kontakt zum Vater. Zu oft war es von ihm enttäuscht worden. Der Exmann ließ nicht locker und stellte einen Antrag auf Umgang beim Familiengericht. Das Gericht hatte für das Kind einen Beistand bestellt, der seine Interessen wahrnehmen sollte.

Sandra beauftragte wieder denselben Anwalt, der sie bereits bei der Scheidung vertreten hatte. Die Scheidungskosten wurden damals vom Staat gezahlt, da sie über kein Einkommen und kein Vermögen verfügte. Da sich an ihrer finanziellen Situation seitdem nichts geändert hatte, bat sie den Anwalt, auch diesmal die Kosten über den Staat abzurechnen und Verfahrenskostenhilfe zu beantragen.

Eine böse Überraschung erlebte sie, als der Richter beim Gerichtstermin erklärte, dass die Kosten diesmal nicht der Staat übernehmen werde. Wegen dem guten Einkommen des neuen Ehemannes sollte dieser die Kosten bezahlen. Nicht der Staat.

Und die Kosten waren gewaltig. Da man sich zunächst nicht einigen konnte, wurde ein teures Sachverständigengutachten eingeholt. Das Gericht ordnete sodann einen begleiteten Umgang einmal im Monat an. Kein einziges Mal hielt der Exmann die Termine ein. Das Interesse am Kind hatte sich in Luft aufgelöst. Unabhängig davon wurden die Kosten des Verfahrens zwischen den Eltern hälftig geteilt.

Auf den Verfahrenskosten, die auf Sandra entfielen, blieb letztendlich Leo sitzen. Und so musste er insgesamt für das Gericht, für den Verfahrensbeistand, den Anwalt und den Sachverständigen mehr als 3000 Euro bezahlen.

Für Sandras Exmann war das Verfahren übrigens gratis. Obwohl ihm das Gericht die Hälfte der Kosten auferlegt hatte, wurde er nicht zur Kasse gebeten. Im Gegensatz zu Sandra erhielt er Verfahrenskostenhilfe. Seine Rechnung bezahlte der Staat.

Sofern jemand nicht in der Lage ist, die Kosten eines Rechtsstreits aus seiner eigenen Tasche zu zahlen, besteht die Möglichkeit, staatliche Hilfe in Anspruch zu nehmen und Verfahrenskostenhilfe zu beantragen (früher Armenrecht genannt). In diesem Fall übernimmt der Staat die anfallenden Gerichtskosten, die eigenen Anwaltskosten, Sachverständigen- und Zeugengebühren und anderes mehr (siehe hierzu auch § 6, Grund 46).

Verfahrenskostenhilfe wird jedoch nicht gewährt, wenn die bedürftige Person mit einem leistungsfähigen Partner verheiratet ist. In diesem Fall besteht ein Anspruch gegen den Ehegatten, die Kosten des Rechtsstreits zu bezahlen. Grundsätzlich gehört es zum Familienunterhalt und zur Verpflichtung der Ehegatten, dem anderen die Führung von Prozessen oder Gerichtsverfahren zu finanzieren, wenn diese wichtige persönliche

Belange des Partners betreffen. Umfasst sind zum Beispiel Schadensersatzansprüche, Schmerzensgeld, Führerscheinentziehung, Aufenthaltserlaubnis, Nachbarschaftsstreitigkeiten und familienrechtliche Verfahren. Dies gilt selbst dann, wenn diese Streitigkeiten aus einer vorherigen Ehe resultieren, wenn es beispielsweise um das Sorge- oder Umgangsrecht für Kinder aus einer früheren Ehe geht.

Voraussetzung für die Pflicht des Ehegatten zur Prozessfinanzierung ist es, dass dieser leistungsfähig ist. Dies trifft nicht zu, wenn sein eigener angemessener Unterhalt gefährdet wäre. Außerdem muss die Rechtsverfolgung hinreichende Aussicht auf Erfolg haben, darf also nicht mutwillig angestrengt werden. So muss es überwiegend wahrscheinlich sein, dass der Ehegatte den Prozess aus rechtlichen und tatsächlichen Gründen mit seiner Rechtsverteidigung gewinnt. Für aussichtslose Verfahren muss der Ehegatte selbstverständlich nicht zahlen.

> Sind die Voraussetzungen für einen Verfahrenskostenvorschuss gegeben, muss der Ehegatte alle gerichtlichen und außergerichtlichen Kosten des Rechtsstreits des Partners tragen. Einen Anspruch auf Übernahme der Kosten durch den Staat entfällt.

25. Ehebruch – für das Kind zahlt trotzdem der Ehemann

Es kriselte schon lange in ihrer Ehe. Man hatte sich nicht mehr viel zu sagen, lebte nebeneinander her. Trotzdem wurden sie als Vorzeigeehepaar angesehen. In der Gemeinde waren beide engagiert und sehr beliebt. In der Nachbarschaft galten sie als harmonisches Paar. Dass es vor allem für Paula nicht immer leicht war, den Schein nach außen hin zu wahren, vertraute sie ihrem Kollegen an. Immer öfter machte sie Überstunden. Er hörte ihr zu. Nahm sich Zeit für sie. Damit hatte Hannes schon lange aufgehört.

Als dieser auf Geschäftsreise war, passierte es. Als er zurückkam, gestand Paula ihrem Ehemann sofort den Seitensprung. Es folgten Krisengespräche. Man redete über Trennung und Scheidung. Um nichts unversucht zu lassen, wurde eine Ehetherapie durchgeführt. Diese erreichte einen Tiefpunkt, als sich herausstellte, dass Paula aus ihrer Affäre ein Kind erwartete. Von Hannes konnte es nicht sein. Mit ihm hatte sie seit mehr als zwei Jahren keinen Sex mehr. Nach vielen Sitzungen beschlossen beide, der Ehe nochmals eine Chance zu geben. Hannes wollte versuchen, dem Kind ein guter Vater zu sein. Es gelang ihm nicht. Immer wenn er das Kind sah, wurde er an die Untreue seiner Ehefrau erinnert. Als das Kind fast drei Jahre alt war, zog er aus.

Gleich nach der Trennung wurde er von Paulas Anwalt aufgefordert, für sie und das Ehebruchskind Unterhalt zu zahlen. Wegen der Kinderbetreuung könne sie derzeit nicht mehr arbeiten. Hannes wies die Forderung empört zurück. Er sei hierfür nicht zuständig, immerhin stamme das Kind nicht von ihm. Er verwies sie auf den Vater des Kindes, an diesen solle sie sich wegen der Unterhaltszahlungen wenden.

Mit dem leiblichen Vater des Kindes wollte Paula aber nichts mehr zu tun haben. Denn er interessierte sich nicht für sein Kind und war weit weg gezogen.

Pech für Hannes. Er wurde vom Familiengericht verurteilt, den geforderten Unterhalt an Paula und das Ehebruchskind zu zahlen. Er konnte auch nichts mehr dagegen unternehmen. Dafür war es jetzt zu spät.

Juristisch gesehen entscheiden nicht die Gene, wer der Vater eines Kindes ist, sondern das Gesetz. So wird ein Kind automatisch der Vaterschaft des Mannes zugeordnet, der mit der Kindesmutter zum Zeitpunkt der Geburt verheiratet war. Ob dieser tatsächlich der leibliche Vater ist, spielt keine Rolle. Ist er nicht der Erzeuger des Kindes, hat er allerdings die Möglichkeit, die Vaterschaft anzufechten. Das Familiengericht stellt dann durch Beschluss fest, dass der Ehemann der Kindesmutter nicht der Vater des Kindes ist.

Voraussetzung für eine wirksame Vaterschaftsanfechtung ist unter anderem, dass die gesetzliche Anfechtungsfrist eingehalten wird. So muss die Vaterschaft innerhalb von zwei Jahren ab dem Zeitpunkt angefochten werden, zu dem der rechtliche Vater von den Umständen erfährt, die gegen seine Vaterschaft sprechen. Die Frist beginnt jedenfalls dann, wenn der Anfechtungsberechtigte sichere Kenntnis von Tatsachen erlangt, aus denen sich die nicht ganz fernliegende Möglichkeit einer Abstammung des Kindes von einem anderen Mann ergibt. Um die Frist in Gang zu setzen, reicht beispielsweise die Kenntnis über ein intimes Verhältnis der Mutter während der Empfängniszeit aus oder aber Fakten wie die eigene Zeugungsunfähigkeit, Geschlechtsverkehr der Mutter während Sextourismus oder wenn die Mutter die Abstammung vom Ehemann ernsthaft infrage stellt.

Ist die Frist zur Anfechtung der Vaterschaft abgelaufen, bleibt es bei der gesetzlichen Vaterschaft des Ehemannes der Mutter, selbst wenn seine biologische Vaterschaft nachweislich ausgeschlossen ist. Eine Ausnahme gibt es nur dann, wenn die Vaterschaft anderweitig angefochten wird, zum Beispiel vom biologischen Vater, von der Mutter oder dem Kind. Hierauf hat der gesetzliche Vater jedoch keinen Rechtsanspruch.

Eine Hemmung der Anfechtungsfrist, also das Hinausschieben des Fristbeginns etwa bis zur Trennung von der Kindesmutter, ist vom Gesetzgeber im Übrigen nicht vorgesehen. Auch wenn die Ehe des gesetzlichen Vaters mit der Mutter noch besteht und er mit dem Kind in familiärer

Beziehung lebt, beginnt die Frist zu laufen. Es spielt auch keine Rolle, dass die Frist nur deshalb nicht eingehalten wurde, weil der gesetzliche Vater durch eine Anfechtung der Vaterschaft einen Versöhnungsversuch mit der Mutter nicht gefährden wollte. Der Gesetzgeber nimmt hierauf keine Rücksicht und räumt der Rechtssicherheit Vorrang gegenüber den Interessen des gesetzlichen Vaters ein.

> Das Versäumen der Anfechtungsfrist ist folgenreich. Denn dem Ehebruchskind stehen Erb- und Unterhaltsansprüche zu; außerdem kann die Kindesmutter Unterhaltsansprüche wegen der Betreuung eines gemeinsamen Kindes geltend machen. Denn vor dem Gesetz ist das Ehebruchskind das Kind des Ehemanns.

§5 Trennung – die Schlammschlacht kann beginnen

Wenn die Zeiten gut sind, erfüllen die meisten Ehegatten ihr Eheversprechen gern. Dies kann sich schlagartig ändern, wenn die Zeiten schlechter werden. Dann führt in vielen Fällen der erste Weg zum Rechtsanwalt.

Dabei lassen sich Ehegatten, die im Rahmen einer Trennung einen Anwalt aufsuchen, grob in zwei Gruppen einteilen. Die Angehörigen der ersten Gruppe lassen sich rechtzeitig und meist ohne Wissen des anderen Ehegatten ausführlich über ihre Rechte und Pflichten beraten. Dies führt dazu, dass Trennung und Scheidung strategisch geplant und gut vorbereitet werden können, indem zum Beispiel Beweise gesichert werden. Steuerunterlagen, Kontoauszüge, Belege und Verdienstabrechnungen des nichts ahnenden Ehegatten werden kopiert, um dann sofort bei der Trennung eigene Ansprüche, etwa auf Unterhalt, berechnen und durchsetzen zu können. Der Vorteil der Angehörigen dieser Gruppe ist, dass sie die Möglichkeit haben zu agieren.

Und das ist wichtig, denn bei einer Trennung werden die maßgeblichen Weichen für die Scheidung und das Leben danach gestellt.

Während also die einen die Fäden in der Hand halten, wird den Mitgliedern der zweiten Gruppe etwas in die Hand gedrückt, und zwar vom Briefträger. Es handelt sich dabei meist um ein Schreiben vom Rechtsanwalt des anderen Ehegatten mit diversen Zahlungsaufforderungen. Schlimmstenfalls musste der von der Trennung völlig überraschte Ehegatte unmittelbar vorher feststellen, dass der andere das Familienwohnheim in einer Nacht-und-Nebel-Aktion ausgeräumt, das Bankkonto leer geräumt und die gemeinsamen Kinder mitgenommen hat. Dieser Ehegatte hat also nur noch die Möglichkeit, mithilfe eines Anwalts zu reagieren, wenn die Bombe schon geplatzt ist. In vielen Fällen ist dann nur noch Schadensbegrenzung möglich.

Dass eine Trennung unmittelbar bevorsteht, lässt sich in vielen Fällen nicht vorhersehen. Insbesondere wenn die vermeintlich glücklichen Ehegatten alles daran setzen, den Schein einer perfekten Ehe nach außen hin zu wahren, und der Umwelt eine glückliche Ehe vorgaukeln. Mit einem solchen Zustand finden sich viele Ehepaare ab und leben jahrelang nebeneinander her. Wenn es in dieser Zeit zu keinen größeren Komplikationen oder Streitereien kommt, kann ein Ehegatte also nur schwer erahnen, wann der andere den Zustand nicht mehr erträgt und zum Befreiungsschlag ausholt.

Besonders risikobehaftet für das Entstehen eines endgültigen Trennungsentschlusses sind die Weihnachtsfeiertage. In vielen Familien läuft Weihnachten so ab, dass der eine die Arbeit hat, der andere das Vergnügen. Während also ein Ehegatte die stressigste Zeit des Jahres erlebt, um seinen Liebsten schöne Weihnachten zu bescheren, und vor lauter Backen, Kochen, Dekorieren, Geschenkekaufen nicht mehr weiß, wo ihm der Kopf steht, lehnt sich der andere entspannt zurück. Er genießt die stille Zeit und lädt dann zu allem Überfluss auch noch die liebe Verwandtschaft ein, die zusätzlich zu der ganzen Arbeit bespaßt werden muss. Noch anstrengender wird es, wenn den Gästen dazu eine heile Welt und eine glückliche Ehe vorgegaukelt werden muss, die es in Wirklichkeit nicht mehr gibt. Dann platzt vielen Ehegatten innerlich der Kragen und sie beschließen, dieses Theater kein weiteres Mal mitzumachen, sondern der Ehe ein Ende zu setzen.

Sie ertragen das Schauspiel gerade noch bis zum Ende der Weihnachtsferien und suchen dann einen Anwalt auf, um alles Nötige in die Wege zu leiten.

Ist die Trennung dann vollzogen, werden aus einstigen Turteltauben oftmals Kriegsparteien. Und der Kampf beginnt.

26. Der entsorgte Ehepartner

Es war das letzte Mal, dass sie die Station betreten musste. Nach einem langen Kampf durfte Erna endlich ihren Bruder abholen. Aus der geschlossenen Abteilung eines Pflegeheimes.

Nie wird sie vergessen, wie sie Lorenz dort das erste Mal besucht hatte. Sie konnte die Station nicht ohne Weiteres betreten. Sie musste sich anmelden, dann öffnete eine Pflegerin mittels Code die schwere Türe zur Abteilung. Dort roch es modrig, gleich überkam sie ein beklemmendes Gefühl. Erna fühlte sich wie in einem Gefängnis. Hinter der Tür wartete bereits ein alter Mann, der hinauswollte. Von einer Pflegerin wurde er unsanft zurückgeschoben. Auf dem langen Gang kamen ihr verwirrte Senioren entgegen. Die Pflegerin führte sie in ein Zimmer. Dort saß Lorenz mit seinen 64 Jahren auf dem Bett und starrte in den Garten, der mit einem hohen Zaun gesichert war. Er begann zu weinen, als er sie sah.

Erna konnte nicht fassen, dass ihr Bruder unter solchen Umständen leben musste. Er hatte doch ein schönes Zuhause und eine gesunde Ehefrau, die sich um ihn kümmern konnte. Er war schließlich nicht schwerstpflegebedürftig, hatte einen leichten Schlaganfall erlitten und war vergesslich geworden. Die Stationsleiterin erklärte ihr, dass die geschlossene Unterbringung durch das Betreuungsgericht angeordnet worden war. Veranlasst hatte dies seine Ehefrau, die für ihn als rechtliche Betreuerin bestellt worden war. Erna wusste, dass ihr

Bruder kein guter Ehemann gewesen war. Er war aufbrausend und eifersüchtig. Schon immer. Und er trank gerne ein paar Bier am Abend. Aber immerhin bestand die Ehe seit 35 Jahren, es gab drei gemeinsame Kinder. Eine Trennung oder gar Scheidung kam nie infrage. Immerhin lebte man in einer erzkatholischen Gemeinde.

Am nächsten Tag beauftragte sie sofort einen Anwalt, der ihrem Bruder zur Freiheit verhelfen sollte. Dabei stellte sich heraus, dass die Ehefrau von Lorenz damals nach dem Schlaganfall seine Rückkehr aus dem Krankenhaus in die Ehewohnung abgelehnt hatte. Da Lorenz nicht freiwillig in das Pflegeheim ziehen wollte und sich allein nicht versorgen konnte, wurde er kurzerhand gegen seinen Willen geschlossen untergebracht. Er wurde direkt vom Krankenhaus in die geschlossene Abteilung verfrachtet. Als rechtliche Betreuerin hatte seine Ehefrau dazu die Möglichkeit.

Der Anwalt meinte, dies sei eine elegante Lösung, einen lästig gewordenen Ehegatten zu „entsorgen". Man müsse nur warten, bis er hilflos wurde. Er vermutete, dass Lorenz sich aus eigener Kraft nicht hätte helfen können und bis zu seinem Tod in der geschlossenen Abteilung hätte ausharren müssen. Aber zu seinem Glück wollte seine Schwester dem Treiben der Ehefrau nicht tatenlos zusehen.

Mithilfe des Anwalts wurde in einem langwierigen Verfahren die weitere geschlossene Unterbringung von Lorenz durch das Betreuungsgericht aufgehoben. Überdies bekam er einen anderen Betreuer.

Als Lorenz aus der Pflegeeinrichtung entlassen wurde, nahm ihn Erna bei sich zu Hause auf. Zu groß war ihre Angst, was seiner Ehefrau sonst noch alles einfallen würde, um den unliebsamen Ehemann loszuwerden.

In so mancher ländlichen Gegend sind Scheidungen verpönt und werden vor allem von älteren Menschen kategorisch abgelehnt. So harren viele Ehegatten in einer Ehe aus, die mit moderner Sklaverei vergleichbar ist. Sie ertragen ihren Ehegatten mehr schlecht als recht über Jahre hinweg, lächeln brav in die Kamera der lokalen Zeitung, wenn der Bürgermeister zur goldenen Hochzeit eine Flasche Sekt überreicht, und hoffen insgeheim, dass man sein Soll alsbald erfüllt hat. Also der Ehegatte möglichst bald das Zeitliche segnet, damit einem selbst noch ein paar schöne Jahre bleiben.

Bereits im Vorfeld, das heißt bevor der Tod die Ehe scheidet, nutzt so mancher Ehepartner die Gunst der Stunde, um den lästigen Ehegatten ganz legal und elegant loszuwerden – ohne offizielle Trennung oder Scheidung. Eine günstige Möglichkeit bietet sich dann, wenn der Ehegatte so schwer erkrankt, dass er nicht mehr in der Lage ist, seine Angelegenheiten selbst zu besorgen, zum Beispiel bei einem Schlaganfall, bei Demenz oder Hirnschädigung durch Alkoholmissbrauch. Sofern das

Betreuungsgericht durch Einholen eines Sachverständigengutachtens die Voraussetzungen feststellt, wird ein rechtlicher Betreuer berufen.

Hat der Erkrankte vorher nicht bestimmt, wer seine Betreuung im Fall der Fälle übernehmen soll, muss das Gericht die Person des rechtlichen Betreuers auswählen. Wenn sein Ehegatte zur Übernahme des Amts bereit und in der Lage ist, hat dieser den Vorzug vor einem Berufsbetreuer. Der Ehegatte trifft also künftig Entscheidungen für den kranken Ehegatten, je nachdem in welchem Umfang die Betreuung vom Gericht angeordnet wurde. Sofern dies umfassend geschehen ist, kann der Ehegatte auch bestimmen, wo sich der Kranke aufhält: entweder zu Hause, im Krankenhaus, oder auch im Pflegeheim.

Wenn der Kranke nicht damit einverstanden ist, dass er künftig nicht mehr zu Hause leben darf, sondern in einem Pflegeheim untergebracht werden soll, hat der Betreuer die Möglichkeit, dies zwangsweise durchzusetzen.

Der betreuende Ehegatte kann daher beim Betreuungsgericht den Antrag stellen, dass der kranke Partner geschlossen untergebracht wird, beispielsweise in der geschlossenen Abteilung eines Altenheims. Voraussetzung ist unter anderem, dass eine Eigengefährdung des Betroffenen vorliegt, etwa die Gefahr des Selbstmords oder eine erheblichen Gefährdung der Gesundheit zum Beispiel durch erneuten Alkoholkonsum. Aber auch wenn der Kranke aus dem Pflegeheim wegläuft, kann er geschlossen untergebracht werden, wenn ansonsten die Gefahr der Verwahrlosung, körperlichen Verelendung oder Unterversorgung droht.

> Eine solche Gefahr besteht auch dann, wenn der andere Ehegatte nicht mehr bereit ist, die notwendige persönliche Pflege des kranken Ehegatten daheim zu übernehmen und der Betroffene nicht gewillt ist, freiwillig in einem Seniorenheim zu bleiben. Da der Kranke durch die Ablehnung der persönlichen Pflege auf sich allein gestellt ist, würde zwangsläufig die Verwahrlosung drohen. Denn im Regelfall wird er sich nicht mehr selbst versorgen können. Da also der Kranke in diesem Fall außerhalb einer Pflegeeinrichtung mit dem Leben nicht zurechtkommt, kann er auf Antrag geschlossen untergebracht werden. Außer er beugt sich dem Willen des anderen Ehegatten und findet sich mit damit ab, künftig im Pflegeheim leben zu müssen. In diesem Fall darf er auf der offenen Station leben und wird nicht eingesperrt.

27. Getrennt und trotzdem unter einem Dach – Horror!

Als Petra aufwachte, war es schon acht Uhr. Sie musste sich beeilen, sonst kam sie zu spät zur Arbeit. Schnell wollte sie ins Badezimmer. Aber es war abgeschlossen. Eine Dreiviertelstunde musste sie warten. Sonst brauchte ihr Ehemann höchstens zehn Minuten. Seit sie ihm vor einigen Tagen mitgeteilt hatte, dass sie die Ehe mit ihm nicht fortsetzen wollte, war er unausstehlich geworden. Sie hätte ihn erst gar nicht heiraten sollen vor zwei Jahren, eine absolute Fehlentscheidung. Als er endlich fertig war, trat sie gleich beim Betreten des Badezimmers in eine von mehreren Pfützen, die sich auf dem Boden gebildet hatten. Ein nasses Handtuch lag in der Ecke und sie musste erst einmal seine Haare aus der Dusche entfernen, bevor diese benutzbar war. Angewidert stellte sie fest, dass Christian das ihm mühevoll antrainierte Verhalten abgelegt hatte, sich beim Toilettengang hinzusetzen.

Als sie nach der Arbeit endlich nach Hause kam und kochen wollte, stand ihr Ehemann in der Küche und brutzelte munter vor sich hin. Wütend nahm sie sich einen Joghurt und setzte sich ins Wohnzimmer, um sich beim Fernsehkrimi zu entspannen. Auch diesen Plan machte ihr Christian zunichte. Denn nachdem er in der Küche gegessen hatte, setzte er sich ebenfalls vor den Fernseher. Sie verstand allerdings kein Wort mehr, als er anfing, mit seinem Freund zu telefonieren, um Pläne für das Wochenende zu schmieden. Es blieb ihr nichts übrig, als früh ins Bett zu gehen. Dorthin folgte er ihr wenigstens nicht. Er schlief im Gästezimmer. Lange lag sie wach und ärgerte sich über Christian.

Gleich am nächsten Tag wollte sie mit ihm reden, ihn bitten auszuziehen. Immerhin war es ihre Eigentumswohnung, die sie lange vor der Ehe von ihren Eltern bekommen hatte. Er musste sich ohnehin eine neue Wohnung suchen. Aber er lachte sie nur aus. Er meinte, er werde es ihr nicht so leicht machen. Immerhin wolle sie die Trennung, nicht er.

Der Alltag mit ihm wurde immer unerträglicher. Seine Anwesenheit wurde für Petra zur Qual. Als sie es nicht mehr aushielt, packte sie seine Sachen in Plastiktüten und stellte sie vor die Tür. Dann ließ sie den Schlüsseldienst die Schlösser zu ihrer Wohnung auswechseln. Eine halbe Stunde machte Christian vor der Wohnungstüre Terror, dann zog er mit den Tüten von dannen.

Sofort stellte er einen Antrag beim Familiengericht. Und gewann. Petra musste ihn wieder in ihre Wohnung lassen und die gesamten Kosten des Verfahrens bezahlen. Erst nachdem sie dazu übergegangen war, ihren Ehemann ebenfalls bei jeder Gelegenheit zu schikanieren, räumte er freiwillig das Feld. Er packte seine Sachen und zog nach zehn langen Monaten aus.

Zum Leidwesen vieler Ehegatten kann man seinen lästig gewordenen Partner nicht einfach so vor die Tür setzten. Selbst dann nicht, wenn man Alleineigentümer oder alleiniger Mieter einer Wohnung ist. Die eheliche Lebensgemeinschaft begründet nämlich das Recht der Ehegatten auf Mitbenutzung der Ehewohnung. Dieses Recht besteht nicht nur während einer intakten Ehe, sondern auch während der Trennung bis zur rechtskräftigen Scheidung. Die Eigentumsverhältnisse spielen dabei keine Rolle.

Zu Konflikten kommt es zwangsläufig dann, wenn die Ehegatten innerhalb der Ehewohnung getrennt leben, also eine Trennung von Tisch und Bett vollziehen, um nach Ablauf des Trennungsjahres die Scheidung einreichen zu können. Die Trennung unter einem Dach ermöglicht der Gesetzgeber ausdrücklich. Hierzu reicht es übrigens nicht aus, dass die Ehegatten getrennte Schlafzimmer beziehen. Es dürfen auch keine wechselseitigen Versorgungsleistungen (zum Beispiel Kochen, Waschen, Bügeln, Putzen, Einkaufen für den anderen) mehr stattfinden, ebenso wenig gemeinsame Freizeitaktivitäten.

Nur unter strengen Voraussetzungen kann ein Ehegatte beim Familiengericht beantragen, dass ihm die Ehewohnung während der Trennung zur alleinigen Nutzung überlassen wird und der andere Ehegatte ausziehen muss. Bloße Unannehmlichkeiten und Belästigungen, wie sie bei einer zerrütteten Ehe regelmäßig auftreten, reichen hierzu nicht aus. Die Wohnungszuweisung muss vielmehr notwendig sein, um eine unbillige Härte zu vermeiden, etwa bei Gewalt, Einsperren, Bedrohung, Alkoholmissbrauch oder Beeinträchtigung des Kindeswohls. Sofern die Voraussetzungen für eine Wohnungszuweisung nicht vorliegen, darf ein Ehegatte den anderen nicht ohne Weiteres aus der Wohnung aussperren und die Türschlösser wechseln.

In einem solchen Fall kann der ausgesperrte Ehegatte beim Familiengericht einen Eilantrag stellen, dass ihm der Mitbesitz an der Ehewohnung wieder eingeräumt wird, er also wieder in die Ehewohnung einziehen darf und diese bis zur Scheidung benutzen kann. Da der andere in verbotener Eigenmacht gehandelt hat, muss dieser die kompletten Kosten des gerichtlichen Verfahrens tragen. Zusätzlich können Schadensersatzansprüche auf ihn zukommen, wenn beispielsweise der ausgesperrte Ehegatte bis zur gerichtlichen Entscheidung in einem Hotel unterkommen musste. Aus dem eigenmächtigen Aussperren eines lästigen Ehegatten kann also leicht eine teure Sache werden.

> Wenn man selbst nicht dazu bereit ist, das Feld zu räumen, bleibt einem nichts anderes übrig, als bis zum bitteren Ende der Ehe auszuharren oder zu hoffen, dass der andere vorher freiwillig auszieht. Will man dem unliebsamen Ehegatten die Entscheidung zum vorzeitigen Auszug erleichtern, indem man ein entsprechendes Verhalten an den Tag legt, darf man allerdings nicht übertreiben. Ansonsten kann es passieren, dass der andere Ehegatte wegen unbilliger Härte die Wohnungszuweisung beantragt und Sie es sind, der auf der Straße steht.

28. Haus leer – Ehepartner weg

Daniel war erleichtert, als er die Anwaltskanzlei verließ. Eine Stunde war er dort und ließ sich beraten. Seit Monaten kriselte es in seiner Ehe, weil er auf einer Betriebsfeier fremdgegangen war. Nadine wollte der Ehe noch eine Chance geben. Aber es funktionierte nicht mehr zwischen ihnen. Sie machte ihm ständig Vorwürfe, die er auf Dauer nicht mehr ertragen konnte. Bevor er Nägel mit Köpfen machte, wollte er wissen, was auf ihn bei einer Trennung zukommen würde. Auf jeden Fall wollte er einen Rosenkrieg vermeiden und sich einvernehmlich trennen.

Auch aus diesem Grund hatten sie damals vor der Heirat den Ehevertrag geschlossen. Da beide voll berufstätig waren, verzichteten sie gegenseitig auf Unterhalt und vereinbarten Gütertrennung. Auch wegen der Ehewohnung konnte kein Streit entstehen, da ihm das Haus schon vor der Heirat allein gehört hatte. Nadine musste also ausziehen, spätestens nach der Scheidung. Vom gemeinsamen Hausrat durfte sie nur das mitnehmen, worüber man sich vorher geeinigt hatte. Der Anwalt erklärte ihm, dass sie nicht eigenmächtig Sachen mitnehmen durfte. Vielmehr musste Nadine, wenn keine Einigung erzielt wurde, ein Haushaltsverfahren beim Familiengericht einleiten. Daniel war sich jedoch sicher, dass sie eine gemeinsame Lösung finden würden. Schließlich waren sie ja vernünftige Menschen.

Als er zu Hause ankam, war er fest entschlossen, Nadine seinen Trennungsentschluss mitzuteilen. Aber sie war schneller. Beim Betreten seines Hauses musste er feststellen, dass es komplett leer geräumt war. Nur seine persönlichen Sachen hatte sie ihm gelassen. Seine Kleidung lag verteilt im Schlafzimmer, die Kleiderschränke waren weg, ebenso die Küche mit sämtlichen Vorräten.

Die Nachbarn erzählten ihm, dass am Nachmittag gleich zwei Umzugswagen gekommen seien. Viele Helfer trugen in Windeseile die Sachen aus dem Haus. Die Nachbarn dachten sich nichts dabei, weil ihnen Nadine erklärt hatte, dass sie wegen einer neuen Arbeitsstelle kurzfristig umziehen müssten.

Daniel erinnerte sich an die Worte seines Anwalts, wonach eine eigenmächtige Wegnahme des Hausrats verboten sei. Er rief die Polizei. Die Dreistigkeit seiner Ehefrau wollte er sich nicht bieten lassen. Die Polizei sollte ihm zu seinem Recht verhelfen. Nadine sollte für ihr rechtswidriges Verhalten hart bestraft werden. Die Polizei kam zwar, zog aber gleich wieder ab. Die Beamten meinten, er solle sich an das Familiengericht wenden. In solche Auseinandersetzungen würden sie sich nicht einmischen. Die Polizei habe wichtigere Dinge zu tun.

Er bemühte jedoch das Familiengericht nicht. Denn sein Anwalt erklärte ihm, wie zeitaufwendig und kostspielig ein gerichtliches Verfahren wäre, um den Hausrat zurückzubekommen. Also beschloss er, auf die alten Sachen zu verzichten und seine Nerven zu schonen.

Mit dem Geld, das er dadurch sparte, konnte er sich komplett neu einrichten.

Bei Trennungen ist es keine Seltenheit, dass Ehewohnungen in einer Hauruck-Aktion leer geräumt werden. Selbstverständlich in Abwesenheit des anderen Ehegatten. Dieses Vorgehen ist jedoch nicht legal.

Hier liegt der Verdacht nahe, dass sich die Ehegatten im Vorfeld erkundigt haben, wie sie nach einem Auszug am einfachsten an Haushaltsgegenstände kommen, die der andere Ehegatte nicht freiwillig herausgibt. Wenn diesen Personen nach einer Beratung klar wird, wie lange solche Verfahren dauern, wie zeitaufwendig und nervenaufreibend sie sind, treffen viele eine Entscheidung. Entweder sich rechtswidrig zu verhalten und vollendete Tatsachen zu schaffen. Oder auf die alten Sachen zu verzichten und sich neue anzuschaffen. Eine weitere Möglichkeit besteht darin, sich auf dem gesetzlich vorgesehenen Weg die Gegenstände zu verschaffen.

Sofern sich Ehegatten zu letzterem durchringen, muss der Hausrat auf Antrag vom Familienrichter im Haushaltsverfahren verteilt werden. Betroffen sind Gegenstände, welche die Ehegatten während der Ehe für die Wohnung, den Haushalt und das Zusammenleben angeschafft haben. Dazu gehören die Wohnungseinrichtung, Möbel, Teppiche, Geschirr, Besteck, Deko, Bücher, Filme, Bilder, Fernseher etc. Nicht dazu gehören Dinge, die ausschließlich dem Gebrauch eines Ehegatten dienen, wie Kleidung, Hobbygeräte, persönliche Sammlungen oder Kosmetik.

Sofern Gegenstände während der Ehe für den gemeinsamen Haushalt angeschafft werden, spricht eine gesetzliche Vermutung dafür, dass es sich um gemeinsames Eigentum handelt. Die Vermutung kann man nur dadurch entkräften, dass man sein Alleineigentum nachweist. Hierfür reicht es allerdings nicht aus, auf sich ausgestellte Kaufbelege vorzuweisen oder zu belegen, dass die Zahlung aus eigenen Mitteln erbracht wurde. Man muss zusätzlich beweisen, dass man den Gegenstand für sich allein erwerben wollte, was jedoch kaum gelingen wird. Im Regelfall gilt somit alles, was während der Ehe für den Haushalt angeschafft wurde, als gemeinsames Eigentum. Und zwar unabhängig davon, wer bezahlt hat. Wenn das Gericht die Eigentumslage geklärt hat, werden die Gegenstände verteilt.

Während der Dauer des Getrenntlebens bis zur rechtskräftigen Scheidung kommen nur vorläufige Regelungen zum gemeinsamen Haushalt in Betracht. Die Gegenstände werden dabei vom Gericht nach den Grundsätzen der Billigkeit verteilt, das heißt, es kommt darauf an, wer die Sachen dringender benötigt oder wer sich leichter entsprechende Ersatzgegenstände beschaffen kann. Sofern das Alleineigentum eines Ehegatten an Haushaltsgegenständen feststeht (zum Beispiel bei Geschenken der Eltern), kann der Eigentümer die Gegenstände vom anderen herausverlangen. Ausnahmsweise kann dennoch die Pflicht bestehen, die in seinem Alleineigentum stehenden Gegenstände dem anderen während der Trennungszeit zu überlassen. Das kommt vor allem dann in Betracht, wenn die Überlassung den Bedürfnissen der Kinder entspricht (siehe § 5, Grund 29).

Liegt ein entsprechender Beschluss des Familiengerichts nicht vor, dürfen Haushaltsgegenstände nicht eigenmächtig aus der Ehewohnung entfernt werden.

In diesem Fall kann der andere die sofortige Rückgabe des gesamten Hausrats im Eilverfahren beim Familiengericht beantragen. Hierzu müssen jedoch die einzelnen Gegenstände so genau nach Farbe, Größe, Material, Beschaffenheit und Form bezeichnet werden, dass sie der Gerichtsvollzieher unverwechselbar erkennen und aussondern kann. Es muss also jeder Topf und jedes Handtuch genau beschrieben werden.

Das Ergebnis ist, dass der unrechtmäßig handelnde Ehegatte den anderen in Zugzwang bringt. Denn wenn dieser die Sachen zurückhaben möchte, dreht sich der Spieß um und er ist es jetzt, der das zeitaufwendige und lästige Verfahren einleiten muss. Verhält sich der ausziehende Ehegatte hingegen legal, muss dieser ein solches langwieriges Verfahren einleiten und warten, bis das Gericht entscheidet. Insofern kommt so mancher Ehegatte zu dem Ergebnis, dass sich rechtmäßiges Handeln nicht immer lohnt, und plündert heimlich den Haushalt.

29. Mein Auto – dein Auto?

Sofort inserierte Lars seinen Sportwagen im Internet, nachdem er erfahren hatte, dass er Vater wurde. Er freute sich riesig auf sein erstes Kind. Es tat ihm keine Sekunde lang leid, seinen Sportwagen gegen eine Familienkutsche eintauschen zu müssen. Den Wagen hatte er nun lange genug gefahren. Er hatte ihn damals von seinen Eltern zum Examen geschenkt bekommen. Aber seine wilde Zeit war nun vorbei. Immerhin war er gerade dabei, eine Familie zu gründen.

Obwohl er sonst immer mit dem Auto in die Arbeit gefahren war, überließ er von nun an seiner Ehefrau das Fahrzeug. Sie sollte während der Schwangerschaft bequem einkaufen und jederzeit den Arzt erreichen können. Er fuhr von da an mit seinem Rennrad zu seiner 20 Kilometer entfernten Arbeitsstelle. Nur selten, wenn das Wetter es nicht zuließ, nahm er den Wagen.

Wie stolz Lars war, als er seine Frau und seinen Sohn nach der Entbindung aus der Klinik mit dem Wagen abholte. Mit der geräumigen Familienkutsche wurden im Lauf der Zeit viele schöne gemeinsame Familienausflüge und Urlaubsfahrten gemacht.

Als sein Sohn vier Jahre alt war, verkündete ihm seine Frau, dass sie sich von ihm trennen wolle. Man habe sich auseinandergelebt. Außerdem gab es einen anderen Mann in ihrem Leben. Wutentbrannt packte Lars auf die Schnelle ein paar Sachen in das Auto und fuhr weg. Er zog vorläufig in eine Pension.

Als seine Ehefrau die Herausgabe des Fahrzeugs verlangte, lachte Lars sie aus. Immerhin war es sein Auto, er allein war im Fahrzeugschein und -brief eingetragen. Außerdem hatte er damals seinen Sportwagen gegen die Familienkutsche eingetauscht und sie auch bezahlt. Es konnte also keinen Zweifel geben, dass er der Eigentümer war. Nie und nimmer wollte er das Fahrzeug seiner untreuen Ehefrau überlassen.

Das Lachen verging ihm schnell, als ihm ein Beschluss des Familiengerichts zugestellt wurde. Er wurde verpflichtet, sein Fahrzeug sofort an seine Ehefrau herauszugeben und es ihr zur Nutzung zu überlassen. Sein Anwalt sagte, dass er den Beschluss akzeptieren müsse, zumindest bis zur Scheidung. Den Wagen brachte er zähneknirschend zu seiner Ehefrau zurück.

Oft, wenn er mit dem Rad von der Arbeit nach Hause fuhr, kam ihm sein Wagen entgegen. Auf dem Beifahrersitz seine Ehefrau. Am Steuer ihr neuer Lover.

Ein häufiger Streitpunkt bei einer Trennung sind Fahrzeuge. Und zwar dann, wenn nur ein Pkw vorhanden ist, den beide Ehegatten nutzen.

Nach einer Trennung scheidet zwangsläufig eine gemeinsame Weiternutzung des Fahrzeugs aus. Wenn sich die Ehegatten dann nicht einig werden, wer den Pkw nach der Trennung weiter fahren darf, muss ihn der Familienrichter im Haushaltsverfahren verteilen. Denn wenn ein Pkw auch nur gelegentlich familiär genutzt wird, zum Beispiel für Familienausflüge, Schulfahrten, Familieneinkäufe, handelt es sich in der Regel um einen Haushaltsgegenstand.

Die Frage, ob ein Haushaltsgegenstand Alleineigentum oder nur Miteigentum eines Ehegatten ist, spielt eine entscheidende Rolle für die Haushaltsteilung nach der Scheidung. Damit wird der gemeinsame Haushalt endgültig getrennt. Stehen Haushaltsgegenstände nachweislich im Alleineigentum eines Ehegatten, werden sie nicht verteilt, sondern bleiben ausschließlich beim Eigentümer. Hat also ein Ehegatte einen Pkw während der Ehe von seinen Eltern geschenkt bekommen, kann er diesen spätestens nach Rechtskraft der Scheidung herausverlangen.

Etwas anderes kann jedoch während der Trennungszeit gelten. Selbst wenn ein Ehegatte nachweislich Eigentümer eines Fahrzeugs ist, muss er es in bestimmten Fällen dem anderen zum Gebrauch überlassen, wenn dieser es zur Führung eines abgesonderten Haushalts benötigt und die Überlassung der Billigkeit entspricht. Die Bedürfnisse der Kinder sind besonders zu berücksichtigen. Ist bei einer räumlichen Trennung der Pkw zur Versorgung und Betreuung der Kinder erforderlich, zum Beispiel für

Fahrten in den Kindergarten oder zur Schule, muss der Alleineigentümer den Pkw dem anderen bis zur rechtskräftigen Scheidung überlassen. Erst dann kann ihn der „wahre“ Eigentümer herausverlangen.

Entscheidend dafür, wer ein Fahrzeug nach der Scheidung endgültig erhält, ist, welcher Ehegatte Alleineigentümer ist. Wie bei jedem Haushaltsgegenstand wird auch bei einem während der Ehe angeschafften Pkw vermutet, dass es sich um einen beiden gemeinsam gehörenden Haushaltsgegenstand handelt. Allein die Tatsache, dass ein Ehegatte als Halter im Schein oder Brief eingetragen ist oder sein Name im Kaufvertrag steht, widerlegt diese Vermutung nicht. Seine Eigentümerstellung beweist das nicht automatisch, es ist allenfalls ein Indiz. Eine weitere Rolle spielt, wer sich um die Wartung und Pflege des Fahrzeugs gekümmert und die laufenden Kosten bezahlt hat, wer regelmäßig am Steuer saß etc. Beim Familienfahrzeug wird es daher nur selten gelingen, die gesetzliche Vermutung zu widerlegen, dass es sich um gemeinsames Eigentum handelt.

Die Folge ist, dass das Familienfahrzeug nach Billigkeitsgesichtspunkten vom Familiengericht verteilt wird.

> Selbst wenn also ein Ehegatte im Fahrzeugbrief und -schein (Zulassungsbescheinigung Teil I und II) eingetragen ist, kann es passieren, dass der andere das Fahrzeug dauerhaft erhält, wenn er dringender auf die Benutzung angewiesen ist. Und das wird in der Regel zutreffen, wenn gemeinsame Kinder vorhanden sind und mit dem Pkw befördert werden müssen.

30. Und plötzlich war ich nie verheiratet

Jetzt hatte es Lukas schwarz auf weiß. Die Ehe mit seiner Exfrau hat niemals bestanden, sie war null und nichtig. Das hat das katholische Ehegericht auf ihren Antrag hin festgestellt. Hat er sich die zehn Jahre Ehe also nur eingebildet?

Er kam sich vor wie im falschen Film. Für ihn war bereits unverständlich, weshalb sich die katholische Kirche in seine Ehe einmischen durfte. Immerhin waren er und seine Exfrau protestantisch und hatten vor einem evangelischen Pfarrer geheiratet. Noch skurriler lief in seinen Augen das kirchengerichtliche Verfahren ab. In diesem wurde geprüft, ob ihre Ehe nach katholischem Verständnis wirksam zustande gekommen war. Seine Exfrau behauptete, dass sowohl ihr als auch Lukas bei der Eheschließung das Mindestwissen über die Ehe gefehlt habe. Sie meinte, man wäre in die Ehe so „hineingestolpert“ aus einer romantischen Laune heraus und hätte das Ganze nicht so ernst genommen.

Lukas wies darauf hin, dass beide bei Eheschließung kurz vor dem Juraexamen standen und jeder genau wusste, was er tat. Dennoch setzte sich der kirchliche Untersuchungsrichter haarklein mit dieser Behauptung auseinander. In einem zweijährigen Verfahren wurden der evangelische Traupfarrer, die Trauzeugen, Eltern und Freunde als Zeugen befragt. Das Ergebnis war ein 80-seitiger Beschluss, in dem die Ehe durch das kirchliche Gericht annulliert wurde. Nach katholischem Verständnis war seine Ehe von Anfang an ungültig gewesen.

Den Grund für dieses Verfahren erfuhr Lukas später. Seine Ehe musste um jeden Preis beseitigt werden. Denn der Verlobte seiner Exfrau bestand auf einer kirchlichen Trauung. Sein Arbeitgeber war nämlich die katholische Kirche, mit der man schließlich keinen Ärger bekommen wollte. Das Vorhaben konnte nur dann in die Tat umgesetzt werden, wenn die evangelisch geschlossene Ehe von der katholischen Kirche für nichtig erklärt wurde. Und das war zwischenzeitlich geschehen. Lukas blieb die bittere Erkenntnis, dass der Zweck offenbar die Mittel heiligt. Zumindest nach katholischem Verständnis.

Nach der katholischen Glaubenslehre ist die Ehe ein Sakrament und damit unauflöslich, selbst wenn sie vom Familiengericht geschieden wird. Die Folge ist, dass Geschiedene nicht wieder kirchlich heiraten dürfen. Ansonsten werden sie von der Kommunion und der Beichte ausgeschlossen. Zusätzlich müssen sie mit dem Verlust ihres Arbeitsplatzes rechnen, wenn die katholische Kirche ihr Arbeitgeber ist (siehe §3, Grund 8).

Um diese Strafe bei einer erneuten staatlichen Heirat zu umgehen, besteht die Möglichkeit, ein Ehenichtigkeitsverfahren durchzuführen. Die Folge ist, dass die Ehe von der katholischen Kirche annulliert, das heißt für null und nichtig erklärt wird, und zwar von Anfang an. In diesem Verfahren geht es also nicht darum, weshalb die Ehe gescheitert ist. Es geht ausschließlich um die Frage, ob die Ehe nach katholischem Verständnis überhaupt gültig geschlossen wurde. Dies ist dann der Fall, wenn zwei Menschen vor einem Pfarrer und zwei Trauzeugen Ja gesagt haben zur Unauflöslichkeit der Ehe, zur Treue und zu Kindern. Demnach ist für eine gültige Eheschließung zwingende Voraussetzung, dass die Partner ehefähig und ehewillig sind, also die Ehe bejahen und zur Ehe mit genau diesem Partner bereit sind.

Zu den häufigsten Gründen, weshalb eine Ehe annulliert wird, gehört die fehlende Verbindlichkeit bei zumindest einem Partner. Denn wenn eine Ehe mit dem Hintergedanken geschlossen wird, nach dem Scheitern eine neue Bindung einzugehen, ist die Ehe ungültig. Ebenso wenn zumindest einem Partner das Mindestwissen über die Ehe fehlte und man in diese „hineingeschlittert" ist oder dazu gedrängt wurde. Die Entscheidung wird dabei auf Antrag eines oder beider Ehegatten durch das diözesane Kirchengericht, das Offizialat, getroffen. Neben dem kirchlichen Richter und dem Kirchennotar ist auch ein Ehebandverteidiger am Verfahren beteiligt. Das Verfahren wird dabei in der Regel schriftlich geführt. Die Entscheidung ergeht sodann durch das Gericht, wenn sich dies durch Befragung der Beteiligten und Zeugen eine entsprechende Überzeugung gebildet hat, ob die Ehe gültig geschlossen wurde oder nicht. Die rechtskräftige Feststellung der Nichtigkeit hat zur Folge, dass die Ehegatten frei sind, eine neue kirchliche Ehe einzugehen.

Den Vorwurf, dass die Kirche zwar gegen Scheidungen ist, solche aber selbst vornimmt, weist diese übrigens empört von sich. Streng genommen hat die Kirche in diesem Punkt sogar recht. Denn die Annullierung ist nicht die Auflösung einer bestehenden Ehe, sondern die Feststellung, dass die Ehe überhaupt nicht gültig zustande gekommen ist. Somit trennt der Mensch auch nicht das, was Gott zusammengeführt hat. Vielmehr stellt der Mensch fest, dass alles ein Irrtum war. Und zwar nach katholischem Verständnis.

31. Der Rauswurf aus dem eigenen Haus: So schnell kann's gehen

Müde war Eduard, als er nach der Schicht um drei Uhr nachts nach Hause kam. Als er die Tür zu seiner Wohnung aufschließen wollte, klemmte der Schlüssel. Nach einigen Versuchen klingelte er. Aber seine Ehefrau öffnete nicht. Er klingelte Sturm, klopfte an die Tür und schrie immer lauter nach ihr. Einige Nachbarn kamen aus ihren Wohnungen und forderten ihn auf, Ruhe zu geben. Immerhin war es mitten in der Nacht. Wenige Minuten später standen zwei Polizeibeamte vor ihm. Olga öffnete die Tür und berichtete von ihrem randalierenden Ehemann. Die Nachbarn bestätigten die nächtliche Ruhestörung. Sodann zeigte sie den Polizisten eine blutende Platzwunde an ihrer Stirn und blaue Flecken am Arm. Sie berichtete unter Tränen, dass ihr Mann sie gerade bei einem Streit geschlagen hatte, wie so oft in letzter Zeit.

Eduard wurde von den Beamten ein Platzverweis erteilt. Er musste die Wohnanlage sofort verlassen. Außerdem drohten sie ihm an, dass er über Nacht in Polizeigewahrsam genommen werden würde, falls er nochmals vor der Tür seiner Ehefrau auftauchte. Die Polizeibeamten übergaben ihm eine Plastiktüte mit seinen persönlichen Sachen, die Olga für ihn schnell zusammengepackt hatte.

Ihm blieb nichts anderes übrig, als zu seinen Eltern zu fahren. Er erzählte ihnen die ganze Geschichte, sagte, Olga habe alles inszeniert. Sie glaubten ihm kein Wort. Am nächsten Tag erhielt er an seinem Arbeitsplatz einen Beschluss vom Familiengericht zugestellt. Ihm wurde verboten, sich Olga zu nähern und mit ihr in Kontakt zu treten. Die Wohnung, die ihm allein gehört hatte, wurde vorläufig der Ehefrau zugewiesen, er bekam Betretungsverbot. Die Kinder durfte er nur noch unter Aufsicht des Jugendamtes sehen, mit der Begründung, er sei aggressiv.

Eduard verstand die Welt nicht mehr. Zugegeben, seine Ehe war am Ende. Es gab oft Streit. Vor allem, wenn er getrunken hatte. Aber geschlagen hatte er seine Frau nie, egal wie sehr sie ihn beleidigte. Olga war bereits vor drei Jahren ins Kinderzimmer gezogen. Oft forderte sie ihn auf, endlich zu gehen. Sie wollte mit den Kindern in der Wohnung bleiben. Aber er weigerte sich. Immerhin war er Eigentümer der Wohnung.

Eduard musste sich vor dem Richter wegen gefährlicher Körperverletzung verantworten. Durch ein gerichtsmedizinisches Gutachten stellte sich heraus, dass er die Verletzungen seiner Frau nicht verursacht haben konnte. Daraufhin gestand Olga, dass sie alles erfunden hatte, um endlich ihren Mann loszuwerden. Freiwillig ging er nicht, da wollte sie nachhelfen. Verletzt hatte sie sich selbst. Eduard wurde vom Strafrichter freigesprochen. Unmittelbar darauf hob das Familiengericht den Beschluss auf, der aufgrund von Olgas falschen Angaben ergangen war, und er durfte endlich wieder regelmäßigen Umgang mit seinen Kindern haben.

Olga wurde in einem späteren Strafverfahren aufgrund ihrer falschen Angaben verurteilt.

Sie zog bald aus, Eduard konnte zurück in seine Wohnung. Seine Nachbarn mieden ihn nach wie vor. Sie meinten, irgendetwas werde schon dran gewesen sein …

Das am 1.1.2002 in Kraft getretene Gewaltschutzgesetz geht von dem Grundsatz aus: „Der Schläger geht, das Opfer bleibt.“ Insofern müssen Männer oder Frauen, die häusliche Gewalt durch ihren Partner erfahren haben oder davon bedroht sind, nicht mehr den gemeinsamen Haushalt verlassen und Zuflucht bei Verwandten, Freunden oder in einem Frauenhaus suchen. In Fällen häuslicher Gewalt kann bei Gericht eine einstweilige Anordnung beantragt werden, die dem verletzten Ehegatten die Wohnung vorläufig (in der Regel bis zur rechtskräftigen Scheidung) zur alleinigen Nutzung zuweist. Dies gilt selbst dann, wenn die Wohnung dem Täter gehört.

Eilanträge kommen vor allem in Betracht, wenn Körper, Gesundheit und Freiheit verletzt wurden. Sogar wenn der andere Ehegatte diese Verletzungen nur angedroht hat, ist eine Wohnungszuweisung möglich.

Neben der vorläufigen Wohnungszuweisung kann der verletzte Ehegatte zusätzlich beim Familiengericht beantragen, dass das Gericht Schutzanordnungen trifft. Dadurch kann dem Täter untersagt werden, die Wohnung der verletzten Person zu betreten, sich in einem bestimmten Umkreis der Wohnung aufzuhalten, bestimmte Orte aufzusuchen, Verbindung aufzunehmen oder ein Zusammentreffen herbeizuführen. Diese Schutzanordnungen können auch beantragt werden, wenn der andere Ehegatte mit Gewaltanwendung gedroht hat oder den anderen unzumutbar belästigt (Stalking). Sofern der Täter gegen einen solchen Beschluss verstößt, macht er sich strafbar. Das Gesetz sieht in diesem Fall eine Freiheitsstrafe bis zu einem Jahr oder Geldstrafe vor.

Die vorläufige Zuweisung der Ehewohnung und die Schutzanordnungen nach dem Gewaltschutzgesetz beschließt das Familiengericht auf Antrag im Wege der einstweiligen Anordnung. Ein Beschluss ergeht in der Regel ohne vorherige mündliche Verhandlung, um schnell den Schutz des Opfers sicherzustellen. Das Opfer muss seine Angaben aber glaubhaft machen können. Das geschieht in der Regel dadurch, dass der Betroffene mit seiner Unterschrift entweder direkt beim Familiengericht oder über seinen Anwalt eidesstattlich versichert, dass alle Angaben der Wahrheit entsprechen. Hilfreich ist auch, wenn ein ärztliches Attest vorgelegt wird. Da sich das Gericht in der Regel darauf verlässt, dass die an Eides statt versicherten Angaben des Opfers richtig sind, ergehen familiengerichtliche Beschlüsse in vorläufigen Wohnungszuweisungs- oder Gewaltschutzverfahren oft schon innerhalb weniger Stunden nach Antragstellung, um Schaden oder drohende Gefahren vom Opfer beziehungsweise von den im Haushalt lebenden Kindern abzuwenden.

Fatal ist es jedoch, wenn man dem Gericht gegenüber falsche Angaben macht, beispielsweise weil der unliebsame Ehegatte nicht freiwillig ausziehen will und man sich nicht anders zu helfen weiß. Hier handelt es sich nicht um ein Kavaliersdelikt, über das hinweggesehen wird. Vielmehr macht sich in diesem Fall das vermeintliche Opfer selbst zum Täter diverser Straftaten, auf die zum Teil sogar Freiheitsstrafen stehen.

32. Der Fleißige wird zur Kasse gebeten

Endlich war er ausgezogen. Die letzten Jahre waren für Elvira unerträglich gewesen. Es hatte begonnen, als ihr Ehemann seinen Arbeitsplatz verloren hatte. Damals war er 56 Jahre alt. Die ersten Monate versuchte er noch, eine neue Arbeitsstelle zu finden. Aber er bekam nur Absagen. Bald gab er frustriert die Suche auf. Als er kein Arbeitslosengeld mehr bekam, wurde das Geld knapp.

Für Elvira bedeutete dies, noch mehr zu arbeiten. Sie war ohnehin schon an ihrer Leistungsgrenze angelangt. Die Arbeit als Altenpflegerin war anstrengend. Körperlich stieß sie oft an ihr Limit. Von der Arbeit kam sie jedes Mal kaputt und ausgelaugt nach Hause. Und jedes Mal musste sie erst die Wohnung saubermachen, bevor sie sich in Ruhe hinsetzen konnte.

Ihr Ehemann war keine Hilfe, im Gegenteil. Im Haushalt tat er nichts, nicht einmal seinen eigenen Müll räumte er weg. Er lag den ganzen Tag auf der Couch, sah fern und trank Bier. Tag für Tag. Nicht einmal die Einkäufe erledigte er. Jahrelang ging das so.

Besonders schlimm wurde es, als sie ihm sagte, dass sie sich von ihm trennen wolle. Seitdem ließ er sich noch mehr gehen. Irgendwann zog er dann aus.

Kurze Zeit später erhielt Elvira ein Schreiben vom Amt, und zwar vom Jobcenter. Ihr wurde mitgeteilt, dass ihr Ehemann Hartz IV erhielt und Wohngeld. Das Geld wolle man nun von ihr, der Ehefrau, als Unterhalt einfordern. Es ging um einen Betrag von über 800 Euro im Monat. Wutentbrannt rief sie beim Sachbearbeiter an und erklärte diesem, sie werde keinen Cent bezahlen. Immerhin habe ihr Ehemann zwei gesunde Hände, sei kerngesund und sehr wohl in der Lage, für seinen Unterhalt selbst aufzukommen.

Ihr Ehemann solle sich ein Beispiel an ihr nehmen. Sie gehe arbeiten, obwohl sie unter Migräne litt und einen Hüftschaden hatte. Das Geld, das sie sich hart und unter Schmerzen erarbeitete, stehe ausschließlich ihr zu.

Das Gericht sah das anders und verurteilte sie. Erst ein ganzes Jahr später durfte Elvira die Unterhaltszahlungen für ihren arbeitsscheuen Mann einstellen …

Mit der Trennung der Ehegatten endet die Verpflichtung zum Familienunterhalt. So werden schnell Kontovollmachten für den jeweils anderen Ehegatten widerrufen, damit keiner mehr Zugriff auf das Geld des anderen hat. Einen gemeinsamen Topf, aus dem die Ehegatten leben, gibt es ab der Trennung nicht mehr.

An die Stelle des Familienunterhalts tritt der Anspruch auf Trennungsunterhalt. Diesen kann der wirtschaftlich schwächere Ehegatte gegen den wirtschaftlich Stärkeren in Form von Zahlung einer monatlichen Geldrente beanspruchen. Voraussetzung ist, dass der in Anspruch genommene Ehegatte dafür leistungsfähig ist, das heißt, dass ihm nach Abzug des Unterhalts ein monatlicher Selbstbehalt von derzeit 1100 Euro (beim Erwerbstätigen) beziehungsweise 1000 Euro (beim Nichterwerbstätigen) verbleibt. Die Höhe des Unterhalts richtet sich nach den ehelichen Lebensverhältnissen der Ehegatten zum Zeitpunkt der Trennung, in der Regel nach den bereinigten Einkommen der Ehegatten (= Nettoeinkommen abzüglich Vorsorgeaufwendungen, berufsbedingte Aufwendungen, berücksichtigungswürdige Schulden und vorrangige Unterhaltspflichten für Kinder). Entsprechend dem Halbteilungsgrundsatz steht jedem Ehegatten die Hälfte davon zu. Von dieser Hälfte wird abgezogen, was der Unterhaltsberechtigte selbst verdient. Der Rest kann als Unterhalt geltend gemacht werden.

Nicht selten wenden Unterhaltspflichtige ein, der andere Ehegatte solle doch arbeiten gehen oder mehr arbeiten, um selbst für seinen Unterhalt aufzukommen. Aus diesem Grund werden Unterhaltszahlungen oft abgelehnt. Allerdings zu Unrecht. Denn wenn ein Ehegatte während der

Ehe keiner oder aber nur einer geringfügigen Tätigkeit nachgegangen ist, kann er nicht sofort ab der Trennung darauf verwiesen werden, voll zu arbeiten. Die bestehenden Verhältnisse sollen nämlich nach einer Trennung geschützt werden, um die Versöhnung und Wiederherstellung der ehelichen Lebensgemeinschaft nicht zu erschweren. Das könnte aber durch die Aufnahme einer vollschichtigen Tätigkeit passieren, wenn dadurch vollendete Tatsachen geschaffen werden.

Sofern also der Berechtigte vor der Trennung längere Zeit nicht oder nur zum Teil erwerbstätig gewesen ist und keine kurze Ehe vorliegt, trifft ihn im ersten Jahr der Trennung nicht die Pflicht, mehr zu arbeiten als vor der Trennung. Es besteht trotzdem ein Anspruch auf Unterhalt in voller Höhe.

> Diesen Anspruch kann übrigens nicht nur der Bedürftige selbst geltend machen. Wenn der getrennt lebende Ehegatte staatliche Leistungen in Anspruch nimmt, um über die Runden zu kommen (zB Arbeitslosengeld II (Hartz IV)), geht sein Unterhaltsanspruch gegenüber dem Ehegatten auf den Staat über. Das hat zur Folge, dass dieser die übergeleiteten Unterhaltsansprüche durchsetzt, selbst wenn dies dem Willen des bedürftigen Ehegatten nicht entspricht.

33. Wenn Sie den Gegner finanzieren müssen

Auf keinen Fall wollte Roland bei seiner Scheidung unnötig Geld ausgeben. Schon gar nicht für einen Anwalt. Schließlich hatte er gesunden Menschenverstand, mit dem er bisher alle seine Probleme lösen konnte. Außerdem war für seine Ehefrau ohnehin nichts bei ihm zu holen. Er hatte nämlich damals mit Margit einen Ehevertrag abgeschlossen. Es wurde Gütertrennung vereinbart und ein Unterhaltsverzicht. Er konnte also die Sache in aller Ruhe auf sich zukommen lassen.

Roland war immer noch ganz ruhig, als er ein Anwaltsschreiben erhielt. Er wurde aufgefordert, anlässlich der Trennung an seine Ehefrau Unterhalt zu bezahlen. Gefordert wurde ein monatlicher Betrag von 1500 Euro. Man bot ihm an, die Summe auf 1000 Euro zu reduzieren, wenn er die Zahlungen sofort begann. Roland verfasste einen Brief, in dem er erklärte, seine Frau solle doch den Ehevertrag lesen. Darin hatte sie ausdrücklich auf Unterhalt verzichtet. Außerdem sei sie gesund und könne selbst für ihren Unterhalt sorgen. Im Übrigen vermutete er ohnehin, dass seine Ehefrau einen Neuen hatte. Sie möge sich an diesen mit ihren finanziellen Forderungen halten. Für Roland war die Angelegenheit damit erledigt.

Nicht jedoch für seine Ehefrau. In einem weiteren Anwaltsschreiben wurde angekündigt, dass sie den Unterhalt einklagen werde. Er solle einen Vorschuss auf die Gerichts- und Anwaltskosten seiner Frau bezahlen. Roland fand die Forderung lächerlich. Er selbst wollte sich keinen Anwalt leisten. Da würde er doch erst recht nicht den Anwalt seiner Frau finanzieren, der ihn dann selbst in die Pfanne hauen wollte. Das Forderungsschreiben warf er weg.

Heiß und kalt wurde es Roland schließlich, als er einen Beschluss vom Amtsgericht zugestellt bekam. Er wurde verpflichtet, Gerichts- und Anwaltskosten für ein gerichtliches Verfahren seiner Ehefrau wegen Unterhalts gegen sich selbst zu bezahlen. Im Übrigen ging es um einen Unterhalt in Höhe von 1500 Euro monatlich. Roland dachte, nun sei es doch an der Zeit, einen Anwalt einzuschalten.

Beim Gerichtstermin wurde schließlich auf Anraten seines Anwalts ein Vergleich geschlossen. 1000 Euro monatlich musste er an seine Ehefrau bis zur Scheidung bezahlen. Das war der Betrag, der ihm außergerichtlich schon einmal angeboten worden war. Nur mit dem Unterschied, dass er jetzt zusätzlich die gesamten Kosten des Verfahrens bezahlen musste.

Nicht nur während einer intakten Ehe hat ein Ehegatte gegen den anderen einen Anspruch darauf, dass dieser die Kosten eines Rechtsstreits in einer persönlichen Angelegenheit finanziert (siehe §4, Grund 24).

Dasselbe gilt während der Trennungszeit bis zur Scheidung. Der Rechtsstreit darf aber auch hier nicht mutwillig sein, sondern muss hinreichende Aussicht auf Erfolg haben. Erfolgsaussichten bestehen auch dann, wenn Trennungsunterhalt gerichtlich geltend gemacht wird, obwohl im Vorfeld ausdrücklich darauf verzichtet wurde. Denn im Gegensatz zum nachehelichen Ehegattenunterhalt (Unterhalt ab Rechtskraft der Scheidung) ist ein Verzicht auf Trennungsunterhalt (Unterhalt ab der Trennung bis zur rechtskräftigen Scheidung) unwirksam.

Weitere Voraussetzung für die Finanzierung eines gerichtlichen Verfahrens durch den anderen Ehegatten ist es, dass die Eigenmittel des Berechtigten nicht ausreichen, um das Verfahren zu führen. Der Bedürftige muss also zunächst sein eigenes Vermögen einsetzen, wobei Rücklagen für Not- beziehungsweise Krankheitsfälle unangetastet bleiben dürfen. Nur wenn weder ausreichendes Vermögen noch Einkommen vorhanden sind, kann der andere in Anspruch genommen werden.

Ist dieser selbst nicht leistungsfähig, etwa weil ihm bei Zahlung von Unterhalt nur noch die Hälfte seines Einkommens verbleibt, muss er ebenfalls sein Vermögen in zumutbarer Weise einsetzen. Dies gilt selbst dann, wenn es noch aus der Zeit vor der Eheschließung stammt. Ist das nicht möglich und verfügt er weder über ausreichend Einkommen noch Vermögen, muss er die Verfahrenskosten nicht zahlen.

Wenn er hingegen leistungsfähig ist und alle übrigen Voraussetzungen für den Verfahrenskostenvorschuss vorliegen, ist der Ehegatte verpflichtet, dem anderen einen Vorschuss auf die Gerichtskosten und Anwaltsgebühren zu zahlen, damit dieser den beabsichtigten Rechtsstreit führen kann. Das gilt selbst dann, wenn sich das gerichtliche Verfahren gegen den Ehegatten, der bezahlen soll, richtet.

Zurückbezahlen muss der Bedürftige den erhaltenen Vorschuss übrigens selbst dann nicht, wenn er das Verfahren gegen den vorschusspflichtigen Ehegatten verloren hat.

Eine Ausnahme besteht nur für den Fall, dass sich die wirtschaftlichen Verhältnisse des Unterhaltsbedürftigen wesentlich geändert haben, etwa durch Zugewinnausgleichszahlung oder Vermögensauseinandersetzung nach der Scheidung. Dann kann er eventuell zur Rückzahlung verpflichtet werden. Im Regelfall ist jedoch ein geleisteter Vorschuss für den Pflichtigen verloren.

34. Trennung – und trotzdem erbt der Ehepartner?

Endlich war es so weit. Ein ganzes langes Jahr hatte sie darauf warten müssen, seit ihrer Trennung von Kurt. Sonja legte das Familienstammbuch in ihre Tasche. Sie hatte einen Termin bei ihrer Anwältin vereinbart, um endlich die Scheidung einzureichen. Anschließend wollte sie sich mit ihrer Tante zum Mittagessen treffen. Bei ihr wuchs sie nach dem tragischen Unfalltod ihrer Eltern auf.

Sie verließ das Haus, setzte sich in ihr Cabrio und fuhr los. Auf der Fahrt dachte sie daran, wie alles begonnen hatte. Eigentlich wollte sie die Kreuzfahrt damals gar nicht antreten. Aber sie konnte ihre Tante nicht enttäuschen, die ihr die Reise zum 40. Geburtstag geschenkt hatte. Auf dem Schiff lernte sie Kurt kennen. Es funkte sofort. Viele wunderbare Abende verbrachten sie miteinander, tanzten, lachten. Und endlich hatte sie wieder Schmetterlinge im Bauch. Zuerst führten sie eine Fernbeziehung über 800 Kilometer. Nach sechs Monaten machte ihr Kurt einen Heiratsantrag. Kurz vor der Hochzeit zog er in ihr schönes Haus. Die Warnungen ihrer Freundinnen, dass Kurt sie möglicherweise nur wegen ihres Geldes so schnell heiraten wollte, ignorierte sie. Schließlich hatte sie ja vorgesorgt und per notariellen Ehevertrag Gütertrennung vereinbart. Ihre Tante sorgte für einen traumhaften Hochzeitstag, es wurde an nichts gespart.

Schon kurz nach der Hochzeit musste Sonja feststellen, dass sie sich das Zusammenleben mit Kurt ganz anders vorgestellt hatte. Kurt war oft launisch, trank am Abend zu viel Wein. Außerdem fehlte ihm jeglicher beruflicher Ehrgeiz. Dafür gab er ihr Geld mit vollen Händen aus. Andererseits war er neidisch auf ihren beruflichen Erfolg als Inhaberin einer Kosmetikkette. Oft kam es deshalb zu Reibereien. So verflüchtigten sich innerhalb kurzer Zeit die Schmetterlinge in ihrem Bauch ebenso schnell, wie sie gekommen waren. Als Kurt sie mit einer anderen Frau betrog, trennte sie sich von ihm. Nach zwei Ehejahren.

Als sie an der Kanzlei angekommen war, stellte sie ihr Cabrio in einer Parkbucht ab. Sie nahm ihre Tasche, in der sich die Unterlagen für die Scheidung befanden, und überquerte die Straße. Dabei übersah Sonja einen Lkw, der sie mit hoher Geschwindigkeit erfasste. Sie war sofort tot.

Und Kurt war von diesem Zeitpunkt an ein reicher Mann. Denn ihm gehörte nun Sonjas gesamtes Vermögen: ihr Cabrio, ihr schönes Haus, ihre Firma und das Barvermögen. Sonjas Tante, die für sie wie eine Mutter gesorgt hatte, ging leer aus.

Sofern ein verstorbener Ehegatte weder ein Testament noch einen Erbvertrag hinterlassen hat, tritt die gesetzliche Erbfolge in Kraft. Insofern erhält der überlebende Ehegatte, der mit seinem Ehepartner bei dessen Tod noch rechtsgültig verheiratet war, ein eigenständiges gesetzliches Erbrecht. Die Höhe seines Erbanteils bestimmt sich einerseits nach dem Güterstand, in dem die Ehegatten zum Zeitpunkt des Erbfalls verheiratet waren (Zugewinngemeinschaft, Gütertrennung oder Gütergemeinschaft), und andererseits nach dem Personenkreis, der neben dem Ehegatten noch als Erbe berechtigt ist.

Sind beispielsweise Kinder des Erblassers erbberechtigt, so erbt der überlebende Ehegatte, wenn er mit dem Erblasser im gesetzlichen Güterstand der Zugewinngemeinschaft gelebt hat, die Hälfte des Nachlasses. Die andere Hälfte steht den Kindern zu gleichen Teilen zu. Hat der Erblasser keine Kinder hinterlassen, sind aber noch seine Eltern vorhanden (alternativ Geschwister, alternativ Nichten oder Neffen), erbt der überlebende Ehegatte sogar drei Viertel des Nachlasses. Gleiches gilt übrigens, wenn neben dem Ehegatten nur noch Großeltern vorhanden sind. Gegenüber allen „sonstigen“ Verwandten, zum Beispiel Onkeln und Tanten, erbt der überlebende Ehegatte den gesamten Nachlass. Diese Verwandten gehen also völlig leer aus, wenn der Erblasser verheiratet ist.

Das gesetzliche Erbrecht des Ehegatten endet übrigens nicht automatisch mit der Trennung der Ehegatten, sondern erst dann, wenn die Ehe mit dem Erblasser rechtskräftig geschieden oder aufgelöst wurde. Das Erbrecht ist auch dann ausgeschlossen, wenn zum Zeitpunkt des Todes des Erblassers die Voraussetzungen für eine Ehescheidung vorgelegen haben und der Erblasser die Scheidung beantragt oder ihr zugestimmt hat beziehungsweise der Erblasser einen begründeten Antrag auf Aufhebung der Ehe gestellt hat.

Verstirbt ein Ehegatte während des Trennungsjahres, beeinträchtigt dies das gesetzliche Erbrecht des anderen nicht. Der getrennt lebende Ehegatte ist weiterhin erbberechtigt. Das unerwünschte Ergebnis, dass ein unliebsamer Ehegatte vom eigenen Tod profitiert, kann man zwar nicht ganz aus der Welt schaffen. Dennoch ist Vorsorge möglich durch Errichtung eines Testaments, in dem man den Ehegatten als gesetzlichen Erben ausschließt, sprich enterbt. Zwar steht diesem dann ein Pflichtteil zu, allerdings erbt er nicht mehr den gesamten Nachlass bzw. den Großteil davon.

35. Wenn Ihr Ehepartner seine Miete nicht mehr bezahlt, sind Sie der Dumme

Schweren Herzens verließ Ralf mit seinem persönlichen Hab und Gut die gemeinsame Wohnung, in der sie einst so glücklich waren. Aber er musste gehen, die Ehe mit Gabi funktionierte nicht mehr. Ihr gemeinsamer Sohn war traurig über die Trennung seiner Eltern. Ralf brachte es nicht übers Herz, ihn zusätzlich aus seinem gewohnten Umfeld herauszureißen. Das Kind fühlte sich in der Wohnung sehr wohl. Gleich um die Ecke war sein Kindergarten, in der Nachbarschaft lebten seine Spielkameraden. Es war Ralf wichtig, dass das Kind zusammen mit Gabi in der Wohnung bleiben konnte, auch wenn die Miete hoch war. Damit sie sich das weiterhin leisten konnte, erklärte er sich bereit, mehr Unterhalt zu zahlen, als er eigentlich musste. Dafür wollte er selbst zurückstecken und zog wieder bei seinen Eltern ein. Die Möbel ließ er in der Wohnung. Hauptsache, seinem Sohn ging es gut. Seine Ehefrau sicherte zu, alles mit dem Vermieter zu regeln und die Miete immer pünktlich zu bezahlen.

Doch ein Jahr nach seinem Auszug wurde ihm vom Amtsgericht ein dicker Brief zugestellt. Es war eine Räumungs- und Zahlungsklage. Sofort ging er zu seinem Anwalt, immerhin war er längst aus der Wohnung ausgezogen und Gabi war für die Überweisung der Miete zuständig. Von seinem Anwalt erfuhr er, dass sie kurze Zeit nach seinem Auszug die Zahlungen an den Vermieter eingestellt hatte. Da bei ihr nichts zu holen war, wurde er vom Vermieter in Anspruch genommen.

Ralf wurde vom Gericht verurteilt, mit Kosten und Zinsen 16.000 Euro an den Vermieter zu zahlen. Da er so viel Geld nicht hatte und weiterhin Unterhalt an seine getrennt lebende Ehefrau und das Kind bezahlen musste, blieb ihm nichts anderes übrig, als Privatinsolvenz zu beantragen.

Mietverträge über die Ehewohnung können nach einer Trennung schnell zur Schuldenfalle werden. Denn in der Regel werden solche Mietverträge von beiden Ehegatten unterschrieben. Damit haben sie gegenüber dem Vermieter nicht nur die gleichen Rechte, sondern auch die gleichen Pflichten. So haften sie für die Zahlung der Miete dem Vermieter gegenüber als Gesamtschuldner. Der Vermieter hat also die Wahl, ob er die monatliche Miete vom Ehemann oder von der Ehefrau verlangt. Während des

Bestehens der Ehe ist das Wahlrecht des Vermieters nicht relevant, da die Miete aus dem Familieneinkommen bezahlt und auf das Konto des Vermieters per Dauerauftrag überwiesen wird.

Eine Rolle spielt ein solches Wahlrecht erst dann, wenn Mietzahlungen ausbleiben. Dann kann die Miete wahlweise vom einen oder vom anderen Ehegatten gefordert werden. Unerheblich ist es übrigens, ob der vom Vermieter in Anspruch genommene Ehegatte wegen der Trennung schon ausgezogen ist und die Wohnung überhaupt nicht mehr nutzt. Solange der Mietvertrag nicht geändert wurde, bleiben beide Mieter gegenüber dem Vermieter in der Verantwortung. Absprachen zwischen den Ehegatten, zum Beispiel dass der in der Wohnung verbleibende den Mietvertrag übernimmt und künftig die Miete bezahlt, haben gegenüber dem Vermieter während der Trennungszeit (bis zur rechtskräftigen Scheidung) keine Auswirkung. Während der Trennungszeit ist nur eine einvernehmliche Vertragsänderung zwischen den Ehegatten wirksam, der auch der Vermieter zustimmen muss. Selbst wenn der ausgezogene Ehegatte einseitig kündigt, bleibt er Vertragspartei. Denn eine solche Teilkündigung ist grundsätzlich unzulässig.

Erst für die Zeit nach Rechtskraft der Scheidung besteht die Möglichkeit, eine Vertragsänderung auch ohne Einverständnis des Vermieters herbeizuführen. Hierzu ist eine Mitteilung der Ehegatten an den Vermieter erforderlich, dass sie sich über die weitere Nutzung der Wohnung durch einen von ihnen alleine geeinigt haben (siehe §3, Grund 15). Ansonsten kann eine Mietvertragsänderung durch Entscheidung des Familiengerichts herbeigeführt werden, wenn sich die Ehegatten nicht einigen können, wer die Wohnung übernimmt. Sowohl die Mitteilung an den Vermieter als auch die gerichtliche Entscheidung haben zur Folge, dass ein Ehegatte aus dem Mietverhältnis ausscheidet und nicht mehr für die laufende Miete einstehen muss.

Solange dies jedoch nicht geschehen ist und der Mietvertrag nicht geändert wurde, kann ein Ehegatte vom Vermieter zur Zahlung der vollen Miete in Anspruch genommen und verklagt werden, selbst wenn er die Wohnung längst nicht mehr nutzt. Kündigt der Vermieter die Wohnung wegen Zahlungsverzug und zieht der in der Wohnung verbliebene Ehegatte nicht freiwillig aus, wird sich die Räumungsklage zwangsläufig auch gegen den bereits ausgezogenen Ehegatten richten, da er nach wie vor Vertragspartei ist. Die Kosten eines solchen gerichtlichen Verfahrens und die Kosten der anschließenden Zwangsvollstreckung sind erheblich, abgesehen vom rückständigen Mietzins, der zu bezahlen ist.

Der vom Vermieter in Anspruch genommene Ehegatte kann zwar vom in der Wohnung verbliebenen Ehegatten einen Ausgleich verlangen, etwa weil er sich nicht an die interne Vereinbarung gehalten hat, die Miete weiter zu bezahlen. Meist wird das aber an der Zahlungsunfähigkeit des anderen Ehegatten scheitern, so dass ein solcher Anspruch rein theoretischer Natur ist. Nach einer Trennung sollte man deshalb einen gemeinsamen Mietvertrag nicht einfach seinem Schicksal überlassen. Das führt schlimmstenfalls zum finanziellen Ruin.

36. So schnell kann sich der Spieß umdrehen

Wie betäubt war Kerstin, als ihr Arthur mitteilte, dass er sich von ihr trennen werde. Noch am gleichen Tag zog er aus. So eiskalt hatte sie ihn noch nie erlebt. Auch Familie und Freunde waren schockiert. Nie und nimmer hätte man dem braven Familienvater zugetraut, dass er seine Familie verließ. Sie und die zwei Jungs, acht und zwölf Jahre alt. Noch dazu für eine andere Frau. Ohne Vorwarnung. Einfach so, aus heiterem Himmel.

So viel hatte Kerstin für ihn getan. Ihm den Rücken freigehalten, damit er Karriere machen konnte. Sie hatte dafür kurz nach der Heirat ihren gutbezahlten Job aufgegeben, Haus und Kinder versorgt. Alles Unangenehme hielt sie von ihm fern. Und das war der Dank.

Sie fühlte sich wie ein geprügelter Hund. Missachtet und gedemütigt. Nicht leicht fiel es ihr, ihm die Kinder zum Umgang zu überlassen. Im Nachbarort hatte sich Arthur eine kleine Wohnung genommen. Schon bald zog seine Neue bei ihm ein.

Kerstin kam mit der Situation nicht zurecht. Sie war oft niedergeschlagen, grübelte viel und schlief schlecht. Die plötzliche Trennung nach all den Ehejahren warf sie regelrecht aus der Bahn. Ihr Hausarzt riet ihr zu einer Therapie. Auch das Unterhaltsverfahren war für sie hart. Ihr Ehemann versuchte, sich mit allen erdenklichen Tricks vor der Zahlung des Unterhaltes zu drücken und sie über den Tisch zu ziehen. Es gelang ihm jedoch nicht. Allerdings wies der Richter Kerstin darauf hin, dass sie mit dem Ehegattenunterhalt nicht über einen längeren Zeitraum rechnen konnte. Bald würde sie wieder voll arbeiten müssen.

Das war leichter gesagt als getan, denn in ihren erlernten Beruf konnte sie nicht so ohne Weiteres zurück. Sie musste zwölf Jahre aufholen, in denen sie die Kinder betreut hatte. Keine leichte Aufgabe. Aber sie wollte es schaffen und meldete sich sofort zu einer Fortbildung an, die sich über viele Monate hinzog. Zusätzlich versorgte sie die Kinder und machte die vom Arzt empfohlene Therapie. Außerdem nahm sie einen Teilzeitjob an. Abends war sie oft müde und gereizt, am Wochenende musste sie lernen.

Eines Sonntags brachte Arthur die Kinder vom Umgang nicht zurück. Er rief an und teilte ihr mit, dass sie künftig bei ihm leben würden. Das hätten er und seine Neue beschlossen. Er warf ihr vor, sie habe ohnehin für die Kinder keine Zeit mehr, bei ihm seien sie viel besser aufgehoben. Er könne ihnen weiterhin ihre Hobbys ermöglichen, mit ihnen Ausflüge machen und in den Urlaub fahren. Er kündigte an, ab sofort sämtliche Unterhaltszahlungen an Kerstin einzustellen. Im Übrigen werde sie von seinem Anwalt hören.

Wie angekündigt kam kurze Zeit später ein Anwaltsschreiben. Arthur forderte von ihr Unterhalt für die Kinder. Und das, obwohl er wusste, dass sie derzeit nur ein geringes Einkommen hatte. Er nahm auch keine Rücksicht darauf, dass sie gerade mitten in der Fortbildung war, um die Versäumnisse aufzuholen, die durch die Haushaltsführung und die Kindererziehung in all den Jahren entstanden waren. Man forderte von ihr vielmehr, die Maßnahme sofort abzubrechen und rund um die Uhr zu arbeiten, um den Unterhalt für die Kinder bezahlen zu können. Da sie erst die Fortbildung beenden und anschließend mit den Zahlungen beginnen wollte, klagte Arthur den Unterhalt beim Familiengericht ein.

Doch kurz vor dem Gerichtstermin zog er seinen Antrag zurück. Die Kinder waren zwischenzeitlich wieder zu Kerstin gezogen. Bei ihrem Vater hatten sie es nicht mehr ausgehalten. Arthur hatte seine Neue geheiratet. Und nachdem das gemeinsame Kind geboren war, waren die Kinder aus erster Ehe nur noch ein lästiger Störfaktor.

Eltern haben ihr Soll gegenüber ihren Kindern nicht schon dadurch erfüllt, dass sie diese in die Welt gesetzt haben. Vielmehr sind Eltern ihren Kindern gegenüber zum Unterhalt verpflichtet. Dieser umfasst den gesamten Lebensbedarf eines Kindes (Wohnung, Kleidung, Taschengeld, Hobbys, Schulbedarf, Medikamente etc). Sofern Eltern zusammenleben, wird der Unterhalt meist in Form des Familienunterhalts aus dem Familieneinkommen bestritten. Dies ändert sich, wenn sich die Eltern trennen. Dann nämlich kann derjenige, bei dem die minderjährigen Kinder leben, Kindesunterhalt in Form einer monatlichen Zahlung gegenüber dem anderen Elternteil geltend machen. Derjenige, bei dem die Kinder leben, ist zwar ebenfalls unterhaltspflichtig. Allerdings kommt er seiner Pflicht durch die Betreuung und Versorgung der Kinder nach, nicht durch eine Geldzahlung.

Die Höhe des Kindesunterhalts richtet sich nach der Düsseldorfer Tabelle. Ausschlaggebend ist danach zum einen das Alter des Kindes, zum anderen das Einkommen des Unterhaltspflichtigen. Begrenzt werden die Ansprüche durch den Selbstbehalt. Das ist der Betrag, der dem Pflichtigen nach Abzug des Unterhalts zum Leben bleiben muss. Bei einem Erwerbstätigen sind das gegenüber minderjährigen Kindern derzeit monatlich 1000 Euro, beim nichterwerbstätigen Elternteil monatlich 800 Euro. Zu beachten ist, dass je nachdem, ob es sich um Ehegattenunterhalt oder Kindesunterhalt handelt, die Höhe des Selbstbehalts variiert.

Beim Unterhalt für minderjährige Kinder kann man sich nicht so leicht seiner Pflicht dadurch entziehen, dass man sich darauf beruft, bei Zahlung des Kindesunterhalts sei der eigene Selbstbehalt gefährdet. Dies kommt beispielsweise vor, wenn ein Unterhaltspflichtiger nur ein geringes oder gar kein Einkommen bezieht, etwa weil er seine Arbeitsstelle verloren hat oder nur Teilzeit arbeitet.

Gegenüber minderjährigen und volljährigen Kindern, die das 21. Lebensjahr noch nicht erreicht haben, im Haushalt eines Elternteils leben und sich in allgemeiner Schulausbildung befinden, besteht nämlich eine gesteigerte Verpflichtung, seine Arbeitskraft auszunutzen. Es sind alle verfügbaren Mittel einzusetzen, um die Unterhaltsschuld zu erfüllen. Von den Eltern kann sogar in zumutbaren Grenzen ein Orts- oder Berufswechsel verlangt werden. Daneben können auch Nebentätigkeiten unterhalb des Ausbildungsniveaus oder Überstunden gefordert werden, und zwar bis zu einer wöchentlichen Arbeitszeit von 48 Stunden (sechs Tage mal acht Stunden). Dabei ist jedoch der Grundsatz der Verhältnismäßigkeit zu beachten, der vor allem bei gesundheitlichen Einschränkungen, Schichtarbeit oder Alter zum Tragen kommt.

Sofern ein Pflichtiger seiner gesteigerten Erwerbspflicht nicht nachkommt, wird ihm ein fiktives Einkommen angerechnet, das heißt, er wird also so behandelt, als ob er ein entsprechendes Einkommen erzielen würde.

> Ein gesunder Unterhaltspflichtiger hat es daher einigermaßen schwer, sich vor dem Mindestunterhalt minderjähriger Kinder zu drücken. Ihm wird von der Rechtsprechung zu Recht viel abverlangt. Keinen Unterschied macht es, ob ein Vater oder eine Mutter die Zahlung erbringen muss. Denn Mütter haben keinen Bonus, wenn es um den Unterhalt minderjähriger Kinder geht.

§ 6 Scheidung – die dicke Rechnung kommt zum Schluss

Spätestens mit der Scheidung verlassen Ehegatten den sicheren Hafen der Ehe. Sie begeben sich aufs offene Meer und dort lauern die allseits bekannten Gefahren, vor allem in Form von Piraten, die an ihr Eingemachtes wollen. So geht es im Rahmen einer Scheidung typischerweise um Unterhalt, die Ehewohnung, den Hausrat, die Aufteilung der Rentenanwartschaften, die Vermögensauseinandersetzung und die Kinder.

Schnell werden Sie feststellen, dass das Sprichwort „Auf hoher See und vor Gericht befindet man sich in Gottes Hand" nirgends mehr zutrifft, als in familiengerichtlichen Verfahren. Denn ihr Schicksal liegt dort nicht mehr in Ihrer Hand. Andere Menschen entscheiden von nun an über Ihre Zukunft. Und zwar in einer Weise, die nur schwer vorhersehbar ist.

Das liegt unter anderem daran, dass die familienrechtlichen Vorschriften viele wertende Begriffe enthalten, die vom Richter ausgelegt werden müssen. So spielen gerade im Unterhaltsrecht die Fragen der „Billigkeit", „Angemessenheit" oder „groben Unbilligkeit" eine entscheidende Rolle; letzteres auch beim Zugewinn- und Versorgungsausgleich. Bei der Verteilung des gemeinsamen Hausrats kommen ebenfalls Gesichtspunkte der „Billigkeit" ins Spiel. In Sorge- und Umgangsverfahren steht das „Wohl des Kindes" an vorderster Stelle. Für eine Härtefallscheidung, bei der das Trennungsjahr nicht einzuhalten ist, muss eine „unzumutbare Härte" vorliegen. Juristen werfen mit diesen Worten um sich, allerdings steht nirgends im Gesetz, was damit genau gemeint ist. Die unbestimmten Rechtsbegriffe sind also Auslegungssache.

Folglich kann jeder Ehegatte sie so interpretieren, wie es für ihn am günstigsten ist. Die Entscheidung hierüber treffen jedoch die Richter. Da es sich bei diesen um keine Maschinen, sondern um Menschen handelt, fließen bei der Entscheidung zwangsläufig persönliche Erfahrungen, Wertungen, Meinungen und Wertvorstellungen mit ein. So ist es oftmals nicht vorhersehbar, wie die Sache ausgeht. Die Auslegungsmöglichkeiten werden zwar entschärft durch die Rechtsprechung der obersten Gerichte, die Vorgaben zur Auslegung enthält. Allerdings kann es trotzdem sein, dass der Richter der ersten Instanz in Ihrer Angelegenheit anders entscheidet. Denn kein Fall gleicht dem anderen. Vielleicht wird dann der Richterspruch von der zweiten Instanz korrigiert. Vielleicht aber auch nicht.

Selbst wenn die gesetzlichen Vorschriften keiner Auslegung bedürfen, kann man eine böse Überraschung erleben, wenn man Tatsachen beweisen muss. Dann wird vor Gericht darüber gestritten, ob zum Beispiel die Eltern Geld zum Hausbau beigesteuert haben, in welcher Höhe Sparvermögen bei der Eheschließung vorhanden war, ob der unterhaltsberechtigte Ehegatte in einer neuen Partnerschaft lebt oder Ähnliches. Das Gericht ermittelt dies nicht von sich aus. Vielmehr müssen auf Antrag Zeugen befragt oder teure Sachverständigengutachten eingeholt werden. Wenn es einem Ehegatten trotzdem nicht gelingt, die für ihn günstigen Tatsachen zu belegen, bleibt er den Beweis schuldig und hat leider Pech gehabt.

Nicht jede Scheidung muss jedoch in einem Rosenkrieg ausarten. Allerdings liefert Ihnen der Gesetzgeber hierzu das nötige Werkzeug. Ob davon Gebrauch gemacht wird, entscheiden nicht nur Sie selbst, sondern auch Ihr Ehegatte. Und wie dieser im Fall einer Trennung oder Scheidung reagiert, ist oft nicht kalkulierbar. Ebenso wenig, ob Sie am Ende Schiffbruch erleiden oder noch mit einem blauen Auge davonkommen. Aber eines ist sicher: Sie lernen Ihren Ehegatten erst dann richtig kennen, wenn Sie ihm vor Gericht begegnen.

37. Wenn die Schwiegereltern die Geschenke zurückfordern

Da stand Ingo nun in seiner Designerküche mit allen Schikanen und machte sich Spiegeleier. Das hätte er in der Küche aus dem Baumarkt auch gekonnt. Mit dem Unterschied dass es ihn nicht in den wirtschaftlichen Ruin getrieben hätte.

Alle außer ihm hatten gewusst, wie es enden würde. Um seine Eltern zu beruhigen, schloss er einen Ehevertrag ab und vereinbarte Gütertrennung. Sein Vater bestand darauf. Immerhin sollte er später einmal den elterlichen Betrieb übernehmen. Überdies wollten ihm seine Eltern nach der Hochzeit ein Haus schenken. Davon sollte Elly im Fall einer Scheidung nichts bekommen. Nachdem der Ehevertrag unterschrieben war, wurde groß geheiratet. Elly sparte an nichts. Aber ihr Vater bezahlte es gern. Für seine Prinzessin war ihm nichts zu teuer.

Als es um die Renovierung des Hauses ging, das Ingo nach der Hochzeit von seinen Eltern geschenkt bekommen hatte, gab es den ersten großen Streit. Er wollte das Haus mit geringem Aufwand renovieren und sich auf keinen Fall verschulden. Elly hingegen wollte ein Luxusdomizil mit Designerküche, Designerbadezimmer, Außenwhirlpool, pompösem Schlafzimmer und vielem mehr. Aber Ingo konnte sich das nicht leisten. Immerhin war er nur im Betrieb seiner Eltern angestellt und hatte kaum eigene Ersparnisse.

Dann bot sein Schwiegervater an, ihm finanziell unter die Arme zu greifen. Seiner Prinzessin sollte es an nichts fehlen. Ingo wollte das Angebot nicht annehmen, doch Elly überredete ihn. So entstand das Luxusdomizil. Zwei Jahre wohnten sie dort gemeinsam. Und dann kam es so, wie es alle vorausgesehen hatten. Elly zog aus. Sie hatte sich einen Mann mit Geld geangelt, der ihr das bieten konnte, was sie sich immer erträumt hatte. Der Neue fuhr einen Sportwagen, besaß eine Villa und verdiente als Immobilienmakler jede Menge Geld, um ihr ein Leben im Luxus zu ermöglichen.

Die Trennung war für Ingo ein Schlag. Aber er war froh über den Ehevertrag. Wenigstens musste er Elly keine Abfindung und keinen Unterhalt bezahlen. Aber die dicke Rechnung kam zum Schluss. Sein Schwiegervater forderte das Geld zurück, das er in das Haus von Ingo investiert hat. Knapp 100.000 Euro. Und das, obwohl er die teure Renovierung gar nicht gewollt hatte. Das Gericht verurteilte ihn trotzdem. Und so musste er einen Großteil des Geldes an seinen Schwiegervater zurückzahlen.

Da Ingo das Geld damals und jetzt nicht hatte, musste er einen Kredit aufnehmen für das Luxusdomizil, das er gar nicht wollte.

Bei Geldgeschenken von Schwiegereltern sollte man sich nicht zu früh freuen. Denn schlimmstenfalls muss alles auf Heller und Pfennig zurückgezahlt werden, wenn die Ehe scheitert. Sofern nämlich Schwiegereltern dem Schwiegerkind Zuwendungen machen, etwa in Form von Geld, liegt dem regelmäßig die Erwartung zugrunde, dass die Ehe mit dem eigenen Kind Bestand haben wird. Sie haben die Vorstellung, dass die Zuwendung dem leiblichen Kind auf Dauer zugute kommt, indem sie zur Erhaltung, Sicherung, Ausgestaltung und Verwirklichung der ehelichen Lebensgemeinschaft beiträgt. Wenn sich die Ehegatten allerdings trennen, erfüllt sich diese Erwartung nicht. Das eigene Kind hat dann nichts mehr von dem Geld, das dem anderen Ehegatten zugeflossen ist. Es entfällt also die Geschäftsgrundlage für die Schenkung und die Schwiegereltern haben gegen das beschenkte Schwiegerkind einen unmittelbaren Rückforderungsanspruch. Maßgeblicher Stichtag für diesen Anspruch ist nicht die Scheidung, sondern schon die endgültige Trennung der Ehegatten, wie beispielsweise der Auszug aus der Ehewohnung.

Für die Höhe des Ausgleichsanspruchs kommt es im Rahmen einer Gesamtabwägung unter anderem darauf an, wie lange die Ehe mit dem Schwiegerkind seit der Zuwendung gedauert hat. Ausschlaggebend ist dabei, ob und wie lange das eigene Kind von der Zuwendung während der Ehe profitiert hat. Denn solange die Ehe besteht, ist der Zweck der Zuwendung erfüllt. Nur ab dem Zeitpunkt der Trennung kann der Zweck nicht mehr erreicht werden. Wenn also das eigene Kind teilweise von dem Geldgeschenk mit profitiert hat, teilweise aber nur der Ehegatte, muss der Wert des Zugewendeten nicht voll erstatten werden, sofern die Ehe nach der Schenkung noch einige Zeit bestanden hat.

Die Bewertung, in welcher Höhe das eigene Kind profitiert hat und in welcher Höhe der Zweck der Zuwendung verfehlt wurde, liegt letztlich beim Familiengericht. Dies stellt bei seiner Gesamtabwägung auch auf die Einkommens- und Vermögensverhältnisse des Schwiegerkindes und der Schwiegereltern ab. Es muss auch berücksichtigen, ob durch die Zuwendung eine bei Rückforderung noch vorhandene Vermögensmehrung eingetreten ist, beispielsweise in Form einer Immobilie.

Insofern sind Geldgeschenke entweder zum Teil oder aber in voller Höhe an die Schwiegereltern zurückzuzahlen. Dabei ist unerheblich, wer die Trennung herbeigeführt hat, das eigene oder das Schwiegerkind.

38. Was tun, wenn Sie die Kinder Ihres Expartners adoptiert haben?

Sie war bildhübsch. Gleich beim ersten Date verliebte sich Günther in sie. Nach und nach erzählte Susi ihm von ihrer schweren Lebensgeschichte. Von ihrem Ex, der drogenabhängig war und sie oft verprügelt hatte. Bald lernte er auch die beiden Kinder kennen, damals zwei und sechs Jahre alt. Der Vater kümmerte sich nicht um sie, bezahlte keinen Unterhalt. Es waren nette Kinder, die ihm schnell ans Herz wuchsen. Schon nach einem halben Jahr wurde geheiratet. Als Liebesbeweis beschloss er, die beiden Kinder zu adoptieren. Sie nannten ihn inzwischen „Papa". Es war ein langer Kampf, bis der Vater der Kinder in die Adoption einwilligte. Aber dieser Kampf verband ihn noch mehr mit Susi. Sie waren eine glückliche Familie. Er arbeitete viel, nahm einen Nebenjob an und machte Überstunden. Immerhin musste er nun eine ganze Familie ernähren. Susi war zu Hause bei den Kindern und kümmerte sich um den Haushalt.

Drei Jahre ging es gut. Dann zog Susi mit den Kindern von heute auf morgen in ein anderes Bundesland. Sie sagte zu Günther, dass sie ihn nicht mehr liebe. Im Internet habe sie einen anderen Mann kennengelernt, mit dem wolle sie nun ihr Glück versuchen. Die Kinder sah er nur noch ein paar Mal. Aufgrund der großen Entfernung schlief der Umgang bald ein.

Lange Zeit lebte er am Existenzminimum, da er für den Unterhalt seiner adoptierten Kinder aufkommen musste. Auch für seine Exfrau musste er einige Jahre Unterhalt bezahlen, weil sie die Kinder betreute und nur halbtags arbeiten konnte.

Als seine Adoptivkinder nach vielen Jahren ihre Ausbildung beendet hatten, durfte er die Zahlungen endlich einstellen. Erst dann konnte er es sich leisten, eine eigene Familie zu gründen.

Die Stiefkinderadoption ist die häufigste Form der Adoption. Im Jahr 2012 wurden laut Statistischem Bundesamt 2215 Kinder von ihren Stiefeltern adoptiert. Der annehmende Elternteil ist dabei mit einem leiblichen

Elternteil des angenommenen Kindes verheiratet. Durch die Adoption wird ein Eltern-Kind-Verhältnis zwischen dem Stiefelternteil und dem Kind begründet. Das rechtliche Verhältnis zu dem anderen leiblichen (nicht mit dem annehmenden verheirateten) Elternteil wird beendet. Das Kind wird somit ein leibliches Kind des Annehmenden und gleichzeitig das gemeinsame Kind der Eheleute.

Grundvoraussetzungen für eine Minderjährigenadoption sind, dass die Adoption dem Kindeswohl dient und die Erwartung besteht, dass ein Eltern-Kind-Verhältnis entsteht. Hat der leibliche Elternteil in die Adoption eingewilligt (unter strengen Voraussetzungen kann dies vom Familiengericht ersetzt werden), kann der Annehmende durch einen notariellen Antrag und mit Zustimmung des Ehegatten die Annahme des Kindes beim Familiengericht beantragen. Die Adoption wird vom Familiengericht nach einer Anhörung durch Beschluss ausgesprochen, wenn es keine Bedenken dagegen hat und das Jugendamt keine Einwände erhebt. Damit wird das angenommene zum leiblichen Kind mit allen sich daraus ergebenden rechtlichen Konsequenzen.

Da ein Adoptionsantrag nicht unter eine Bedingung oder Zeitbestimmung gestellt werden kann, hat eine Trennung oder Scheidung vom Ehepartner keine rechtlichen Auswirkungen auf die Adoption. Selbst wenn also die Ehe mit dem leiblichen Elternteil aufgelöst ist, bleibt die Adoption des Kindes weiter bestehen. Nur unter strengen Voraussetzungen kann sich der Annehmende von einer Adoption lösen, etwa wenn schwere Formmängel im Verfahren oder Willensmängel vorgelegen haben (zum Beispiel bei Geschäftsunfähigkeit oder Bedrohung). Im Übrigen kann eine Adoption nur im absoluten Ausnahmefall aufgehoben werden, wenn dies aus schwerwiegenden Gründen zum Wohl des Kindes erforderlich ist, das heißt die Umstände für das Kind untragbar geworden sind. Die Scheidung des Annehmenden vom leiblichen Elternteil stellt jedoch keinen Aufhebungsgrund dar, ebenso wenig mangelnder Kontakt zum Adoptivkind oder Entfremdung.

> Im Hinblick darauf, dass eine Durchschnittsehe im Jahr 2012 gerade einmal 14 Jahre und 7 Monate gedauert hat, sich hingegen die Folgen einer Adoption tatsächlich ein ganzes Leben lang auswirken, sollte man das Für und Wider einer Stiefkinderadoption sorgfältig abwägen und keine voreiligen Entscheidungen treffen.

39. Das Märchen vom gemeinsamen Anwalt

Keine 15 Minuten dauerte der Gerichtstermin. Dann waren sie geschieden. Alles hatte reibungslos funktioniert. Vor allem gab es keinen unschönen Streit, wie man ihn so oft in den Gerichtssendungen sah oder von Bekannten hörte.

Dabei war Claudia zunächst unsicher gewesen, wie ihr Ehemann auf ihren Trennungsentschluss reagieren würde. Sie rechnete mit dem Schlimmsten und befürchtete einen Rosenkrieg. Sie war erleichtert, als Markus anbot, sich einvernehmlich zu trennen. Er meinte, sie sollten friedlich auseinandergehen und einen gemeinsamen Anwalt nehmen. Bei zwei Anwälten werde es zwangsläufig zu einer kostspieligen Auseinandersetzung kommen. Und das wolle er schließlich nicht, schon im Interesse der gemeinsamen Kinder. Äußerst großzügig fand sie sein Angebot, die Kosten des Anwalts allein zu tragen. Sie vermutete, dass er ein schlechtes Gewissen hatte wegen seiner ständigen Affären. Deswegen war die Ehe schließlich in die Brüche gegangen.

Markus hielt sein Versprechen und beauftragte einen Anwalt. Dieser leitete alles unbürokratisch und schnell in die Wege. Sie musste nicht einmal persönlich einen Termin bei ihm wahrnehmen. Das erledigte Markus alles für sie. Nur zur Berechnung des Unterhalts und des Zugewinns musste sie eine Aufstellung schicken. Der Anwalt fertigte sodann eine Computerberechnung, woraus sich die Zahlen ergaben. Markus erklärte ihr alles. Claudia akzeptierte die Berechnung. Da sich für sie nur eine geringe Ausgleichszahlung ergab, bot ihr Markus an, die Summe zu verdoppeln. Dafür verlangte er, dass keiner etwas von der Rente des anderen bekommen sollte und somit der Versorgungsausgleich ausgeschlossen wurde. Freudig nahm sie sein Angebot an. Denn lieber hatte sie jetzt Bargeld als in ferner Zukunft eine höhere Rente. Als man sich über alles einig war, erhielt sie vom Notar den Entwurf der Scheidungsvereinbarung. Markus erklärte ihr, dass ihr gemeinsamer Anwalt diese durchgesehen habe. Sie sei in Ordnung. Im Vertrauen darauf unterzeichnete Claudia die Vereinbarung im Notariat. Markus überwies sofort die Abfindungssumme und bezahlte die Rechnung des Notars. Nach der Scheidung lud sie ihn zum Essen ein und bedankte sich für seine Großzügigkeit.

Dass er sie gnadenlos über den Tisch gezogen hatte, erfuhr Claudia erst später. Ihr neuer Freund, den sie einige Zeit nach der Scheidung kennenlernte, meinte, dass mit dem Vertrag etwas nicht stimmen könne. Da sie aufgrund der Abfindung jetzt einen Anwalt bezahlen konnte, ließ sie den Vertrag überprüfen. Sie schlug die Hände über dem Kopf zusammen, als sie das Ergebnis erhielt. Aber dagegen konnte sie jetzt nichts mehr tun. Zu spät, sagte ihr Anwalt.

Kein vernünftig denkender Mensche kommt auf die Idee, sich in einem gerichtlichen Verfahren vom selben Anwalt vertreten zu lassen wie sein Gegner. So ist beispielsweise der Gedanke völlig abwegig, dass sich ein Mieter, der mit seinem Vermieter über Mietminderung oder Schönheitsreparaturen vor Gericht streitet, vom selben Rechtsanwalt vertreten lässt wie sein Kontrahent.

Bei Scheidungen ist das anders. Denn hier hat sich ein Märchen in den Köpfen vieler Menschen eingebrannt. Und zwar das Märchen vom gemeinsamen Anwalt.

Oft meinen Ehegatten, man könne sich Kosten sparen, indem ein „gemeinsamer Anwalt" im Scheidungsverfahren „genommen" wird, der beide berät und vertritt.

Einen „gemeinsamen Anwalt" gibt es aber nicht. Es kann ihn auch nicht geben, selbst wenn sich die Ehegatten noch so einig sind. Nicht umsonst bezeichnet das Gesetz im Scheidungsverfahren den einen Ehegatten als „Antragsteller", den anderen als „Antragsgegner".

Ein Rechtsanwalt ist von Gesetztes wegen ausschließlich der Vertreter seines Auftraggebers. Das ist der Ehegatte, der die Vollmacht unterzeichnet hat. Insofern darf er nur die Interessen seines Mandanten vertreten und auch nur diesen beraten, nicht jedoch die Gegenseite. Ansonsten verstößt der Anwalt gegen die Berufsordnung der Rechtsanwälte und macht sich sogar wegen Parteiverrats strafbar. Selbst wenn die Ehegatten meinen, nichts zu streiten zu haben, und sich einig sind, ist dies nicht möglich. Zum einen wissen nämlich Ehegatten mangels Beratung oftmals gar nicht, welche Ansprüche sie überhaupt haben. Zum anderen gibt es in einem Scheidungsverfahren zwangsläufig widerstreitende Interessen. Das ist aber vielen Ehegatten oft nicht bewusst. So mag die Scheidung noch so einvernehmlich sein, die Folgen einer Scheidung sind es häufig nicht, etwa wenn es um den Versorgungsausgleich, um Unterhalt, Zugewinn oder die Kinder geht. Da ein Anwalt immer bestrebt ist, für seinen Mandanten ein optimales Ergebnis zu erreichen, muss er ihn bestmöglich beraten und für ihn günstige Anträge stellen. Zwangsläufig geht das im Regelfall zulasten des anderen Ehegatten. So hat oftmals schon der Zeitpunkt der Einreichung des Scheidungsantrags weitreichende Konsequenzen, kann also für den einen Ehegatten günstig sein, für den anderen nachteilig.

Aus diesen Gründen ist es schlichtweg unmöglich, dass ein und derselbe Anwalt gleichzeitig die Interessen beider Ehegatten im Scheidungsverfahren vertreten kann.

Für den Fall, dass ein Partner dennoch Kosten sparen möchte, muss er nicht zwingend einen Rechtsanwalt beauftragen. Er kann auch einfach dem Scheidungsantrag des anderen Ehegatten zustimmen. Er muss sich jedoch im Klaren darüber sein, dass seine Interessen nicht anwaltlich vertreten werden, im Gegensatz zu den Interessen der Gegenseite. Über den nicht vertretenen Ehegatten „ergeht" dann das Verfahren, eigene Anträge kann er nicht stellen. Denn hierfür braucht er einen Anwalt.

Vorsicht ist also geboten, wenn Ihnen Ihr Partner das Märchen vom gemeinsamen Anwalt vorgaukelt und großzügig anbietet, die Kosten zu übernehmen. Dies hat meist nur ein Ziel. Und zwar, den anderen Ehegatten von einer eigenen Beratung abzuhalten und ihn um seine berechtigten Ansprüche zu bringen.

40. Was passiert mit Bello?

Als Max die Kinder zum Umgang abholte, rannten sie ihm entgegen und weinten bitterlich. Auch ihm liefen Tränen übers Gesicht, als er die traurige Nachricht erfuhr: Bello ist tot.

Es kam ihm vor, als wäre es gestern gewesen, als seine Frau, die Kinder und er den kleinen Rauhaardackel beim Züchter abgeholt hatten. Max schloss ihn sofort ins Herz. Bello freute sich immer, wenn er von der Arbeit nach Hause kam. Im Gegensatz zu seiner Frau. Oft machte Max mit dem Hund lange Spaziergänge, wenn er es zu Hause nicht mehr aushielt.

Die Kinder liebten Bello, aber seine Frau konnte nie viel mit dem Tier anfangen. Umso erstaunter war Max, als sie beim Familiengericht nach der Scheidung den Antrag stellte, dass Bello bei ihr und den Kindern im Haus bleiben solle. Er war eigentlich siegessicher, immerhin hatte er den Kaufpreis für Bello bezahlt. Und bisher waren alle gerichtlichen Verfahren gut für ihn ausgegangen. Diesmal aber war es anders. Der Familienrichter entschied, dass seine Exfrau das Tier erhielt. Bello sollte in seiner gewohnten Umgebung bleiben. Und bei den Kindern.

Das von ihm beantragte Umgangsrecht mit dem Hund wurde abgelehnt. Das bedeutete für Max, dass er Bello nach seinem Auszug nicht mehr sah. Der Beschluss hatte ihn schwer getroffen. Ebenso die Nachricht, dass sein treuer Wegbegleiter gestorben war.

Später erfuhr er durch Zufall, dass man Bello eingeschläfert hatte. Dem Tierarzt wurde gesagt, Bello wäre aggressiv. Eine Lüge. In Wahrheit musste Bello sterben, weil der neue Lebensgefährte seiner Exfrau das Tier nicht leiden konnte. Denn ab und zu hatte Bello ihn angeknurrt.

Haustiere sind zwar keine Sachen. Allerdings hat der Gesetzgeber bestimmt, dass bei Tieren die für Sachen geltenden Vorschriften anzuwenden sind, sofern es keine anderweitigen gesetzlichen Regelungen gibt. Und da es keine speziellen Bestimmungen gibt, was mit einem Haustier im Falle der Trennung oder Scheidung von „Herrchen" und „Frauchen" passieren soll, werden Haustiere wie Haushaltsgegenstände verteilt (siehe §5, Gründe 28 und 29). Der Familienhund unterliegt also dem Haushaltsverfahren, ebenso wie Töpfe, Geschirr oder Christbaumkugeln.

Sofern ein Tier als gemeinsames Haustier für die Familie angeschafft wurde, gilt es als gemeinsames Eigentum der Ehegatten. Unerheblich ist, wer den Kaufpreis bezahlt hat. Das Tier wird nach den Grundsätzen der Billigkeit vom Familienrichter „verteilt“. Bei der Verteilung ist zu berücksichtigen, dass Tiere von der Rechtsordnung als Mitgeschöpfe anerkannt worden sind. Über sie kann daher nicht willkürlich verfügt werden, ohne zumindest ihr Wesen und ihre Gefühle zu berücksichtigen. Wobei es Haustieren und ihrem Wohlbefinden am besten entsprechen dürfte, wenn sie in der örtlich und familiär vertrauten Umgebung bei ihrer Bezugsperson bleiben können. Gegebenenfalls muss das Familiengericht zu dieser Frage ein tierpsychologisches Gutachten einholen.

Sofern das Gericht einem Ehegatten ein Haustier zuweist, besteht kein Rechtsanspruch des anderen Partners auf Umgang mit dem Tier. Da nämlich Tiere wie Hausrat verteilt werden und der Gesetzgeber Umgang mit Haushaltsgegenständen nicht vorgesehen hat, fehlt hierfür eine Rechtsgrundlage. Umgang sieht das Gesetz ausschließlich mit Kindern vor. Ein außerordentliches Umgangsrecht mit Tieren kann nicht vom Richter geschaffen werden.

Selbstverständlich steht es den geschiedenen Ehegatten frei, sich einvernehmlich über den Umgang mit einem Haustier zu einigen. Wenn es allerdings schon so weit gekommen ist, dass man wegen eines Haustiers vor dem Familienrichter landet, besteht oft nur wenig Spielraum für eine Umgangsregelung.

41. Gehörnt und trotzdem zum Unterhalt verpflichtet

„Hey, Dennis, deine Frau ist ja ein heißer Feger. Auf was die so alles im Bett steht, ist ja der Hammer.“ Er konnte nicht glauben, was ihm sein Arbeitskollege unter die Nase rieb. Vor all den anderen Kollegen in der Mittagspause. Wütend stellte er ihn zur Rede. Der Kollege meinte, das stehe doch alles in einem einschlägigen Sexportal im Internet. Er solle selbst nachsehen.

Dennis war überzeugt, es müsse sich um eine Verwechslung handeln. Seine Mandy würde das niemals tun. Noch dazu war ihr Sohn erst ein Jahr alt. Sie waren eine glückliche Familie. Dennoch kamen Zweifel in ihm hoch. In letzter Zeit hatte er auf dem Bau viele Überstunden gemacht, er kam oft spät nach Hause. Mandy saß häufig am PC, auch am Wochenende.

Als endlich Feierabend war, fuhr er sofort zu einem Freund, um zu überprüfen, ob an den bösen Gerüchten etwas dran war. Er war sich sicher, dass er sich unnötig Sorgen gemacht und sein Kollege ihn nur auf den Arm genommen hatte.

Leider entsprach alles der Wahrheit. Nicht nur, dass Mandy in diesem Portal ihr Profil eingestellt hatte, um einschlägige Kontakte zu knüpfen. Sie berichtete detailliert, welche Sexualpraktiken sie bevorzugte und was sie noch alles im Bett ausprobieren wollte. Dennis fuhr nach Hause, packte seine Sachen und verließ Mandy.

Zwei Wochen später wurde er von ihrem Anwalt aufgefordert, Unterhalt zu bezahlen. Dass er für seinen Sohn bezahlen musste, war für Dennis klar. Er richtete sofort einen Dauerauftrag ein. Aber Unterhaltszahlungen an die Frau, die ihn in aller Öffentlichkeit blamiert hatte, sah er beim besten Willen nicht ein.

Da Dennis den geforderten Ehegattenunterhalt nicht bezahlte, wurde er von Mandy verklagt. Der Richter gab ihm zwar grundsätzlich recht. Er sah bei Mandy ein schwerwiegendes Fehlverhalten, das eigentlich zum Ausschluss des Unterhalts führte. Aber nur eigentlich. Dennis wurde vom Gericht trotzdem zur Zahlung verurteilt. Eine weitere Niederlage, mit der er nur schwer leben konnte.

Zur Vermeidung ungerechter Ergebnisse sieht es das Unterhaltsrecht vor, dass Ansprüche eines Ehegatten unter bestimmten Umständen „verwirken", also herabgesetzt oder ausgeschlossen werden können. Der Gedanke des Gesetzgebers dabei ist, dass ein Unterhaltsberechtigter vom Pflichtigen nicht einerseits nacheheliche Solidarität in Form von Unterhalt fordern kann, diese jedoch selbst aufgrund seines Verhaltens vermissen lässt.

Sofern die im Gesetz hierzu vorgeschriebenen Voraussetzungen erfüllt sind, kann der Unterhalt entweder völlig wegfallen, prozentual herabgesetzt oder zeitlich begrenzt werden. Im Einzelfall entscheidet der Richter nach Ermessen und hängt vom Ausmaß der Unbilligkeit ab. Als Härtegründe kommen beispielsweise in Betracht, dass der Berechtigte in einer verfestigten Lebensgemeinschaft lebt (in der Regel ab zwei Jahren), sich einer schweren Straftat dem Pflichtigen gegenüber schuldig gemacht hat (Mordversuch, Prozessbetrug durch Verschweigen eigener Einkünfte im Unterhaltsverfahren oder Ähnliches), dass die Bedürftigkeit mutwillig herbeigeführt wurde (etwa durch Alkohol-, Tabletten- oder Drogensucht und einem Unterlassen einer rechtzeitigen Therapie) oder dem Berechtigten sonst ein schwerwiegendes Fehlverhalten zur Last gelegt wird. Letzteres kann gegeben sein beim Unterschieben eines Kindes, Betreiben von Telefonsex ohne Kenntnis des Ehegatten, Aufnahme einer Tätigkeit als Prostituierte oder Veröffentlichung sexueller Vorlieben oder Neigungen auf einschlägigen Internetseiten.

Liegt ein solcher Verwirkungsgrund vor, führt das noch nicht zwangsläufig dazu, dass ein an sich gegebener Unterhaltsanspruch automatisch beschränkt oder versagt wird.

In einem zweiten Schritt hat nämlich eine umfassende Interessenabwägung stattzufinden. Hierbei sind vor den Interessen des Pflichtigen vorrangig die Interessen gemeinsamer Kinder zu beachten, die vom Unterhaltsberechtigten betreut werden. So muss trotz Herabsetzung oder Versagung des Unterhalts die Pflege und Erziehung der Kinder gesichert sein. Denn eine erzwungene Berufstätigkeit würde zulasten der Kinder gehen oder dazu führen, dass der Elternteil auf Kosten des von ihm betreuten Kindes leben müsste, sprich vom Kindesunterhalt.

Bei einer notwendigen Kinderbetreuung darf dem Unterhaltsberechtigten also trotz Vorliegens eines Verwirkungsgrundes der Unterhalt nicht über das Existenzminimum (derzeit circa 800 Euro monatlich) hinaus gekürzt werden.

Spürbare Auswirkungen hat ein Fehlverhalten eines Ehegatten bei notwendiger Kinderbetreuung also nur dann, wenn sich der monatliche Unterhalt auf mehr als 800 Euro beläuft. Ansonsten hat der das Kind betreuende Elternteil in der Regel einen Freibrief und kann sich gegenüber dem Unterhaltspflichtigen so einiges erlauben. Denn das Existenzminimum muss dieser im Regelfall sicherstellen. Egal ob das ungerecht erscheint oder nicht.

42. Erpressung vor Gericht – das soll vorkommen

Thomas war ein gestandener Mann. Groß, muskulös und Inhaber eines mittelständischen Handwerksbetriebs. Die Trennung von seiner Frau lag drei Jahre zurück. Seitdem bezahlte er an sie Unterhalt. Eine stattliche Summe. Bis zur Scheidung wollte er sie finanziell unterstützen, dann sollte sie auf eigenen Beinen stehen. Mehrfach hatte er ihr das mitgeteilt. Als er die Scheidung einreichte, kam ihre Forderung: Unterhalt für weitere zehn Jahre. Sein Anwalt erklärte ihm, dass ein Grund für diese Zahlungen nicht bestehe, er solle sich keine Sorgen machen.

Trotzdem sah er sorgenvoll dem Scheidungstermin entgegen, bei dem es auch um die Unterhaltsfrage ging. Alles hatte er seinem Anwalt nämlich nicht erzählt. Sein Geheimnis war ihm unangenehm. Allerdings spielte es seiner Meinung nach keine Rolle und seine Frau hatte ihm während der Ehe hoch und heilig versprochen, niemals etwas zu verraten. Darauf verließ er sich.

Der Scheidungstermin lief gut. Dann kam die Sprache auf den nachehelichen Unterhalt. Seine Frau erklärte, auf den Unterhalt angewiesen zu sein, da sie nur halbtags arbeiten ging. Der Anwalt von Thomas redete sie in Grund und Boden, forderte sie auf, ganztags zu arbeiten, immerhin sei sie kerngesund und ein beruflicher Nachteil durch die Ehe nicht erkennbar. Da brach sie in Tränen aus.

Thomas kannte diese Tränen. Sie waren gespielt. Nicht gespielt war, was sie dann erzählte, und zwar von ihrem intimen Eheleben: Thomas stand auf Rollenspiele. Sie musste sich verkleiden als Krankenschwester, Polizistin oder Zimmermädchen. Das machte ihr noch Spaß. Nach einigen Jahren änderten sich aber seine Vorlieben. Nun verkleidete sich Thomas. Als Frau. Er kam nur noch in Erregung, wenn er einen BH, Strapse, Spitzenhöschen und High Heels trug. Er hatte mehrere Perücken, vorzugsweise trug er lange rote Haare. Immer öfter schminkte er sich, legte Lidschatten, Lippenstift und Rouge auf. Sie beschrieb den Verlauf ihres Sexuallebens in allen Einzelheiten. Alles war richtig, nichts hatte sie erfunden.

Der Richter unterbrach sie nicht, sondern hörte aufmerksam zu. Ab und zu streifte Thomas sein flüchtiger Blick. Er schämte sich in Grund und Boden. Seine Ehefrau berief sich darauf, dass sie aufgrund der Gestaltung des ehelichen Sexuallebens psychisch krank geworden sei und nicht mehr ganztags arbeiten könne. Thomas wusste, dass das gelogen war. Wenige Tage vor dem Termin hatte sie ihn angerufen und gesagt, dass er nicht so billig davon kommen werde. Wenn er nicht freiwillig bezahle, könne er sein blaues Wunder erleben. Thomas wusste jetzt, was sie damit meinte.

Nachdem seine Ehefrau endlich zu reden aufgehört hatte, kündigte der Familienrichter an, ein Sachverständigengutachten einzuholen. Es sollte geklärt werden, ob die Ehefrau tatsächlich psychisch angeschlagen war und deshalb nur halbtags arbeiten konnte. Daraufhin schlug der Anwalt seiner Ehefrau vor, dass Thomas eine Abfindungssumme an sie zahlen solle. Damit wäre alles erledigt. Thomas nahm das Angebot auf Empfehlung des Richters zähneknirschend an. Anschließend wurde er sofort geschieden.

Recht haben und Recht kriegen sind zwei Paar Schuhe. Das ist nicht nur ein banales Sprichwort, sondern eine Tatsache. Hauptsächlich liegt dies daran, dass nirgends so viel gelogen wird wie vor Gericht. So mag es zwar durchaus sein, dass man selbst die Wahrheit kennt. Dies gilt jedoch nicht gleichermaßen für das Gericht. Denn das Gericht war nicht dabei.

In der Regel muss eine Partei im Gerichtsverfahren die für sie günstigen Umstände beweisen, wenn sie der andere abstreitet. Meint also ein Ehegatte, Unterhalt geltend machen zu können, weil er krank ist, und der andere behauptet das Gegenteil, muss der Anspruchsteller seine Erkrankung beweisen. Und wenn ein Ehegatte behauptet, die Immobilie oder der Betrieb des anderen habe einen entsprechend hohen Wert mit der Folge, dass ein bestimmter Zugewinnausgleich beansprucht werden könne, muss der anspruchstellende Ehegatte den Wert der Immobilie nachweisen. Zum Beweis von Behauptungen sind oftmals Sachverständigengutachten nötig. Je nach deren Umfang kostet ein solches Gutachten mehrere tausend Euro. Und bis es vorliegt, vergehen nicht selten Monate.

Bei den Kosten gilt eine Besonderheit, sofern Zugewinnausgleichsansprüche oder Ehegattenunterhalt im Scheidungsverfahren als „Folgesache" (also nicht separat von der Scheidung, sondern mit ihr zusammen in einem Verfahren) geltend gemacht werden. Anders als sonst bei gerichtlichen Auseinandersetzungen üblich, trägt nicht derjenige die Kosten, der verliert. Vielmehr werden die Kosten im Regelfall gegeneinander aufgehoben. Das bedeutet, dass jeder seinen Anwalt selbst bezahlen muss und die übrigen Kosten, zum Beispiel Gerichts- und Gutachterkosten, geteilt werden. Dies gilt selbst dann, wenn sich aus dem Gutachten ergibt, dass die zu beweisende Tatsache nicht zutrifft, etwa weil der angeblich kranke Ehegatte doch arbeiten kann oder die Immobilie weniger wert ist als behauptet. Also bleibt jeder Ehegatte auf der Hälfte der Kosten sitzen, selbst wenn er den Prozess gewinnt.

Und wenn dann beim Zugewinn oder in Sorge- und Umgangsverfahren weitere Gutachten eingeholt werden müssen, können die Kosten exorbitant in die Höhe steigen. Hinzu kommt die große Ungewissheit, wie die Gutachten ausfallen werden. Insofern geht es dann nicht mehr vorrangig um die Frage, ob man recht hat. Die Frage ist, ob man es sich leisten kann, um sein Recht zu streiten.

> Zur Vermeidung horrender Scheidungskosten wird es oft wirtschaftlich sinnvoll sein, eine Vereinbarung zu schließen, die diesen Risiken gerecht wird. So muss das Risiko beachtet werden, wie das Gericht die einschlägigen Vorschriften auslegt, das Risiko, zu welchem Ergebnis Sachverständige kommen, und das Risiko, auf der Hälfte der Kosten sitzen zu bleiben. Am Ende hat eine Abfindungssumme dann oft nichts mehr mit Gerechtigkeit zu tun, sondern fungiert als eine Art Lösegeld.

43. Wenn die Hausfrau ihre Rentenansprüche abgeben muss

Es war für Karin selbstverständlich, dass sie ihren gutbezahlten Job als Chefsekretärin nach der Eheschließung aufgab. Immerhin brauchte ihr Mann sie in seiner Firma, die gerade im Aufbau war. Ihre Kenntnisse und Fähigkeiten konnte sie hier gut einbringen. Tag und Nacht war sie im Einsatz. Dass sie für ihre Tätigkeit zunächst nur auf 450-Euro-Basis angestellt war, akzeptierte sie. Immerhin konnte sich die Firma noch keine höheren Ausgaben leisten. Dann kamen die Kinder, drei Söhne. Trotzdem arbeitete sie weiterhin im Betrieb des Mannes mit, organisierte das Büro. Leben konnte die Familie gut, die Firma lief immer besser.

Nachdem ihr Mann ein Verhältnis mit einer jungen Mitarbeiterin begonnen hatte, kam die Trennung, dann wurde die Scheidung eingeleitet. Ihre Anwältin erklärte ihr, dass sich das Familiengericht automatisch um den Ausgleich der Rentenanwartschaften kümmere, die während der Ehe entstanden waren. Karin staunte nicht schlecht, als sie die Berechnung ihrer künftigen Rente sah.

Noch schockierter war sie, dass die Hälfte der Rentenansprüche bei der Scheidung auf ihren Mann übertragen werden sollte. Dieser war selbstständig und zahlte weder in die gesetzliche noch in eine private Rente ein. Dass sie die Kinder großgezogen und für einen Hungerlohn gearbeitet hatte, reichte dem Gericht nicht, um den Versorgungsausgleich ausnahmsweise auszuschließen.

Da ihr Ehemann darauf bestand, von ihrer Rente die Hälfte zu erhalten, führte das Gericht den Versorgungsausgleich durch. Und Karin musste sich mit dem Gedanken abfinden, im Rentenalter auf staatliche Hilfe angewiesen zu sein, um leben zu können.

Im Rahmen der Scheidung leitet das Familiengericht von Amts wegen das Verfahren über den Versorgungsausgleich ein. Dabei wird über den Wertausgleich der während der Ehe erwirtschafteten Rentenanwartschaften entschieden. Eine Ausnahme besteht, wenn der Ausgleich durch notariellen Vertrag wirksam ausgeschlossen wurde oder die Ehe nicht länger als drei Jahre gedauert hat. In letzterem Fall findet der Versorgungsausgleich nur auf Antrag statt; in allen anderen Fällen automatisch.

Der Versorgungsausgleich dient dem Aufbau einer eigenständigen sozialen Absicherung des wirtschaftlich schwächeren Ehegatten im Alter beziehungsweise bei verminderter Erwerbstätigkeit. Jeder Ehegatte soll zu gleichen Teilen an dem in der Ehe erwirtschafteten Vermögen teilhaben. Auf die Mitverursachung des ehelichen Vermögenserwerbs kommt es dabei nicht an. Einbezogen in den Wertausgleich werden unter anderem Anrechte in der gesetzlichen Rentenversicherung, betriebliche Altersversorgung, Beamtenversorgung, private Rentenversicherung und berufsständische Altersversorgungen (wie Ärzteversorgung). Das Familiengericht ermittelt mithilfe des jeweiligen Versorgungsträgers die Höhe der Anwartschaften, die jeder während der Ehe erzielt hat. Die Hälfte davon wird auf den anderen Ehegatten übertragen. Für den Ausgleichsberechtigten wird damit im Versorgungssystem ein neues Anrecht geschaffen, beim Ausgleichspflichtigen wird das Anrecht entsprechend gekürzt. Sofern die Anrechte beim selben Versorgungsträger bestehen, wird die Höhe des Wertunterschieds verrechnet. Vom Ergebnis her entsteht dabei eine gleichwertige Teilhabe der Ehegatten an den in der Ehe erworbenen Anwartschaften.

Nur ausnahmsweise findet ein Versorgungsausgleich wegen grober Unbilligkeit nicht statt. Dies kann der Fall sein, wenn es ein Selbstständiger illoyal und grob leichtfertig unterlässt, Altersvorsorge zu betreiben, zum Beispiel wenn er das gesamte Kapital in hochspekulative Geschäfte investiert. Von leichtfertigem Verhalten ist jedoch nicht auszugehen, wenn der Ausgleichspflichtige selbst davon profitiert hat, dass ein Teil des Einkommens nicht für die Altersvorsorge des Selbstständigen verwendet wurde. Denn in diesem Fall war der Lebensstandard der Ehegatten während der Ehe erhöht, der andere Partner hatte also die Gestaltung der ehelichen Lebensverhältnisse mit zu verantworten. Auch kein Grund zum Ausschluss des Versorgungsausgleichs ist, dass sich die Ausgleichspflicht im Wesentlichen aus Anwartschaften aus der Kindererziehung ergibt.

> So kann es sein, dass eine Hausfrau ihre ohnehin schon geringe Rente auch noch teilen muss, wenn der andere während der Ehe keine ausreichende Altersvorsorge geschaffen hat. Dass die Ausgleichspflichtige dadurch später einmal zum Sozialfall wird, spielt im Verfahren über den Versorgungsausgleich keine Rolle.

44. Krank und abserviert

Katja war wie gelähmt, als sie von ihrem Arzt die Diagnose erhielt: Brustkrebs.

Als sie ihrem Ehemann am gleichen Abend davon berichtete, fielen sie sich in die Arme und weinten. Aber gemeinsam wollten sie es schaffen und den Kampf gegen die Krankheit aufnehmen. Torsten wiederholte sein Ehegelübde, das er ihr vor elf Jahren gegeben hatte. Er versprach ihr, in guten wie in schlechten Tagen, in Gesundheit und Krankheit für sie da zu sein.

Dieses Versprechen hielt er jedoch nicht lange. Ihr Ehemann war es gewohnt, am Abend auszugehen und sich mit Geschäftspartnern und Freunden zu verabreden. Auch war er im Sommer leidenschaftlicher Golfspieler und fuhr im Winter Ski. Aber Katja konnte ihn bei diesen Aktivitäten nicht mehr begleiten. Zu sehr war sie damit beschäftigt, um ihr Leben zu kämpfen. Nach einer schmerzhaften OP folgte die Chemotherapie. Katja verlor ihr schönes blondes Haar, magerte ab und wurde immer schwächer. Ständig war ihr übel, jeder Tag war eine Qual für sie. Ihren Beruf konnte sie nicht mehr ausüben. Dafür erhielt sie Erwerbsunfähigkeitsrente.

Das Leben ihres Ehemannes dagegen blieb unverändert. Er war viel unterwegs, ging seinen Hobbys nach und traf sich mit Freunden. Allerdings ohne Katja. Für sie fand er zwischenzeitlich einen Ersatz. Blond, jung und gesund.

Als sie nach Monaten wieder zu Kräften kam, teilte ihr Torsten mit, dass er eine andere Frau kennengelernt habe und die Trennung wolle. Für Katja brach eine Welt zusammen.

Aber wenigstens zahlte er Unterhalt. Damit konnte sie eine Therapie finanzieren, die ihre Krankenkasse nicht übernahm.

Diese Therapie konnte sie leider nicht mehr beenden. Denn Torsten musste nach der Scheidung nur noch für sechs Monate den vollen Unterhalt bezahlen. Dann erhielt sie für eine Übergangszeit von einem Jahr monatlich nur noch 150 Euro, schließlich nichts mehr.

Da sie von ihrer Erwerbsunfähigkeitsrente allein nicht leben konnte, musste sie Hartz IV beantragen. Nicht lange lebte Katja von staatlicher Unterstützung. Zwei Jahre nach der Scheidung starb sie an ihrer Krankheit.

Die Ehe ist eine Schicksalsgemeinschaft. Und trotzdem kann es sein, dass man seinem Schicksal selbst überlassen wird. Das ist der Fall, wenn es sich ein Ehegatte entgegen seinem Eheversprechen anders überlegt, sich in schlechten Zeiten verabschiedet und die Scheidung einreicht.

Grundsätzlich muss jeder Ehegatte nach einer Scheidung selbst für seinen Unterhalt aufkommen. Ist er dazu nicht in der Lage, kann er gegenüber dem geschiedenen Ehegatten nachehelichen Unterhalt geltend machen, wenn bestimmte gesetzliche Voraussetzungen erfüllt sind. So kann beispielsweise Unterhalt beansprucht werden bei der Betreuung ehegemeinsamer Kinder, bei Erwerbslosigkeit, oder Krankheit etc.

Das Gesetz sieht nunmehr – auch für den Unterhalt wegen Krankheit – eine zeitliche Befristung und Begrenzung der Höhe nach vor, wenn ein dauerhafter und unbeschränkter Unterhaltsanspruch unbillig wäre. Ausschlaggebend ist, inwieweit durch die Ehe Nachteile für den Unterhaltsberechtigten eingetreten sind, für den eigenen Unterhalt zu sorgen. In der Regel wird der Unterhalt nicht mehr lebenslang, sondern nur für eine Übergangszeit gewährt, bis die auf die Ehe zurückzuführenden Nachteile weitestgehend ausgeglichen sind und der Bedürftige wieder selbst ausreichend für seinen Unterhalt sorgen kann. Ehebedingte Nachteile können sich vor allem aus der während der Ehe zwischen den Ehepartnern vereinbarten Gestaltung von Haushaltsführung und Erwerbstätigkeit, der Kindererziehung oder aber aus der Dauer der Ehe ergeben.

Nur wenn die ehebedingten Nachteile über das Ende der Ehe hinaus fortwirken, scheidet eine Befristung aus. So ist eine lebenslange Beibehaltung des ehelichen Lebensstandards dann angemessen, wenn die Ehe lange gedauert hat, wenn aus ihr gemeinsame Kinder hervorgegangen sind, die der Unterhaltsberechtigte betreut hat, wenn er wegen der Ehe erhebliche berufliche Nachteile in Kauf genommen hat oder sonstige Gründe für eine den Verhältnissen in der Ehe entsprechende Lebensstandardgarantie sprechen.

Eine Krankheit gehört grundsätzlich nicht zu den ehebedingten Nachteilen. Ein solcher Nachteil liegt im Zusammenhang mit einer Erkrankung nur dann vor, wenn der bedürftige Ehegatte durch die Ehe nicht in der

Lage war, entsprechend vorzusorgen. In der Regel werden diese Nachteile allerdings über den Versorgungsausgleich ausgeglichen (siehe § 6, Grund 43). Insofern wird nur in Ausnahmefällen eine Krankheit als ehebedingt zu werten sein, selbst dann, wenn sie in der Ehe entstanden ist.

Da eine Krankheit und die dadurch bedingte Erwerbsunfähigkeit meist eine schicksalhafte Entwicklung darstellt, ist eine dauerhafte Unterhaltsverantwortung des geschiedenen Ehegatten für das Krankheitsrisiko des anderen nicht ohne Weiteres zu rechtfertigen. Bei einer Billigkeitsabwägung kann deshalb der Unterhalt wegen Erkrankung zunächst im Hinblick auf die Höhe begrenzt und später zeitlich befristet werden.

Der kranke Ehegatte muss dann selbst für seinen Unterhalt sorgen. Sofern er keine oder eine geringe Erwerbsunfähigkeitsrente erhält, bleibt ihm nichts anderes übrig, als von staatlicher Unterstützung zu leben.

45. Rache ist teuer

Mit dieser Grippe konnte Pia unmöglich bis Dienstschluss arbeiten. Da der Husten immer schlimmer wurde, meldete sie sich bei ihrem Chef krank. Als sie nach Hause kam, wollte sie sofort ins Bett und sich auskurieren. Sie schleppte sich in den ersten Stock, wo sich das Schlafzimmer befand. Dort stellte sie entsetzt fest, dass ihr Ehebett bereits besetzt war. Von ihrem Ehemann und einer anderen Frau. Erst als sie einen Schuh auf das Liebespaar schleuderte, wurde sie von Stefan bemerkt.

Noch am gleichen Tag warf sie ihn aus dem Haus. Zwei Koffer gab sie ihm mit, darin befanden sich seine Kleidungsstücke, die sie vorher fein säuberlich zerschnitten hatte.

Ihr Hass und ihre Wut wurden immer größer, als sie erfuhr, dass sich ihr Ehemann regelmäßig mit dieser Frau im Ehebett vergnügt hatte. Seit zwei Jahren schon hatte er diese Affäre, machte der Geliebten teure Geschenke. Jetzt verstand Pia auch, warum er mit ihr nicht mehr schlafen wollte. Er verausgabte sich regelmäßig bei seiner Geliebten.

Erst als Pia wenige Tage später das Finanzamtsgebäude verließ, fühlte sie sich besser. Vor allem weil sie erfahren hatte, dass gegen ihren Ehemann aufgrund ihrer Anzeige wegen Steuerhinterziehung sofort die Steuerfahndung auf den Plan gerufen wurde. Seinen gesamten Betrieb stellten sie auf den Kopf, Computer und Geschäftsunterlagen wurden beschlagnahmt. Sie freute sich. Ihr Mann musste nun am eigenen Leib erfahren, wie es sich anfühlte, wenn einem von heute auf morgen der Boden unter den Füßen weggezogen wurde.

Als Nächstes wollte sie verhindern, dass ihr Ehemann bei der Scheidung eine Ausgleichszahlung von ihr erhielt. Sie hatte sich bereits bei einem Anwalt erkundigt. Wegen ihres Sparguthabens von 200.000 Euro müsste sie ihrem Mann die Hälfte abgeben. Kurzerhand hob sie das gesamte Geld ab. Auf keinen Fall wollte sie zulassen, dass Stefan nur einen Cent davon bekam. Zu Hause angekommen zündete sie den offenen Kamin im Wohnzimmer an. Genüsslich warf sie Schein für Schein in die Flammen. Das gesamte Geld verbrannte. Die Asche füllte Pia in eine Glasflasche und schickte sie Stefan zu. Sie war glücklich, dass sie es ihrem Ehemann so richtig heimgezahlt hatte.

Nicht glücklich, aber erleichtert war Stefan, dass er an Pia aufgrund ihrer Strafanzeige beim Finanzamt keinen Unterhalt bezahlen musste. Außerdem erhielt er von Pia 100.000 Euro als Zugewinnausgleich. Dass das Geld verbrannt war, spielte keine Rolle. Gerade einmal die Geldstrafe wegen Steuerhinterziehung und die Nachzahlung an das Finanzamt konnte er davon leisten. Von dem Geld blieb also nichts. Weder für Stefan noch für Pia.

Nicht selten trennen sich Ehegatten im Streit. Emotionen kochen hoch und so mancher Ehegatte findet seine Lebensaufgabe darin, dem anderen das Leben zur Hölle zu machen. Übersehen wird dabei, dass Racheaktionen oftmals nicht ohne Konsequenzen bleiben. Sie können ungeahnte Nebenwirkungen haben.

Sofern beispielsweise aus Rache Strafanzeige gegen den anderen Ehegatten wegen Steuerhinterziehung erstattet wird, nur um dessen Einkommens- und Vermögenssituation zu gefährden, führt dies in der Regel dazu, dass ein an sich gegebener Unterhaltsanspruch wegen grober Unbilligkeit versagt, beschränkt oder herabgesetzt wird. Gleiches gilt unter anderem bei Denunziation beim Arbeitgeber mit dem Ziel des Arbeitsplatzverlustes, bei wissentlich falschen Anzeigen oder schweren Straftaten.

Auch bei der Vermögensauseinandersetzung kann man eine böse Überraschung erleben, wenn man versucht, den anderen um seine Ausgleichsansprüche zu bringen, indem man Vermögen beiseite schafft. Grundsätzlich ist bei Beendigung des gesetzlichen Güterstandes durch Scheidung der Zugewinn auszugleichen, der während der Ehe entstanden ist. Insofern muss derjenige Ehegatte, der im Hinblick auf sein Vermögen während der Ehe einen Überschuss erzielt hat, die Hälfte davon an den anderen bezahlen. Zur Ermittlung der genauen Ausgleichssumme wird für jeden eine Vermögensbilanz erstellt. Hier sind zwei Stichtage relevant, und zwar der Tag der Eheschließung (Anfangsvermögen) und der Tag, an dem einem der Ehegatten der Scheidungsantrag zugestellt wurde (Endvermögen). Der Zugewinn eines jeden Ehegatten ist der Betrag, um den das Endvermögen das Anfangsvermögen übersteigt.

Für Erbschaften und Schenkungen während der Ehe besteht die Besonderheit, dass diese vermögensmäßig zwar im Endvermögen vorhanden sind, aber dem Anfangsvermögen hinzugerechnet werden, sodass sie sich in der Regel nicht auswirken. Zeigen die Vermögensbilanzen, dass ein Ehegatte einen höheren Zugewinn als der andere erwirtschaftet hat, muss jener die Hälfte des Mehrbetrags an den anderen als Zugewinnausgleich bezahlen.

Da ausschlaggebend für die Berechnung des Zugewinns das Vermögen bei Zustellung des Scheidungsantrags ist, versuchen viele Ehegatten, ihr Vermögen bis zu diesem Zeitpunkt zu verringern. Damit soll der Zugewinn so geschmälert werden, dass der andere keine Ausgleichsansprüche mehr hat. Um dies zu verhindern, sieht das Gesetz vor, dass illoyale Vermögensminderungen unberücksichtigt bleiben. Also wird dem Endvermögen eines Ehegatten trotzdem der Betrag hinzugerechnet, um den das Vermögen sich durch eine solche Handlung vermindert hat. Beispiele sind grundlose Schenkungen (die Geliebten bekommt teure Geschenke), Vermögensverschwendung (etwa wenn das gesamte Barvermögen für einen unverhältnismäßig teuren Thailandurlaub verbraucht wird, während sich die Familie sonst nur einen Urlaub auf dem Campingplatz leistete) oder wenn das Vermögen in Benachteiligungsabsicht vermindert wurde (zum Beispiel durch Zerstören von Wertgegenständen aus Wut und Enttäuschung über das Scheitern der Ehe). Sofern Vermögen aufgrund solcher Handlungen beim Stichtag nicht mehr vorhanden ist, wird es trotzdem in die Vermögensbilanz mit aufgenommen und ist daher auszugleichen. Das gilt übrigens auch für Vermögen, das zwischen dem Zeitpunkt der tatsächlichen Trennung und dem Zustellen des Scheidungsantrags „verloren“ geht. In diesem Fall unterstellt der Gesetzgeber eine illoyale Handlung und es tritt die oben beschriebene Folge ein.

> Der Gesetzgeber hat also ausreichend Vorsorge für den Fall getroffen, dass ein Ehegatte dem anderen bewusst schaden will. Übersteigen solche Aktionen ein gewisses Maß, kann man sich also selbst wesentlich mehr schaden als dem anderen.

46. Wie gewonnen, so zerronnen

Endlich Ruhe. Seit sechs Monaten kein Schreiben mehr vom Amtsgericht. Keine gerichtlichen Verfahren mehr. Langsam fiel von Josef die Last der letzten Jahre ab. Der Rosenkrieg mit seiner Frau hatte ihn viel Kraft gekostet. Und Geld.

Jede Gelegenheit hatte sie genutzt, um ihn vor Gericht zu zerren. Sie konnte es nicht ertragen, dass er sich von ihr getrennt und die Scheidung eingereicht hatte. Aber so wollte er nicht weiterleben. Zu sagen hatten sie sich schon lange nichts mehr. Auch die Kinder ahnten längst, dass die Ehe ihrer Eltern gescheitert war. Warum diese also künstlich aufrechterhalten?

Als Josef eine andere Frau kennenlernte, ging der Terror los und sie überhäufte ihn mit Klagen. Bis zuletzt waren es 24 gerichtliche Verfahren. In einigen wurden sogar kostspielige Sachverständigengutachten eingeholt. Seine Frau konnte sich das viele Streiten leisten, denn sie erhielt Verfahrenskostenhilfe und musste keinen Cent selbst bezahlen. Denn der Staat trug die Gerichtskosten, ihre Anwaltskosten und die Sachverständigenkosten. Das machte seiner Frau das Streiten leicht und sie verlor jede Hemmschwelle, meinte sein Anwalt.

Aber damit war nun Schluss. Bei der Scheidung wurde ihr ein Zugewinn von 100.000 Euro zugesprochen. Auch in diesem Verfahren hatte sie mit harten Bandagen gekämpft. Es mussten mehrere Gutachten eingeholt werden, weil sie keinen Cent nachgeben wollte.

Es fiel ihm nicht leicht, an sie so viel Geld zu bezahlen. Aber letztlich brachte ihm diese Zahlung endlich Ruhe. Denn als seine Exfrau das Geld erhielt, wurde die ihr bewilligte Verfahrenskostenhilfe aufgehoben. Auch rückwirkend für all die Verfahren, die sie seit der Trennung eingeleitet hatte. Sie musste an den Staat 80.000 Euro zurückzahlen. So viel kosteten all die Verfahren, die sie auf Staatskosten angezettelt hatte. Von den 100.000 Euro blieben ihr nur noch 20.000 Euro übrig.

Seitdem hatte er von seiner Exfrau nichts mehr gehört. Das restliche Geld war ihr offensichtlich zu schade, um es weiter zu „verstreiten".

Streiten vor Gericht kostet bekanntermaßen Geld. Da Rechtschutzversicherungen im Regelfall scheidungs- oder sonstige familiengerichtliche Verfahren nicht finanzieren, müssen sie aus eigener Tasche bezahlt werden.

Sofern es einer Person mit geringem Einkommen nicht möglich ist, die Kosten hierfür aufzubringen, kann über die Verfahrenskostenhilfe finanzielle Unterstützung durch das Gericht gewährt werden. Die Kosten werden dann vom Staat getragen und umfassen in der Regel die Gerichtskosten, Auslagen für Zeugen, Sachverständigenkosten und die Gebühren des eigenen Anwalts. Die Kosten des gegnerischen Anwalts werden von der Verfahrenskostenhilfe nicht umfasst. Darauf bleibt man also sitzen, wenn man das Verfahren verliert und vom Gericht verpflichtet wird, die Anwaltskosten des Kontrahenten zu bezahlen.

Voraussetzung für die Bewilligung von Verfahrenskostenhilfe ist zum einen die hinreichende Erfolgsaussicht. Diese liegt vor, wenn der Richter nach dem Studium der Akten zu der Auffassung gelangt, dass das Verfahren wahrscheinlich gewonnen wird. Weitere Voraussetzung ist, dass der Antragsteller mithilfe eines amtlichen Formulars nachweist, dass er finanziell nicht in der Lage ist, die Kosten des Rechtsstreits zu tragen. Bei der Beurteilung sind alle verfügbaren Geldmittel und das Vermögen zu berücksichtigen (Arbeitseinkommen, Kindergeld, Arbeitslosengeld, Rente, Sparguthaben, Hausgrundstück, Lebensversicherung etc). Nur wenn man den Rechtsstreit unter keinen Umständen aus der eigenen Tasche zahlen kann, wird Verfahrenskostenhilfe gewährt. Beim Vermögen bleibt in der Regel ein Freibetrag ab 2600 Euro unangetastet. Der Freibetrag für den Antragsteller beim Einkommen beträgt derzeit 442 Euro monatlich und erhöht sich um weitere 201 Euro, wenn dieser erwerbstätig ist. Zusätzlich werden weitere Freibeträge für unterhaltsberechtigte Kinder gewährt. Sofern der individuell ermittelte Freibetrag nicht überschritten wird, erhält man Verfahrenskostenhilfe ohne Ratenzahlung. Übersteigt das Einkommen den Freibetrag, wird Ratenzahlung angeordnet. Die Höhe ergibt sich anhand einer speziellen Tabelle, die Höchstdauer der Zahlungsverpflichtung beträgt insgesamt 48 Monate.

Eine Änderung der gerichtlichen Entscheidung über die Verfahrenskostenhilfe ist innerhalb von vier Jahren nach Abschluss des Verfahrens möglich. In diesem Zeitraum können die persönlichen und wirtschaftlichen Verhältnisse erneut vom Gericht überprüft werden. Sofern sich in der Zwischenzeit die Einkünfte um circa 10 Prozent erhöht haben oder ein Vermögenserwerb eingetreten ist, zum Beispiel durch eine Zugewinnzahlung oder eine Erbschaft, können erstmals Raten angeordnet oder bereits festgesetzte Raten erhöht werden. Auch kann eine Einmalzahlung gefordert werden oder aber die sofortige Zahlung aller fälligen Kosten.

Schlimmstenfalls bleibt von dem Geld, das man sich gegen den anderen Ehegatten hart erstritten hat, fast nichts mehr übrig, wenn man nachträglich für alle Kosten aufkommen muss, die man über Jahre durch gerichtliche Verfahren produziert hat.

47. Vor Gericht gibt es keine Gerechtigkeit, nur Beschlüsse

Nicht im Traum hätte Reiner daran gedacht, dass ein Mensch solche Schmerzen ertragen kann. Schmerzen, die ihn Tag und Nacht quälten, ein ganzes langes Jahr lang. Acht Operationen und eine peinigende Reha lagen hinter ihm. In seinem Körper waren immer noch Schrauben und Platten. Aber er konnte sich wieder einigermaßen bewegen.

Vor drei Jahren war es passiert. Es sollte ein gemütlicher Motorradausflug mit seinen Freunden werden. Seiner Frau zuliebe hatte er die schnelle Straßenmaschine verkauft und sich dafür eine Harley geleistet. Damit fuhr er langsamer.

Trotzdem passierte es. Ein Fahranfänger übersah ihn einfach. Mit hoher Geschwindigkeit erfasste er Reiner und schleuderte ihn von der Straße in die Leitplanken. Reiner schrie vor Schmerzen. Er spürte jeden einzelnen gebrochenen Knochen in seinem Körper. Jeder Atemzug war eine Qual. Seine Freunde standen hilflos um ihn herum. Ihre verzweifelten Gesichter verhießen nichts Gutes. Es gelang ihnen, die Blutungen zu stoppen, sonst wäre er noch an der Unfallstelle gestorben. Dann wurde er bewusstlos. Als er zu sich kam, hörte er den Hubschrauber, der ihn mit schwersten Verletzungen in die Unfallklinik flog.

Dann folgte eine OP nach der anderen. Er verbrachte viele Monate in Kliniken. In dieser Zeit durchlebte er die Hölle.

Anfangs besuchte ihn seine Frau noch regelmäßig. Die Besuche wurden immer seltener und hörten dann ganz auf. Auch die Telefonate. Insgeheim war er froh. Die gute Laune seiner Frau konnte er nicht mehr ertragen. Als Reiner von der Reha nach Hause kam, teilte sie ihm mit, dass sie sich von ihm trennen werde. Es war ein kleiner Trost, als ihm die Versicherung des Unfallverursachers ein Schmerzensgeld in Höhe von 350.000 Euro überwies. Dieser Betrag war zwar lange nicht geeignet, all die Schmerzen ausgleichen, die er so lange Zeit ertragen musste. Aber immerhin konnte er sich nunmehr einige Wünsche erfüllen, die ihm ein Stück Lebensfreude zurückbringen sollten.

Wie gelähmt war Reiner, als er bei der Scheidung mit der Forderung seiner Ehefrau konfrontiert wurde. Sie wollte von ihm die Hälfte des Schmerzensgeldes, also 175.000 Euro. Er glaubte an einen schlechten Scherz. Immerhin war er es, den man halb tot gefahren hatte. Und es war sein Leben, das durch den Unfall von einem Tag auf den anderen auf den Kopf gestellt worden war.

Der Richter hatte Verständnis, verwies allerdings auf die Rechtslage. Er verurteilte ihn zur Zahlung der geforderten Summe. Ihm blieb von dem Schmerzensgeld nur noch die Hälfte.

Im gesetzlichen Güterstand der Zugewinngemeinschaft ist bei der Scheidung der Zugewinn auszugleichen, der während der Ehe entstanden ist (siehe §6, Grund 45). Bei der Ermittlung des Anfangsvermögens (Tag der Eheschließung) und des Endvermögens (Zustellung des Scheidungsantrags) sind alle vorhandenen Vermögenswerte anzusetzen. Davon gibt es nur wenige Ausnahmen, die im Gesetz geregelt sind. Abgesehen hiervon wird auf den Vermögenszufluss beziehungsweise auf den -abfluss während der Ehe nicht abgestellt, es spielt also keine Rolle, woher das Geld kommt. Ausschlaggebend ist einzig und allein, welches Vermögen an den Stichtagen vorhanden ist.

Ist ein Ehegatte verpflichtet, an den anderen einen Zugewinn zu bezahlen, kann er in Ausnahmefällen ein Leistungsverweigerungsrecht geltend machen. Er darf das Erfüllen der Ausgleichsforderung verweigern, wenn der Ausgleich nach den konkreten Umständen grob unbillig wäre. Das ist beispielsweise der Fall, wenn der Ausgleichsberechtigte während der Ehe über längere Zeit hinweg seine wirtschaftlichen Verpflichtungen schuldhaft nicht erfüllt und keinen Beitrag zum Familienunterhalt geleistet hat. Aber auch Fehlverhalten eines Ehegatten im persönlichen Bereich kann zur Herabsetzung oder zum Wegfall des Zugewinnausgleichs führen. Bei ehelicher Untreue (einmalig oder kürzer dauernd) trifft das in der Regel nicht zu, außer bei exzessiv ehezerstörerischem Verhalten oder bei Unterschieben von mehreren Kindern, für die der Ehemann in Unkenntnis der wahren Vaterschaft während der Ehe aufgekommen ist.

Sofern Schmerzensgeld bei der Zustellung des Scheidungsantrags an den Berechtigten schon gezahlt wurde, gehört es grundsätzlich zu seinem Endvermögens. Es unterliegt folglich dem Zugewinnausgleich, auf ein Leistungsverweigerungsrecht kann sich der verletzte Ehegatte im Regelfall nicht berufen. In diesem Fall verneint der Bundesgerichtshof das Vorliegen einer groben Unbilligkeit. Begründet wird dies damit, dass auch der andere Ehegatte durch einen Unfall und die Folgen persönlich, insbesondere psychisch mitbetroffen ist, solange die eheliche Lebens- und Schicksalsgemeinschaft besteht. Unfall und Unfallfolgen bedeuten insofern auch für den anderen Ehegatten einen schwerwiegenden Einschnitt in seine Lebensgestaltung und -planung. Das Schmerzensgeld ist deswegen beim Zugewinnausgleich zwischen den Ehegatten zu teilen.

Keine Rolle für den Anspruch spielt es übrigens, wenn den ausgleichsberechtigten Ehegatten überwiegend die Verantwortung dafür trifft, dass Beziehungsstörungen und persönliche Konflikte nach dem Unfall entstanden sind. Selbst wenn der Verletzte vom anderen wegen den Unfallfolgen verlassen wird, hat dieser trotzdem den vollen Ausgleichsanspruch.

48. Das Familienheim als Schuldenfalle

Als Alexander sie kennenlernte, beeindruckte ihn ihre taffe Art.

Besonders taff war sie, als sie ihn abservierte. Nach fünf Ehejahren und mit zwei gemeinsamen Kindern. Sie hatte gleich wieder einen Neuen. Dieser ging im gemeinsamen Familiendomizil ein und aus, nachdem Alexander ausgezogen war. Er wollte sich gar nicht ausmalen, was noch alles in dem Haus passierte, für das er die monatlichen Tilgungsraten bezahlte. Er selbst konnte sich nicht einmal eine eigene Wohnung mieten. Er musste für die Kinder und seine Ehefrau hohe Unterhaltszahlungen leisten. Um keinen Cent hatte sie bei der Gerichtsverhandlung nachgegeben.

Als er aus gesundheitlichen Gründen nicht mehr in der Lage war, seinen Nebenjob auszuüben, konnte er nicht mehr allen Zahlungsverpflichtungen nachkommen. So schnell wie möglich wollte er die Schulden bei der Bank loswerden, die ihn monatlich sehr belasteten. So suchte er einen Käufer für die Immobilie und fand ihn schnell: eine junge Familie, die einen guten Preis bot. Beim Verkauf hätte sich zwar kein Gewinn ergeben. Aber immerhin hätte es gereicht, um die Bankschulden vollständig zurückzuzahlen. Seine Hoffnung auf finanzielle Entlastung zerschlug sich bald. Denn seine Ehefrau teilte ihm mit, dass sie als Miteigentümerin mit einem Verkauf des Hauses zu dem angebotenen Preis nicht einverstanden war. Sie wollte das Haus nur mit Gewinn veräußern.

Monate gingen ins Land. Sie lebte im Haus, Alexander bezahlte die Raten und den Unterhalt. Als sein Erspartes aufgebraucht war, konnte er sich den Kredit für das Haus nicht mehr leisten. Erst als die Bank die Zwangsversteigerung androhte, war seine Ehefrau zum Verkauf bereit. Wieder kam die junge Familie ins Spiel, die schon einmal Interesse gezeigt hatte. Nur mit dem Unterschied, dass sie jetzt ein Sechstel weniger zahlen wollte. Wohl oder übel musste das Haus zum Schleuderpreis verkauft werden. Übrig blieb für beide ein Schuldenberg. Als seiner Ehefrau zu guter Letzt bei der Scheidung Zugewinn zugesprochen wurde, war er finanziell ruiniert. Bis ins hohe Alter hätte er seine Schulden abbezahlen müssen. Zusätzlich zum laufenden Unterhalt. Ein Ding der Unmöglichkeit. Schweren Herzens entschloss er sich, ein Insolvenzverfahren einzuleiten. Dazu hatte ihm sein Anwalt dringend geraten. Sofort wurde die Zwangsvollstreckung eingestellt, die seine Exfrau und die Bank zwischenzeitlich in die Wege geleitet hatten.

Ein großer Stein fiel ihm vom Herzen, als er nach sechs Jahren seine gesamten Schulden aus der Ehe los war. Endlich konnte er ganz neu anfangen.

Junge Ehepaare setzen den Grundstein für ihren späteren Ruin oftmals durch den vollfinanzierten Erwerb eines Familienheims. Auf Biegen und Brechen wollen sie für sich und die künftigen Kinder ein eigenes Nest schaffen, selbst wenn kein oder nur geringes Eigenkapital vorhanden ist. In der Regel wird das Eigentum am Familienwohnheim in Form von hälftigem Miteigentum beider Ehegatten begründet, das heißt, jeder Ehegatte ist als hälftiger Eigentümer im Grundbuch eingetragen. Die Kreditverträge werden in diesen Fällen von beiden unterzeichnet mit der Folge, dass sie als Gesamtschuldner gegenüber der Bank haften.

Dabei nehmen viele Ehegatten in Kauf, dass sie sich oftmals bis zum Renteneintritt verschulden, je nachdem, auf welchen Zeitraum die Finanzierung ausgelegt ist. All das geht so lange gut, bis nicht etwas Unvorhergesehenes passiert und die monatlichen Kreditraten nur noch mit Mühe bezahlt werden können. Beispielsweise weil ein Einkommen wegfällt durch Arbeitslosigkeit, Krankheit oder weil Kinder früher geboren werden als ursprünglich geplant. Was viele junge Ehepaare auch nicht berücksichtigen, ist der Fall der Trennung oder Scheidung. Heutzutage dauert eine Ehe im Durchschnitt nicht einmal mehr 15 Jahre. Im

Gegensatz dazu laufen die Kredite bei der Bank um ein Vielfaches länger, oft bis zur Rente.

Da die monatlichen Kreditverbindlichkeiten meist relativ hoch sind und bei einer Trennung oder Scheidung zusätzlich Unterhaltszahlungen an Kinder und Ehegatten anfallen, stellt das finanzierte Familienwohnheim häufig ein zentrales Problem dar. Idealerweise finden die Ehegatten eine einvernehmliche Lösung, indem etwa die Immobilie veräußert und der Erlös nach Tilgung der Schulden aufgeteilt wird. Oder ein Ehegatte übernimmt die Immobilie samt Schulden und zahlt den anderen aus.

Wird keine einvernehmliche Lösung gefunden und muss der ausgezogene Ehegatte neben den Schulden noch Unterhalt und Miete für eine eigene Wohnung bezahlen, kann ihn das finanziell schnell überfordern. Er wird bestrebt sein, die Immobilie zu veräußern und damit die Schulden möglichst schnell loszuwerden. Dies geht aber nur gemeinsam mit dem Expartner. Wenn man sich also über den Hausverkauf, zum Beispiel den Zeitpunkt oder die Höhe des gewünschten Preises, nicht einig wird, kann eine Veräußerung nicht erfolgen. Die Schulden müssen dann weiter abbezahlt werden.

Hier kommt als letzte und meist unwirtschaftlichste Art der Auseinandersetzung die Teilungsversteigerung in Betracht. Dadurch kann ein Miteigentümer die zwangsweise Auseinandersetzung der Gemeinschaft über das Familienheim betreiben, was jedoch meist mit erheblichen Vermögenseinbußen verbunden ist. Nicht selten bleibt nach einer solchen Verwertung ein Schuldenberg, für den beide Ehegatten haften. Wenn dieser Berg zu groß ist, bietet oftmals die Privatinsolvenz den einzigen Ausweg.

49. Keine Gnade für Rentner

Schweren Herzens unterzeichnete Arno den Notarvertrag. Niemals hätte er gedacht, dass er das Haus je verkaufen müsste. Vor langer Zeit hatte er es von seinen Eltern geerbt. Viele Jahre lebte er dort glücklich mit seiner Frau und den Kindern. Sie führten ein gutes Leben. Erna war zu Hause, kümmerte sich um die Kinder und das Haus. Arno war ein fleißiger Arbeiter. Mit seinem Einkommen konnten sie zwar keine Luftsprünge machen, aber es reichte, um zufrieden zu leben.

Ein Jahr, nachdem er in Rente gegangen war, trennte sich seine Frau von ihm. Nach dem Ende des Trennungsjahres reichte sie die Scheidung bei Gericht ein.

Beim Gerichtstermin überkamen Arno Existenzängste. Er hatte nicht gewusst, dass ihm gleich bei der Scheidung so viel von seiner Rente gekürzt wurde. Fast die Hälfte. Und das, obwohl Erna noch arbeitete und erst in zwölf Jahren Rente beantragen würde. Abgezogen wurde es ihm trotzdem gleich, auch wenn seine geschiedene Ehefrau davon noch keinen Vorteil hatte. Arno wies den Familienrichter vergeblich darauf hin, dass er doch ohnehin nur eine geringe Rente erhielt. Von der Hälfte könne er nicht leben, dann hätte er weniger als jeder Hartz IV-Empfänger. Er bat darum, ihm die volle Rente zumindest so lange zu lassen, bis seine geschiedene Ehefrau selbst davon profitierte. Vorher sei der Abzug völlig ungerecht. Erna sah das auch so und war mit seinem Vorschlag einverstanden. Sie wollte auf keinen Fall, dass ihr Ehemann nach der Scheidung zum Sozialfall wurde.

Der Familienrichter hatte Verständnis für Arnos Situation. Aber er konnte nicht anders entscheiden. So wurde seine Rente sofort gekürzt. Und zwar fast um die Hälfte.

Nachdem das Haus verkauft und der Erlös verbraucht war, musste Arno Hartz IV beantragen. Und das, obwohl er sein Leben lang fleißig gearbeitet hatte.

Rentner können bei einer Scheidung eine böse Überraschung erleben. Denn ihr einstiges „Rentnerprivileg" beim Versorgungsausgleich wurde vor einigen Jahren vom Gesetzgeber aufgehoben.

Den Versorgungsausgleich führt das Familiengericht im Rahmen des Scheidungsverfahrens durch und teilt die während der Ehezeit erwirtschafteten Rentenanwartschaften zwischen den Ehegatten hälftig auf (siehe §6, Grund 43). Dieser Wertausgleich führt zu einer sofortigen und dauerhaften Veränderung der Versorgungsverhältnisse der früheren Ehegatten, sobald die Scheidung rechtskräftig ist. Dies bedeutet, dass die Rente eines Ausgleichspflichtigen selbst dann gekürzt wird, wenn der Ausgleichsberechtigte davon keinen Vorteil hat, etwa weil er noch gar keine Rente bezieht.

Anders war dies bis zur Gesetzesreform im Jahr 2009. Bis dahin konnte ein Rentner seine Rente so lange in voller Höhe beziehen, bis der geschiedene Ehegatte ebenfalls in Ruhestand ging und vom Ausgleich profitierte. Der Versorgungsausgleich wurde also aufgeschoben bis zum Renteneintritt des Berechtigten. Das „Rentnerprivileg" trug insbesondere dem Umstand Rechnung, dass Rentner ihre Versorgung nicht mehr ausbauen und die Kürzung nicht mehr wettmachen können. Es wurde jedoch 2009 ersatzlos gestrichen mit dem Argument, dass es keinen Bedarf mehr für eine Sonderstellung von Rentnern gebe. Eine Ausnahme besteht nur noch für die Fälle, in denen der Rentner Unterhalt an den geschiedenen Ehegatten bezahlt. Dann nämlich kann auf Antrag der Unterhalt von der Rentenkürzung abgezogen werden.

Liegt dieser Sonderfall nicht vor, wird der Versorgungsausgleich bei Rentnern gnadenlos durchgeführt, auch wenn der Ausgleichsberechtigte davon noch nicht profitiert.

Einzig und allein profitieren die Rentenkassen, die durch den Wegfall des Rentnerprivilegs erheblich entlastet wurden. Denn sie können dem Rentner sofort die Bezüge kürzen, müssen den Betrag allerdings noch nicht an den Ausgleichsberechtigten zahlen, wenn dieser noch keine Rente bezieht. Das Geld verbleibt also in der Rentenkasse und ist sowohl für den Ausgleichsberechtigten als auch für den Ausgleichspflichtigen verloren.

§7 Kinder als Verlierer im Kampf der Eltern um Macht und Geld

Dass um Kinder gestritten wird, ist kein typisches Phänomen nur für eheliche Auseinandersetzungen. Auch bei der Auflösung nichtehelicher Lebensgemeinschaften gibt es Streit ums Sorge- und Umgangsrecht der Kinder.

Der Unterschied liegt aber darin, dass Kinder bei ehelichen Auseinandersetzungen von ihren Eltern gern als Mittel zum Zweck im Kampf um Macht und Geld benutzt werden. Somit zeichnen sich Sorgerechts- und Umgangsverfahren, wenn sie zwischen Ehegatten betrieben werden, durch besondere Schärfe, Hartnäckigkeit und Rücksichtslosigkeit den eigenen Kindern, aber auch dem Ehepartner gegenüber aus. Bietet zum Beispiel ein Scheidungs- oder Unterhaltsverfahren kaum mehr die Möglichkeit, schmutzige Wäsche zu waschen, eröffnet sich in Sorge- und Umgangsverfahren für die Ehegatten ein weites Spielfeld, sich alle nur denkbaren Gemeinheiten und Bosheiten an den Kopf zu werfen. So können Sie sicher sein, dass alles, was Sie Ihrem Ehepartner während der Ehe anvertraut haben, später gegen Sie verwendet wird. Angefangen bei einer schlimmen Kindheit, die man möglicherweise noch nicht ganz aufgearbeitet hat, bis hin zu Jugendsünden.

Phänomenal in diesem Zusammenhang sind erstmals im Rahmen einer Trennung erhobene Vorwürfe eines Ehegatten, der andere wäre nicht erziehungsgeeignet. Auf die Frage hin, weshalb er einen solchen Menschen geheiratet, mit diesem Kinder in die Welt gesetzt und sie dem Erziehungsunfähigen so lange Zeit ausgesetzt habe, kommt oftmals gar keine beziehungsweise keine sinnvolle Antwort. Hier liegt die Vermutung nahe, dass es in den Verfahren nicht um die Kinder geht, sondern nur ums Geld.

Denn dorthin, wo die Kinder leben, fließt das Geld, und zwar in Form von Kindergeld, Kindesunterhalt und Betreuungsunterhalt für den Ehegatten. Auch hat der betreuende Elternteil bessere Karten vor Gericht, wenn es um den Verbleib im Familienheim oder die Zuweisung des Familien-Pkw geht. Um die eigenen finanziellen Interessen also besser durchsetzen zu können, entfacht oft der Streit über den Aufenthalt der Kinder. Sie können dann als überwiegend betreuender Elternteil eine böse Überraschung erleben, wenn Ihr Expartner nach der Trennung plötzlich meint, die Kinder wären bei ihm viel besser aufgehoben, und entsprechende Anträge beim Familiengericht stellt. Für die Kinder bedeuten solche Verfahren eine oder mehrere Befragungen durch das Jugendamt, den Verfahrensbeistand, durch Sachverständige und Familienrichter. Hinzu kommt die fortlaufende direkte oder indirekte Beeinflussung durch die eigenen Eltern, durch Großeltern oder Bekannte.

Wenn dann der Streit ums Sorgerecht endlich beendet ist, kann der Kampf beim Umgangsrecht weitergehen. So dienen Kinder oft als Druckmittel, indem der Umgang vom Wohlverhalten des Expartners abhängig gemacht wird. Den Streit der Eltern baden dann wieder einmal die Kinder aus, die vor Gericht im Umgangsverfahren Rede und Antwort stehen sollen. Dass sich dies häufig als seelische Grausamkeit und Missbrauch der Eltern gegenüber den Kindern erweist, wird dabei rücksichtslos in Kauf genommen. Die Folge ist, dass viele Kinder großen Schaden nehmen, was schlimmstenfalls durch psychische Erkrankungen, Verhaltensauffälligkeiten, Straftaten oder Drogenkonsum zutage tritt.

50. Dritter Geburtstag – ab in die Ganztagsbetreuung

Dicke Tränen liefen über sein Gesicht. Nils war drei Jahre alt. Die Erzieherin der Kita sagte zu seiner Mutter, es sei nicht mehr so schlimm. Das mit dem Abschied. Es gehe vielen Kindern so.

Geplant war alles ganz anders. Bei Nils' Geburt waren seine Eltern überglücklich, lange hatten sie auf ein Baby gewartet. Der Vater stellte in der ganzen Straße Schilder auf: „Willkommen, Nils, unser kleiner Prinz", alles war voller Luftballons, es gab ein großes Fest. Nils solle es an nichts fehlen, das versprachen sich seine Eltern. Auf ewig wollten sie für ihn da sein.

Plötzlich war alles anders. Der Vater verliebte sich in eine andere Frau und zog aus. Dann kam die Scheidung. Als Nils drei Jahre alt war, wollte sein Vater keinen Unterhalt mehr für die Mutter bezahlen. Sein Anwalt schrieb, „eine ganztägige Fremdbetreuung des Kindes in einer Einrichtung ist möglich und zumutbar". Das Gericht gab ihm recht. Die Mutter bekam jetzt nur noch wenig Unterhalt für sich und musste ganztags arbeiten.

Sie fehlte ihm. Erst am Abend holte sie ihn ab. Sie war dann müde von der Arbeit und musste sich noch um den Haushalt kümmern.

Er vermisste auch seinen Vater. Der hatte jetzt eine neue Frau. Sie war gerade schwanger, arbeitete nicht mehr. Sein Vater sagte, sie solle sich dann um die Familie, das Baby, kümmern.

So wie sich seine Mutter früher um Nils kümmern durfte.

Im Jahr 2012 waren laut Statistischem Bundesamt 143.022 minderjährige Kinder von der Scheidung ihrer Eltern betroffen. Viele dieser Kinder können nach der Scheidung nicht mehr überwiegend von dem Elternteil betreut werden, bei dem sie leben. Denn nur bis zum dritten Lebensjahr eines Kindes gewährt das Gesetz dem betreuenden Elternteil einen „Basisunterhalt". Im Anschluss daran besteht für diesen grundsätzlich eine Erwerbsobliegenheit, das heißt, er muss für seinen Unterhalt selbst aufkommen. Da es ab diesem Zeitpunkt keinen Vorrang der persönlichen Betreuung gegenüber der Betreuung durch staatliche Einrichtungen mehr gibt, müssen Kinder ganztags untergebraucht werden. Und zwar grundsätzlich ab dem dritten Lebensjahr. Der betreuende Elternteil hat meist keine Wahl und muss ganztags arbeiten, weil er keinen oder nur noch wenig Unterhalt vom geschiedenen Ehegatten erhält. Ausnahmen gibt es natürlich, aber diese muss sich der betreuende Elternteil hart erstreiten, indem er zum Beispiel vorträgt, dass eine ganztägige Betreuungsmöglichkeit nicht besteht. Oder aber dass das Kind aus bestimmten Gründen besonders betreuungsbedürftig ist und deshalb nicht den ganzen Tag fremduntergebracht werden kann.

Kinder stehen damit einmal mehr im Mittelpunkt des Unterhaltsstreits der Eltern und müssen zusätzlich zu Begutachtungen in Sorgerechts- und Umgangsverfahren jetzt eine weitere Begutachtung über sich ergehen lassen. Der Streit ums Geld wird also wieder auf dem Rücken der Kinder ausgetragen.

Dies ist Folge der Unterhaltsrechtsreform im Jahr 2008, die sich vor allem zum Ziel gesetzt hatte, das Kindeswohl zu stärken. Im Hinblick darauf, dass bis zu dieser Reform der betreuende Elternteil in der Regel erst ab dem 15. Lebensjahr des Kindes vollschichtig arbeiten musste, kann die Gesetzesänderung zum Betreuungsunterhalt mit seinen gravierenden Auswirkungen für Kinder nur als katastrophale Themaverfehlung bezeichnet werden. Einziger Gewinner der Reform ist der Unterhaltspflichtige, der ab dem dritten Lebensjahr des Kindes keinen oder nur noch wenig Betreuungsunterhalt an den geschiedenen Ehegatten bezahlen muss und dadurch erheblich entlastet ist.

Absolute Verlierer der neuen Regelung sind die Kinder, die nicht nur die Trennung der Eltern und somit den Verlust des einen Elternteils verkraften müssen, sondern ab dem dritten Lebensjahr auch noch den anderen Elternteil entbehren müssen, zumindest als überwiegende Betreuungsperson. Weiterer Verlierer ist der betreuende Elternteil, der nicht auf die während der Ehe praktizierte und vereinbarte Rollenverteilung sowie auf Absprachen zu Kinderbetreuung und Erwerbstätigkeit vertrauen kann. Denn die ursprünglich gemeinsame Lebensplanung verliert nach der Scheidung grundsätzlich ihre Bedeutung. Einen besonderen Vertrauensschutz sieht das Gesetz nicht vor, weder für den geschiedenen Ehegatten noch für Kinder.

51. Wenn alles zu viel wird ...

Es war ein sonniger Frühlingstag. Ein Reh überquerte den Waldweg, auf dem Nele ihr Auto geparkt hatte. Wie kleine Engel saßen ihre drei Kinder auf der Rückbank und schliefen.

Tausend Gedanken schossen ihr durch den Kopf. Sie dachte an den Gerichtstermin, der am Nachmittag stattfinden sollte. Und an das Sachverständigengutachten, das vor einer Woche eingetroffen war. Das Familiengericht hatte es in Auftrag gegeben. Denn ihr Exmann hatte ein Jahr nach der Scheidung den Antrag gestellt, dass die Kinder künftig bei ihm und seiner neuen Frau leben sollten. Ihr Anwalt meinte, es sehe nicht gut aus. Sie müsse sich mit dem Gedanken anfreunden, dass die Kinder künftig beim Vater leben würden.

Zugegeben, sie war etwas chaotisch. Aber das lag an ihrer problematischen Kindheit, in der sie sexuell missbraucht wurde. Dennoch hatte ihr Exmann sie damals geheiratet und mit ihr drei Kinder in die Welt gesetzt. Er beschwerte sich nie über ihre Erziehungsmethoden. Sie tat alles für ihn und die Kinder. Viele Jahre lebten sie als glückliche Familie. Dann lernte er diese andere Frau kennen. Die Trennung war für Nele und die Kinder ein Schock. Ein noch größerer Schock war es allerdings, dass er so grausam und herzlos war und ihr die Kinder wegnehmen wollte. Er wusste doch genau, wie sehr sie an den Kindern hing und wie sehr sie die Kinder brauchte. Seit er das Verfahren bei Gericht eingeleitet hatte, erkannte sie ihren einstmals geliebten Ehemann nicht wieder. Alle Register zog er, um sie schlecht zu machen. Die Jugendsünden, die sie ihm anvertraut hatte, listete er peinlich genau auf, unter anderem dass sie als Teenager bisweilen einen Joint geraucht hatte. Ihre schlimme Kindheit wurde dazu benutzt, um sie als psychisch schwer angeschlagen und unfähig darzustellen, eigene Kinder zu erziehen. Auch ihr Zusammenbruch während der Trennungsphase wurde ausgeschlachtet, um darzulegen, dass sie emotional labil und nicht in der Lage sei, die Kinder ausreichend zu fördern. Ihr Exmann lobte sich selbst in den höchsten Tönen und versicherte, er und seine neue Ehefrau könnten den Kindern ein stabiles Umfeld bieten.

Mit Erfolg. Die Gutachterin gelangte zu dem Ergebnis, dass er besser erziehungsgeeignet sei als sie, die Mutter. Ein Wechsel der Kinder zum Vater wurde empfohlen. Nele sei zwar auch eine gute Mutter, allerdings solle ihr künftig nur ein 14-tägiges Umgangsrecht mit ihren Kindern zustehen.

Dies wollte sie nicht zulassen. Sie wollte den Kindern ersparen, von ihr, der Mutter, getrennt zu werden, um bei einem herzlosen Vater zu leben und bei einer Frau, die ihre Familie zerstört hatte. Nele drehte den Zündschlüssel des alten VW-Busses um und gab Gas. Die Abgase gelangten schnell durch den Schlauch, den sie am Auspuff des Fahrzeugs angebracht hat, ins Wageninnere.

Es dauerte nur eine halbe Stunde, dann waren sie tot. Nele und die drei Kinder. Der Gerichtsmediziner sagte, die Kinder hätten keinen qualvollen Tod gehabt, sie seien vorher mit Schlaftabletten betäubt worden. Von den giftigen Abgasen hätten sie nichts mitbekommen.

Als Neles Exmann am Grab vor den drei kleinen Särgen und vor Neles Sarg stand, fragte er sich, ob alles anders gekommen wäre, wenn er den Antrag beim Familiengericht nicht gestellt hätte. Die Antwort, die er darauf fand, sollte ihn sein ganzes Leben lang quälen.

Man möchte meinen, dass sich Menschen die Mutter oder den Vater ihrer künftigen Kinder sorgfältig aussuchen. Vor allem wenn sie mit dieser Person den Bund fürs Leben eingehen und beabsichtigen, ihre Kinder gemeinsam großzuziehen.

Betrachtet man jedoch so manches Sorgerechtsverfahren, wird man eines Besseren belehrt. Dann hat es den Anschein, das Schicksal habe einem Elternteil willkürlich irgendeine Person vor die Nase gesetzt, die in jeder Beziehung unfähig und ungeeignet ist, charakterlich auf niedrigster Stufe steht und eine absolute Zumutung für die Kinder darstellt. Denn so beschreiben sich Eltern oftmals gegenseitig in Sorgerechtsverfahren, wenn darum gestritten wird, bei wem die gemeinsamen Kinder künftig leben sollen. Grundsätzlich verbleibt es im Trennungsfall bei der gemeinsamen elterlichen Sorge. Insofern kann nur gemeinsam entschieden werden, ob die Kinder künftig bei dem einen oder anderen Elternteil leben sollen. Können sich die Eltern hierüber nicht einigen, beginnt der Streit um das Aufenthaltsbestimmungsrecht, einem Teilbereich der elterlichen Sorge. Falls es vom Familiengericht auf einen Elternteil übertragen wird, kann dieser den Wohnort des Kindes bestimmen, ebenso Angelegenheiten des alltäglichen Lebens, wie Schulalltag, Essensfragen, Kleidung, Fernsehkonsum oder den Besuch von Sportveranstaltungen.

Zu einem solchen Beschluss führt allerdings ein steiniger Weg, der oftmals von wechselseitigen Vorwürfen der Eltern geprägt ist. Denn es geht letztlich um die Frage, wer von den beiden Elternteilen sich besser für die Erziehung eignet. Viele betrachten dies als eine Art Wettbewerb und beschränken sich nicht darauf, die eigenen Vorzüge hervorzuheben, sondern stellen den anderen in ein möglichst schlechtes Licht und behaupten, er sei unfähig, Kinder zu erziehen.

Zentraler Maßstab, bei wem die Kinder künftig leben, ist das leibliche, geistige und seelische Wohl der Kinder. Was für das Kind am besten ist, entscheidet der Familienrichter. Angehört werden im gerichtlichen Verfahren die Eltern, das Kind und das Jugendamt. Häufig bestellt das Gericht für das Kind einen Verfahrensbeistand, der seine Interessen als „Anwalt des Kindes“ vertritt. Als Entscheidungshilfe für das Gericht wird in der Regel ein familienpsychologisches Gutachten eingeholt. Wer von den Eltern besser erziehungsgeeignet ist, prüft der Gutachter anhand verschiedener Kriterien. So spielt die Bindung der Kinder an ihre Eltern und Geschwister eine große Rolle. Ein weiteres Kriterium ist der Kontinuitätsgrundsatz, das heißt die Fortsetzung der bisherigen Betreuungssituation. Weiter wird geprüft, welcher Elternteil das bessere Erziehungskonzept aufweist, wer verlässlicher und stabiler ist, wer die Einheitlichkeit und Gleichmäßigkeit der Erziehung besser wahren, also die Kinder besser fördern kann. Auch die Bindungstoleranz, das heißt die Fähigkeit der Eltern, einen spannungsfreien Kontakt zum anderen zuzulassen, ist ein wichtiges Kriterium, ebenso wie der Kindeswille. Am Ende des Gutachtens wird dann ausgeführt, welcher der beiden Elternteile besser erziehungsgeeignet ist und es folgt die Empfehlung, bei wem die Kinder leben sollen. In der Regel orientiert sich das Gericht daran und überträgt das Aufenthaltsbestimmungsrecht auf den Elternteil, der aus seiner Sicht besser erziehungsgeeignet ist.

Keine Rolle spielen hier die Gefühle oder Empfindlichkeiten der Eltern. Wenn also die Eltern nicht in der Lage sind, gegenseitig Rücksicht auf ihre Gefühle zu nehmen, können sie dies vom Gericht erst recht nicht erwarten. Für die gerichtliche Entscheidung ist ausschließlich das Wohl der Kinder maßgeblich, nicht das Wohl der Eltern. Selbst wenn dies dem einen oder anderen noch so herzlos erscheinen mag.

Mit dieser Entscheidung müssen die Beteiligten dann leben. Und mit den Konsequenzen.

52. So leicht können Sie Ihr Sorgerecht verlieren

Die Jugendamtsmitarbeiterin nahm den kleinen Lian-Damien vorsichtig auf den Arm und trug ihn aus seinem Kinderzimmer. Begleitet wurde sie von zwei Polizeibeamten. Dann verließen sie die Stadtvilla und fuhren mit dem Kind weg. Zurück blieben die Eltern. Er Notar, sie Oberstudienrätin. Erst jetzt wurde ihnen bewusst, was sie angerichtet hatten.

Dabei war Lian-Damien ein absolutes Wunschkind. Gleich nach der Hochzeit vor zehn Jahren wollten sie sich ihren Kinderwunsch erfüllen. Immerhin waren beide nicht mehr die Jüngsten. Viele Jahre versuchten sie, auf natürlichem Wege ein Kind zu bekommen. Ihr Arzt riet schließlich zur künstlichen Befruchtung. Es war eine harte Zeit für beide. Nach mehreren Versuchen wurde sie schwanger. Zu diesem Zeitpunkt war ihre Beziehung allerdings schon auf dem Tiefpunkt angelangt. Die letzten Jahre waren einfach zu beschwerlich gewesen, alles drehte sich nur noch ums Kinderkriegen. Die Schwangerschaft gab ihrer Beziehung dann den Rest. Als sie im sechsten Monat war, trennten sie sich.

Noch bevor ihr Wunschkind geboren wurde, begannen sie, sich heftig vor dem Familiengericht zu streiten. Der werdende Vater wollte gegen den Wunsch seiner Ehefrau erzwingen, dass er bei der Geburt des Sohnes dabei sein durfte.

Kaum war das Kind geboren, stritten sie vor Gericht über die Wahl des Vornamens, sodann über die Auswahl des Kinderarztes und die Häufigkeit der Umgänge. Darauf folgte der Rechtsstreit über die Impfungen des Kindes, dann über die Auswahl der Tagesmutter und wo das Kind Weihnachten verbringen sollte. Nach einiger Zeit wollte der Vater durchsetzen, dass die Betreuung zwischen den Eltern hälftig aufgeteilt wurde. Als Nächstes wollte die Mutter verbieten lassen, dass seine neue Partnerin bei den Umgängen mit dem Kind dabei war. Kaum konnte das Kind sprechen, wurde es vor Gericht gezerrt und musste Rede und Antwort stehen, ob es lieber bei der einen oder dem anderen leben wollte. Gleich darauf kam der Streit, in welchem Land und wie lange das Kind Urlaub machen durfte. Zwischenzeitlich stritt man immer wieder um die Ausgestaltung des Umgangs. Zuletzt mussten die Übergaben des Kindes sogar vor der Polizeidienststelle erfolgen, da es immer häufiger zu Beschimpfungen und Handgreiflichkeiten der Eltern kam. Diese überhäuften sich gegenseitig mit Gerichtsverfahren, Geld spielte dabei keine Rolle. Jeder wollte Recht bekommen.

Recht bekamen sie am Ende beide nicht, sondern einen Beschluss des Familiengerichts. Diesmal mussten nicht sie das Gericht bemühen. Es wurde von Amts wegen tätig wegen Kindeswohlgefährdung. Das Gericht stellte fest, dass das seelische Wohl von Lian-Damien durch die fortlaufenden Streitereien der Eltern massiv gefährdet war. Da er auf die elterlichen Auseinandersetzungen mit erheblichen Verhaltensauffälligkeiten reagierte und sich eine psychische Erkrankung entwickelte, wurde den Eltern zum Schutz des Kindes sofort das Sorgerecht entzogen.

Lian-Damien kam in eine Pflegefamilie. Er brauchte viel Zeit und viele Therapien, bis er sich von seinen Eltern erholt hatte.

Leider müssen Kinder in manchen Fällen vor ihren eigenen Eltern geschützt werden, wenn von diesen eine Gefahr für das Kindeswohl ausgeht.

In solchen Fällen werden Familiengerichte von sich aus, also „von Amts wegen“ tätig.

Kenntnis von kindeswohlgefährdenden Umständen erlangen die Familiengerichte meist durch Meldungen der zuständigen Jugendämter. In manchen Fällen treten aber auch im Rahmen von Sorge- oder Umgangsverfahren Umstände ans Tageslicht, die eine Gefahr für die Kinder begründen. Oft liefern sich die Eltern gegenseitig ans Messer, indem sie einander schlechtmachen und als unfähig darstellen, Kinder zu erziehen. In manchen Fällen nehmen aber auch die elterlichen Streitigkeiten ein solches Ausmaß an, dass die Kinder erheblich in Mitleidenschaft gezogen werden und ihre seelische Gesundheit gefährdet ist. Zu ihrem Schutz kann es erforderlich sein, sie aus dem Schussfeld der Eltern zu nehmen, wenn auch nur vorübergehend.

Von Kindeswohlgefährdung ist auszugehen, wenn bei einem Kind bereits ein Schaden eingetreten ist oder sich deutlich abzeichnet, dass für die weitere Entwicklung des Kindes mit ziemlicher Sicherheit eine erhebliche Schädigung droht. Dies ist der Fall bei körperlichen Misshandlungen, Alkohol oder Drogensucht der Eltern, chaotischen Wohnverhältnissen, unverschuldeter Erkrankung etc. Aber auch wenn die Eltern heillos zerstritten sind, das Kind in die Konflikte einbezogen wird und sich bei ihm deutliche Defizite in der Persönlichkeitsentwicklung zeigen, ist von einer Gefahr für das Kind auszugehen. Das elterliche Fehlverhalten muss dabei ein solches Ausmaß erreichen, dass das Kind bei einem Verbleib in der Familie in seinem körperlichen, geistigen oder seelischen Wohl nachhaltig gefährdet ist.

Sofern die von den Eltern ausgehende Gefahr nicht anders abgewendet werden kann, etwa durch öffentliche Hilfen (Leistungen der Kinder- und Jugendhilfe), oder die Eltern hierzu aufgrund Starrsinnigkeit nicht willens oder in der Lage sind, ergreift das Familiengericht geeignete Maßnahmen.

> Als letztes Mittel entzieht das Familiengericht dem Elternteil, von dem die Gefahr ausgeht, die elterliche Sorge oder einen Teil davon (etwa das Aufenthaltsbestimmungsrecht). Werden beide Eltern vom Sorgerecht oder Teilbereichen ausgeschlossen, wird ein Vormund oder Pfleger bestellt, in der Regel das Jugendamt. Bei einer Kindeswohlgefährdung hat das zur Folge, dass die betroffenen Kinder von den Eltern getrennt und in einer Pflegefamilie oder einem Heim untergebracht werden müssen. Und zwar so lange, bis die Eltern keine Gefahr mehr für ihre Kinder darstellen.

53. Wie im Umgangsverfahren der Schuss nach hinten losgehen kann

Nervös ging Valentins Vater im Flur des Gerichtsgebäudes auf und ab. Der Achtjährige war gerade im Gerichtssaal und wurde vom Familienrichter angehört. Nach einer halben Stunde öffnete sich die Tür. Valentin kam mit gesenktem Kopf aus dem Sitzungssaal, seine Augen waren gerötet, Tränen liefen ihm über das Gesicht.

Der Anblick seines verzweifelten Sohnes brach dem Vater fast das Herz. Die Mutter beachtete das Kind nicht. Sie war damit beschäftigt, ihrem Exmann triumphierende Blicke zuzuwerfen. Immer noch war sie voller Hass, weil er sie damals verlassen hatte. Bis heute trug sie es ihm nach. Bei jeder Gelegenheit zerrte sie ihn vors Gericht. Oft ohne Erfolg. Nachdem die Scheidung abgeschlossen war, Unterhalt und Zugewinn geklärt waren, ging es bei Valentin weiter. Zuerst wurde um das Sorgerecht gestritten, dann um den Umgang. Erst vor einem halben Jahr hatte das Gericht einen Beschluss erlassen und die Besuchskontakte zwischen Valentin und seinem Vater festgelegt. Jetzt wollte seine Mutter, dass die Umgänge ausgesetzt wurden. Sie legte ein Attest vom Kinderarzt vor, dass Valentin nach den Umgängen immer krank war und mit Verhaltensauffälligkeiten reagierte. Es kam zu immer häufigeren Fehlzeiten in der Schule. Deshalb wollte sie, dass künftig keine Umgänge mehr stattfanden, sie meinte, dies wäre zum „Wohl des Kindes". Auch brachte sie vor, dass sich das Kind zuletzt immer öfter geweigert habe, den Vater zu besuchen.

Nachdem der Richter alle Beteiligten in den Sitzungssaal gerufen hatte, begann die Verhandlung. Siegessicher saß Valentins Mutter neben ihrem Anwalt.

Dies änderte sich schlagartig, als der Richter sie über die Anhörung des Kindes informierte.

Er berichtete, Valentin habe zu Beginn der Befragung von sich aus gesagt, dass er nicht mehr zum Vater wolle. Als der Richter nach dem Grund fragte, brach Valentin in Tränen aus. Das Kind erzählte, dass ihm die Mutter ein Smartphone versprochen hatte, wenn er dies vor Gericht so aussagte. Oft hatte ihn die Mutter gezwungen, den Vater anzurufen, um Umgänge abzusagen. Wenn er das nicht machen wollte, wurde sie böse und bestrafte Valentin. Sie drohte ihm sogar, seine Katze ins Tierheim zu geben. Valentin berichtete, dass die Umgänge mit seinem Vater immer sehr schön waren und er gern bei seinem Vater war. Sie unternahmen immer viel zusammen und hatten viel Spaß. Trotzdem wurde er nach den Umgängen oft krank. Schon beim Zurückbringen fingen schlimme Bauchschmerzen an, weil er wusste, was zu Hause auf ihn zukam. Haarklein wurde er jedes Mal über den Vater ausgefragt. Die Mutter wollte alles wissen. Und immer schimpfte sie über ihn. Dass er ein schlechter Vater sei, die Familie im Stich gelassen und nur andere Frauen im Kopf habe. Valentin tat das sehr weh. Zum Schluss sagte Valentin dem Richter, dass er viel lieber bei seinem Vater leben würde. Bei der Mutter halte er es nicht mehr aus.

Das Gericht wies den Antrag von Valentins Mutter auf Aussetzung des Umgangs ab.

Stattgegeben wurde allerdings in einem späteren Verfahren dem Antrag seines Vaters. Dieser beantragte unmittelbar nach der Verhandlung das Aufenthaltsbestimmungsrecht für seinen Sohn und erhielt es auch. Bauchschmerzen hatte Valentin seit dem Umzug zu seinem Vater nicht mehr; auch gab es keine Fehlzeiten mehr in der Schule.

Wenn bei einer Trennung nicht über das Sorgerecht gestritten wird, beginnt der Streit oftmals beim Umgangsrecht.

Grundsätzlich hat derjenige Elternteil, bei dem das Kind nicht lebt, ein Recht auf Umgang. Dies soll ihm ermöglichen, sich vom körperlichen und geistigen Zustand des Kindes und von seiner Entwicklung durch regelmäßige Treffen und Aussprachen zu überzeugen, die verwandtschaftlichen Beziehungen aufrecht zu erhalten, einer Entfremdung vorzubeugen und dem gegenseitigen Liebesbedürfnis gerecht zu werden. Da ein regelmäßiger Umgang für Kinder zu ihrer ungestörten Entwicklung wichtig ist, haben nicht nur Eltern ein Recht auf Umgang mit dem Kind. Auch Kinder haben ein Recht auf Umgang mit ihren Eltern.

Können sich die Eltern über diesen nicht einigen, entscheidet das Familiengericht. Maßstab ist das Kindeswohl. Über den Umfang und die Ausgestaltung gibt es keine gesetzlichen Vorschriften. In der Regel finden Besuchskontakte alle 14 Tage über das Wochenende statt, in den Schulferien (die Hälfte oder wochenweise) und an hohen Feiertagen (jeweils am zweiten). Den betreuenden Elternteil trifft dabei die Pflicht, den Umgang mit dem anderen Elternteil zu ermöglichen und jede Störung zu unterlassen. Sofern Widerstände beim Kind vorhanden sind, muss der betreuende Elternteil versuchen, diese abzubauen und eine positive Einstellung zum Umgang zu fördern. Aber auch den Umgangsberechtigten treffen Loyalitätspflichten. So darf der Umgang nicht dazu benutzt werden, den anderen Elternteil schlechtzumachen, über ihn zu schimpfen oder das Kind auszufragen. Wenn gegen diese Pflicht verstoßen wird, kann das dazu führen, dass Umgänge zum Schutz des Kindes nur noch in begleiteter Form, das heißt unter Aufsicht von Fachkräften, stattfinden. In extremen Fällen kann der Umgang sogar komplett ausgeschlossen werden, etwa wenn das Kind vom Umgangsberechtigten in einen dauernden Loyalitätskonflikt gebracht wird und dies zu massiven psychischen Belastungen beim Kind führt, oder bei sexuellem Missbrauch, Gewalttätigkeiten und Ähnlichem.

Falls Eltern gegen eine gerichtliche Umgangsregelung verstoßen, kann das Familiengericht gegen sie Ordnungsgeld oder Ordnungshaft anordnen. Auch können Schadensersatzansprüche für nutzlose Aufwendungen geltend gemacht werden, etwa wenn man eine gebuchte Reise nicht antreten kann, weil das Kind nicht herausgegeben wird.

Bei schwerwiegendem Fehlverhalten, also massiver Umgangsvereitelung, kann dies sogar negative Auswirkungen auf den Ehegattenunterhalt haben. Überdies hat das Familiengericht die Möglichkeit, bei dauerhafter und wiederholter Verletzung des Umgangsrechts einen Umgangspfleger zu bestellen, der die Modalitäten des Umgangs bestimmt. Sofern der Umgang dennoch weiterhin boykottiert wird, kann das sogar eine Kindeswohlgefährdung darstellen und zum Verlust des Sorgerechts führen. Denn Bindungstoleranz, also die Bereitschaft und Fähigkeit, den Kontakt des Kindes zum anderen Elternteil aktiv zu unterstützen, ist eines der wichtigsten Kriterien für die Erziehungsfähigkeit.

Die schlimmste Strafe für einen Elternteil, der Umgänge aus Rache vereitelt, wird jedoch zum Tragen kommen, wenn sich die Kinder diesen Missbrauch nicht mehr bieten lassen, sich vom manipulierenden Elternteil abwenden und zum anderen wechseln wollen. Denn früher oder später sind Kinder in der Lage, Beeinflussungen ihrer Eltern zu erkennen und sich zur Wehr zur setzen. Insofern schadet man auf lange Sicht nicht nur den Kindern, sondern sich selbst am meisten, wenn man diesen ihre Kindheit vermiest, indem man den anderen Elternteil schlechtmacht und Umgänge aus eigennützigen Gründen vereitelt.

54. Nicht ohne meine Enkel

Eigentlich wollten sie sich aus allem raushalten. Zu groß war die Befürchtung, dass ansonsten ihr Verhältnis zu den beiden Enkeln leiden würde. Oft hatten Erna und Horst schon gehört, dass den Großeltern nach der Trennung des eigenen Kindes vom Schwiegerkind der Kontakt zu den Enkeln verboten wurde.

Und das wollten sie auf keinen Fall riskieren. Sie dachten vor allem an die beiden Enkel. Für sie wäre ein Kontaktabbruch nicht zu verantworten. Sie hingen sehr an Oma und Opa. In den ersten Lebensjahren waren die beiden überwiegend von ihnen, den Großeltern, betreut worden. Die Schwiegertochter fing bald nach der Geburt ihrer Kinder wieder an zu arbeiten, denn das Familienheim sollte schnell abbezahlt werden. Auch in den Ferien waren die Enkel oft bei ihnen, sie unternahmen viel gemeinsam. Gern hatten sie die beiden Enkel bei sich. Sie waren stolze Großeltern.

Erna und Horst waren erleichtert, dass sich nach der Trennung ihres Sohnes von der Schwiegertochter nichts änderte. Obwohl diese mit den beiden Kindern in einen anderen Ortsteil gezogen war, hatten sie weiterhin ein gutes Verhältnis. Die Enkel wurden nach der Schule weiterhin von ihnen betreut. Dies wollten sie auf keinen Fall aufs Spiel setzen und mischten sich in die Streitereien im Zusammenhang mit der Trennung nicht ein.

Dennoch wurden sie in den schmutzigen Scheidungskrieg hineingezogen. Sie mussten in einem Verfahren für ihren Sohn aussagen. Dieser sollte nämlich beweisen, dass er von ihnen während der Ehe größere Geldbeträge für den Hausbau erhalten und sie zum Teil Handwerkerrechnungen bezahlt hatten. Da die Schwiegertochter das bestritt, mussten Erna und Horst vor Gericht als Zeugen aussagen. Ihre wahrheitsgemäße Aussage hatte zur Folge, dass ihr Sohn keinen Zugewinn zahlen musste. Ihre Schwiegertochter ging leer aus.

Daraufhin untersagte sie ihnen den Kontakt mit den Enkeln.

Erst viele Monate später sahen sie ihre Enkelkinder vor Gericht wieder, nachdem sie ihr Recht auf Umgang beim Familiengericht eingeklagt hatten. Nach der Anhörung der Enkel mussten Erna und Horst erfahren, wie sehr diese von der Mutter aufgehetzt wurden. Besonders schwer traf sie der Vorwurf, sie wären

Schuld daran, dass ihre Mama jetzt arm sei. Da sie befürchteten, die Enkel könnten noch mehr beeinflusst werden und gänzlich die schöne Erinnerung an Oma und Opa verlieren, setzten sie dem Streit ein Ende. Sie verzichteten freiwillig auf ihr Umgangsrecht und nahmen ihren Antrag zurück.

Schweren Herzens verließen sie den Sitzungssaal. Ihre Enkel sahen sie nie wieder.

Nicht nur Eltern haben ein Recht auf Umgang mit ihren Kindern. Auch Großeltern steht ein Umgangsrecht mit ihren Enkeln zu. Dies besteht unter der Voraussetzung, dass der Umgang dem Wohl des Kindes dient. Die Schwelle ist also höher als beim Umgang der Eltern mit den Kindern.

Kindeswohldienlichkeit liegt in der Regel dann vor, wenn das Kind Bindungen zu den Großeltern hat und die Aufrechterhaltung für die Entwicklung des Kindes förderlich ist. Dies muss das Familiengericht positiv feststellen und wird in der Regel durch ein gerichtliches Sachverständigengutachten geklärt.

Zu beachten ist, dass Großeltern den Erziehungsvorrang des sorgeberechtigten Elternteils zu respektieren haben. Sofern sie das nicht tun, kann bei Meinungsverschiedenheiten ihr Umgangsrecht gefährdet sein. Das Gleiche gilt bei unüberbrückbaren Zerwürfnissen oder empfindlichen Störungen der Beziehung zwischen Eltern und Großeltern. In diesem Fall kann es sogar gänzlich zum Ausschluss des Umgangs kommen. Das trifft auch zu, wenn das Verhältnis zwischen Eltern und Großeltern so zerrüttet ist, dass das Enkelkind in einen erheblichen Loyalitätskonflikt gerät. Dabei ist unerheblich, wer dies zu vertreten hat und ob die Verweigerungshaltung eines Elternteils verständlich ist.

Beziehungsstörungen zwischen Großeltern und Schwiegerkindern sind insbesondere bei einer Trennung und Scheidung der sorgeberechtigten Eltern vorprogrammiert. Vor allem dann, wenn sich die Großeltern entweder als moralische Stütze für das eigene Kind einsetzen, im Rahmen der ehelichen Auseinandersetzungen vor Gericht als Zeugen aussagen müssen oder selbst berechtigte Ansprüche gegen den betreuenden Elternteil geltend machen, zum Beispiel wegen Rückforderung einer während der Ehe getätigten Schenkung (siehe §6, Grund 37).

Die Trennung des eigenen Kindes vom Schwiegerkind stellt ein hohes Risiko für Großeltern dar, das Umgangsrecht mit den eigenen Enkeln zu verlieren. Die Gerichte sehen es in der Regel nämlich so, dass es im Zweifel für ein Kind besser ist, mit seiner Kernfamilie konfliktärmer zu leben, als einen Umgang mit Großeltern auszuüben, der von Auseinandersetzungen überschattet ist.

55. Wenn die Kinder unter dem alten Ehenamen leiden

Als Tom seine Mutter im Krankenhaus besuchte, war er schon sehr neugierig.

Gestern Nacht war es ganz schnell gegangen, sein Stiefvater weckte ihn auf und fuhr mit Toms Mutter in die Klinik. In der Nacht wurde sein Halbbruder Leon geboren. Als er in das Zimmer kam, stand dort das Babybettchen mit einem Namensschild: Leon Hinterberger.

Tom fragte seine Mutter, warum er nicht Hinterberger, sondern Hase hieß. Er erzählte ihr, dass er es schon lange doof fand, einen anderen Nachnamen als seine Mutter zu tragen. Auch in der Schule wurde er deswegen oft angesprochen. Außerdem kümmerte sich Toms leiblicher Vater ohnehin nicht um ihn. Sein Stiefvater war für ihn sein richtiger Vater. Und deshalb wollte er auch dessen Namen tragen. Mit dem Nachnamen Hase fühlte er sich als Außenseiter.

Seine Mutter verstand ihn nur zu gut. Gleich nach der Scheidung hatte sie ihren Mädchennamen wieder angenommen. Den Nachnamen von Tom konnte sie damals nicht ändern. Ihr Exmann war dagegen. Aber zwischenzeitlich hatte sich einiges geändert. Ihr wurde vom Familiengericht die alleinige elterliche Sorge für Tom zugesprochen. Und da sein Stiefvater sofort damit einverstanden war, dass Tom künftig seinen Nachnamen trug, wurde schon bald beim Standesamt der Antrag auf Einbenennung gestellt. Tom freute sich sehr auf seinen neuen Namen.

Leider zu früh. Denn sein Vater verweigerte die Zustimmung. Ohne Grund, einfach so. Tom schrieb ihm einen langen Brief und bat ihn, es sich doch noch anders zu überlegen. Aber sein Vater ließ sich nicht erweichen. So blieb Toms Mutter nichts anderes übrig, als familiengerichtliche Hilfe in Anspruch zu nehmen. Ohne Erfolg. Der Richter bedauerte seine Entscheidung, allerdings seien ihm die Hände gebunden, er müsse sich an die gesetzlichen Bestimmungen halten.

Tom litt in der Folgezeit immer mehr darunter, dass er nicht so heißen durfte wie der Rest seiner Familie. Vor allem nach der Geburt seines Halbbruders fühlte er sich als „Kind zweiter Klasse". Seinen Vater wollte er nie wieder sehen.

Die Änderung des Nachnamens eines Elternteils nach einer Scheidung ist problemlos möglich. Bei einem ehegemeinsamen Kind, das als Geburtsnamen den Ehenamen seiner Eltern erhalten hat, ist das oftmals ein Ding der Unmöglichkeit. Dies gilt selbst dann, wenn einem Elternteil die alleinige elterliche Sorge für das Kind zusteht. So kommt eine Namensänderung des Kindes selbst dann nicht in Betracht, wenn dieser Elternteil seinen früheren Namen nach der Scheidung wieder annimmt. Die Folge ist, dass er und das Kind unterschiedliche Nachnamen führen.

Eine Änderung des Nachnamens des Kindes ist jedoch möglich im Fall der „Einbenennung". Voraussetzung hierfür ist unter anderem, dass der betreuende Elternteil wieder geheiratet hat, mit seinem Partner einen

Ehenamen führt und das Kind in den neuen ehegemeinsamen Haushalt aufgenommen wurde. Sofern die Ehegatten eine Einbenennungserklärung abgegeben haben, erhält das Kind den Ehenamen als Nachnamen oder dieser wird seinem Geburtsnamen vorangestellt oder angefügt. Meist scheitert die Einbenennung jedoch an der Einwilligung des anderen Elternteils. Denn zwingende Voraussetzung ist, dass das Einverständnis des mitsorgeberechtigten Elternteils zur Namensänderung vorliegt. Aber auch ein nichtsorgeberechtigter Elternteil muss zustimmen, wenn das Kind seinen Namen führt.

Wird die Einwilligung verweigert, besteht die Möglichkeit, sie auf Antrag beim Familiengericht ersetzen zu lassen. Das ist allerdings nur möglich, wenn die Namensänderung zum Wohl des Kindes erforderlich ist. Mit dem Merkmal der Erforderlichkeit hat der Gesetzgeber die Hürden hierfür sehr hoch gesetzt. Eine bloße Dienlichkeit oder Förderlichkeit für das Kindeswohl ist nicht ausreichend. Die Ersetzung darf also nur dann erfolgen, wenn sie aus Gründen des Kindeswohls unabdingbar nötig ist, um konkret zu erwartende Schäden für das Kind abzuwenden. Das Ersetzen der Einwilligung des anderen Elternteils wird von der Rechtsprechung überwiegend abgelehnt und ist nur in Ausnahmefällen möglich. Kein Grund für eine Einbenennung ist es, wenn der Umgang mit dem anderen Elternteil nicht stattfindet oder dieser keinen Unterhalt bezahlt. Es reicht auch nicht aus, wenn das Kind gelegentlich mit dem Geburtsnamen gehänselt wird, bei lästigen Nachfragen wegen der Verschiedenheit der Nachnamen oder wenn das Kind befürchtet, ein „Kind zweiter Klasse“ zu sein, nachdem Halbgeschwister mit dem neuen Nachnamen geboren wurden.

So ist diesbezüglich eine höchstrichterliche Rechtsprechung mit der Aussage: „Kinder können nicht völlig konfliktfrei ins Leben treten; in gewissem Umfang müssen sie mit den mit einer Scheidung ihrer Eltern verbundenen Problemen – so auch mit einer Namensverschiedenheit – zu leben lernen.“

> Kinder stehen auf verlorenem Posten, wenn Eltern nicht in der Lage sind, sich über den Nachnamen des Kindes vernünftig zu einigen, um diesem ein sorgenfreieres Leben zu ermöglichen. Denn obwohl ansonsten das Kindeswohl an vorderster Stelle steht, bietet das Gesetz Kindern in diesem Fall keinen ausreichenden Schutz.

56. Aus den Augen, aus dem Sinn

Tränen standen in den Augen seiner Mutter, als sie Florians Zeugnis sah. In den Hauptfächern nur mangelhaft. Aber der Lehrer hatte sie vorgewarnt und ihr dringend geraten, mehr mit ihm zu lernen. Auch in den Ferien. Das war aber leichter gesagt als getan.

So stolz waren seine Eltern damals auf ihn, als er aufgrund seiner guten Schulleistungen ins Gymnasium wechseln konnte. Er hatte richtig Spaß am Lernen, brachte immer gute Noten nach Hause. Regelmäßig unterstützten ihn seine Eltern beim Lernen, der Vater nahm sich für ihn abends und am Wochenende immer viel Zeit.

Aber das änderte sich schlagartig, als der Vater auszog. Die Kinder litten sehr unter der Trennung. Denn ihr Vater wollte sie von da an nur noch einmal im Monat sehen. Nur für ein paar Stunden, ohne Übernachtung. Auch die Ferien durften die Kinder nicht bei ihm verbringen. Seine neue Freundin mochte das nicht. Der Vater verbrachte seine freie Zeit lieber mit ihr. Die Kinder waren oft traurig und konnten sich in der Schule nur schlecht konzentrieren. Aber ihre Mutter unternahm alles, um den Kindern über den Trennungsschmerz und die Enttäuschung hinwegzuhelfen. An den Nachmittagen wurde weiterhin gemeinsam gelernt, an den Wochenenden viel unternommen.

Das hörte jedoch bald auf. Denn nach der Scheidung musste der Vater für ihre Mutter nur noch ein Jahr lang Unterhalt bezahlen. Die Mutter war gezwungen, wieder ganztags in ihrem Beruf als Altenpflegerin zu arbeiten, und zwar im Schichtbetrieb. Auch am Wochenende und wenn die Kinder Ferien hatten. Dass es ihr dann unmöglich war, sie weiterhin beim Lernen zu unterstützen, interessierte den Vater nicht. Für ihn war es nur wichtig, dass er keinen Unterhalt mehr bezahlen musste.

Seitdem verschlechterten sich ihre Noten rapide, der Lernerfolg der letzten Jahre war dahin. An den Wochenenden und in den Ferien waren die Kinder oft auf sich allein gestellt, weil ihre Mutter arbeitete. Sie lernten dann nicht, sondern verbrachten die meiste Zeit vor dem Computer. Der Vater nahm die Kinder nur selten zu sich, in den Ferien kein einziges Mal. Er meinte, in seinem wohlverdienten Urlaub müsse er sich erholen. Lernen wollte er schon gar nicht mit den Kindern, das war ihm zu anstrengend. Er sah auch nicht ein, Geld für Nachhilfestunden auszugeben.

Und so kam es, dass sich die Zukunftspläne, die Florians Eltern einst für ihn hatten, innerhalb kürzester Zeit zerschlugen. Da seine Noten immer schlechter wurden, musste er das Gymnasium verlassen.

Nicht immer drehen sich Streitigkeiten über den Umgang darum, dass ein Elternteil möglichst viel Kontakt zu seinen Kindern nach einer Trennung haben möchte und der andere dies verweigert. Oftmals ergeben sich auch deshalb Konflikte, weil ein Elternteil entweder gar keinen oder nur sporadischen Kontakt mit den Kindern pflegt und sich zum Umgang betteln lässt. Das ist zum Beispiel der Fall, wenn ein neuer Partner die Kinder nicht mag, wegen eines Wegzugs, ein Elternteil seine Freiheit genießen möchte. Oder weil ein Elternteil dem anderen schlicht und ergreifend keine Freizeit gönnt. Denn die Umgangsverweigerung hat zwangsläufig zur Folge, dass der betreuende Elternteil nicht entlastet wird. Insofern entsteht häufig die Forderung, den anderen zum Umgang mit den gemeinsamen Kindern zu zwingen.

Grundsätzlich haben Kinder ein Recht auf Umgang mit ihren Eltern. Diese können also nicht nur ihrerseits auf den Kontakt zu ihren Kindern bestehen, sondern sind auch zum Umgang verpflichtet. Er ist als Basis für den Aufbau und Erhalt einer persönlichen Beziehung sowie für die elterliche Unterstützung und Erziehung zur Persönlichkeitsentwicklung enorm wichtig. Allerdings wird ein Umgang, der sich nur mit Zwangsmitteln gegen einen unwilligen Elternteil durchsetzen lässt, nicht dem Kindeswohl dienen. Schließlich geht es nicht nur um die körperliche Anwesenheit des Umgangsberechtigten, sondern auch um die emotionale Zuwendung. Gerade das aber widerstrebt dem Umgangsunwilligen. Dieser Widerwille, verbunden mit einer ablehnenden Haltung, hat gravierende Folgen für das Kindeswohl. Denn bei einem erzwungenen Umgang erfährt das Kind nicht die nötige elterliche Zuwendung, sondern muss spüren, wie es als Person abgelehnt wird, noch dazu vom eigenen Elternteil. Somit besteht die Gefahr, dass das Selbstwertgefühl des Kindes leidet und ein solcher Umgang mehr schadet als nutzt. Daher stellt es in der Regel eine Zumutung für ein Kind dar, sich mit einem Elternteil auseinandersetzen zu müssen, der den Umgang ablehnt. Man kann einen umgangsunwilligen Elternteil daher nicht zum Umgang zwingen.

> Selbst dann, wenn der betreuende Elternteil arbeitet und auf die Betreuung der Kinder durch den anderen Elternteil jedes zweite Wochenende oder für die Hälfte der Schulferien angewiesen ist, kann ein Umgang nicht erzwungen werden. Denn dieser orientiert sich ausschließlich am Kindeswohl und nicht am Wohl der Eltern. So müssen es Kinder und der betreuende Elternteil wohl oder übel hinnehmen, wenn sich der andere nach einer Trennung nicht mehr für die eigenen Kinder interessiert.

57. Endstation Jugendpsychiatrie

Friedlich lag Justin mit geschlossenen Augen da. Am Bett standen seine Eltern. Zum ersten Mal nach fünf Jahren Rosenkrieg trafen sie sich außerhalb eines Gerichtssaals. Schweigend standen sie nebeneinander. Sprachlos, ohne zu streiten. Trotzdem war es nicht still. Das Geräusch des Beatmungsgeräts machte ihnen bewusst, dass das Leben ihres Sohnes am seidenen Faden hing. Ein Leben, das vor 17 Jahren begonnen hatte. Wie glücklich sie waren, als Justin geboren wurde. Sie führten einen mittelständischen Betrieb und konnten dem Kind alles bieten. Er war ein fröhlicher Junge und ein guter Schüler. Als er elf Jahre alt war, wurde seine Schwester geboren. Sie waren eine glückliche Familie. Zumindest dachte Justin das.

Dann kam der Tag, der alles veränderte. Als der Vater übers Wochenende nicht zu Hause war, packte die Mutter die Koffer und fuhr mit den Kindern weg. Ein paar Tage zur Oma, sagte sie. Aber das war gelogen. Sie fuhren weit fort, in ein anderes Bundesland. Als sie nach acht Stunden Autofahrt ankamen, eröffnete ihnen die Mutter, dass sie hier ganz neu anfangen wolle. Ohne den Vater. Mit einem anderen Mann. Justin war wütend. Er wollte seinen Vater nicht allein lassen. Aber er wurde nicht gefragt.

Viele Monate sah er seinen Vater nicht. Kein einziges Mal meldete er sich bei Justin. Seine Mutter sagte ihm, dass sich der Vater nicht mehr für ihn und seine Schwester interessiere. Auch das war gelogen. In Wirklichkeit hielt die Mutter die neue Adresse geheim. Als der Vater sie ausfindig gemacht hatte, zog er in die Nachbarschaft. Sofort entbrannte zwischen den Eltern ein Streit über das Sorgerecht. Jeder wollte die Kinder bei sich haben. Oft wurden sie angehört, vom Jugendamt, vom Verfahrensbeistand, von Sachverständigen und zuletzt vom Familienrichter. Als dieser Justin fragte, bei wem er künftig leben wolle, entschied Justin sich für seinen Vater. Er wollte ihn nicht im Stich lassen. Bei seiner Mutter wollte er nicht leben. Zu oft hatte sie ihn angelogen.

Als das Sorgerechtsverfahren endlich abgeschlossen war, ging es weiter mit den Streitigkeiten. Denn seine Mutter verbot den Umgang des Vaters mit der kleinen Schwester. Oft saßen Vater und Sohn am Abend zusammen und besprachen die Schriftsätze der Anwälte. Justin war wütend darüber, wie seine Mutter log und die Wahrheit verdrehte. Sie log auch, als es um den Unterhalt ging, den sie von seinem Vater wollte. Aber Justin deckte ihre Lügen auf, indem er gegen sie als Zeuge vor Gericht aussagte. Von da an durfte auch Justin seine kleine Schwester nicht mehr sehen. Justin wollte für sein Recht und das seines Vaters auf Umgang mit ihr kämpfen. Nichts ließ er unversucht. Oft ging er mit zu Anwaltsterminen. Justin blieb kaum noch Zeit für die Schule, seine Noten wurden immer schlechter. Die meiste Zeit verbrachte er vor dem Computer. Wenigstens hier konnte er für Gerechtigkeit sorgen, die es in seinem Leben schon lange nicht mehr gab.

Nur um Gerechtigkeit ging es ihm, als er sich gegen einen Mitschüler zur Wehr setzen wollte, der ihm sein Handy weggenommen hatte. Die Lehrerin meinte, sie könne Justin nicht helfen. Denn er hatte keinen Beweis für den Diebstahl.

Am nächsten Tag betrat er kurz nach Unterrichtsbeginn das Klassenzimmer. In der ausgestreckten Hand eine Waffe. Er dachte an gestern, wie ungerecht er wieder behandelt worden war. Wut und Hass stiegen in ihm hoch. Dann drückte er ab. Immer wieder. Die Lehrerin und zwei Mitschüler waren sofort tot, eine weitere Schülerin verstarb im Krankenhaus. Nur durch den gezielten Schuss eines Polizisten konnte er davon abgehalten werden, noch mehr Menschen zu töten.

Justin lag einige Wochen im Koma. Direkt vom Krankenhaus aus wurde er später in die Jugendpsychiatrie verlegt. Alle fragten sich, wie es so weit kommen konnte. Er war doch immer ein ruhiger und höflicher Schüler gewesen. Nur seine Eltern kannten die Antwort.

Viele Kinder nehmen während ihrer Kindheit großen Schaden. So kann nicht nur eine unangemessene Erziehung zu Dauerschäden führen, sondern auch die Art und Weise, wie man mit Kindern umgeht. Als Opfer häuslicher Gewalt werden sie nicht selten von ihren Eltern geschlagen, gezüchtigt, eingesperrt, beschimpft, unterversorgt oder gar verstümmelt. Dass solche Misshandlungen nicht nur sichtbare Spuren hinterlassen, liegt auf der Hand.

Unsichtbare Spuren hinterlässt es aber auch, wenn seelische Grausamkeiten gegen Kinder verübt werden. Diesem Risiko sind nicht nur Kinder aus Problemfamilien ausgesetzt. Selbst wenn sie zunächst in einer intakten Familie gewaltfrei aufwachsen, steigt ihr Risiko für psychische Schäden, wenn die Ehe der Eltern scheitert und sich diese trennen.

Zwar wird jedes Kind – egal in welchem Alter – unter der Trennung seiner Eltern leiden. Aber oftmals ist eine räumliche Trennung besser, als dem Dauerkriegszustand der Eltern ausgesetzt zu sein. Am wenigsten nehmen Kinder Schaden, wenn die Eltern einvernehmlich auseinandergehen und sich weiterhin Respekt entgegenbringen. Das ist der Idealfall.

Häufig gehen jedoch Trennungen anders vonstatten. Und zwar so, dass sich der Konflikt der Eltern weiter verschärft. Die Kinder geraten dann noch mehr als vorher ins Schussfeld, weil zusätzlich um sie gestritten wird. Auslöser kann die Nacht-und-Nebel-Aktion eines Ehegatten sein, der die Trennung unangekündigt in Abwesenheit des anderen herbeiführt und unter Missachtung des gemeinsamen Sorgerechts die Kinder einfach mitnimmt. Kinder werden unvorbereitet und ungefragt aus ihrem sozialen Umfeld gerissen und wie ein Möbelstück verfrachtet. Völlig unberücksichtigt bleibt bei solchen Aktionen, dass Kinder Wesen mit eigener Menschenwürde sind. Sie sind nicht Objekt der Machtansprüche ihrer Eltern, sondern Grundrechtsträger mit dem Recht auf freie Entfaltung ihrer Persönlichkeit. Bei gerichtlichen Entscheidungen über ihre künftige Lebensweise und Entwicklung wird daher der Kindeswille berücksichtigt, zum Beispiel in Sorgerechts- und Umgangsverfahren. Hier kommt dem geäußerten Willen des Kindes mit zunehmendem Lebensalter eine gesteigerte Bedeutung zu. Der Gesetzgeber misst daher dem Willen von Kindern große Bedeutung bei. Weniger zimperlich gehen oftmals Eltern mit ihren Kindern um, wenn sie diese aus heiterem Himmel in ein fremdes Umfeld bringen und vom Rest der Familie trennen. An keinem Kind geht das spurlos vorüber.

Damit aber meist nicht genug. Wenn sie das Kind dem anderen Elternteil – trotz gemeinsamer Sorge – eigenmächtig entzogen haben, beginnen manche, die Kinder zu „bearbeiten" und gegen den anderen aufzuhetzen. Der Expartner wird dann systematisch diffamiert und schlecht gemacht. Da Kinder in der Regel beide Elternteile lieben, geraten sie dadurch in einen massiven Loyalitätskonflikt und ihr inneres Gleichgewicht wird erheblich gestört. Abgesehen davon ist diese Manipulation seelische Grausamkeit. Denn wer stammt schon gern von einem Versager, Vollidioten oder einer Schlampe ab? Das Schlechtmachen des anderen Elternteils untergräbt also zusätzlich das Selbstwertgefühl von Kindern.

> Je nach psychischer Verfassung eines Kindes und je nachdem, wie lange die seelischen Misshandlungen durch die Eltern andauern, können aus psychischen Schäden im Laufe der Zeit gravierende Folgen werden. Diese machen sich nicht nur bei den betroffenen Kindern zum Teil lebenslang massiv bemerkbar. Auch das Umfeld muss oftmals leidvoll erfahren, was Eltern ihren Kindern angetan haben. Und zwar dann, wenn aus scheinbar heiterem Himmel die Opfer zu Tätern werden.

§ 8 Wie die geschiedene Ehe Ihr weiteres Leben im Griff hat

Wenn die Scheidung vorüber und der Rosenkrieg beendet ist, stehen viele geschiedene Ehegatten vor einem Scherbenhaufen, sprich den Trümmern ihres Lebens.

Hat die unglückliche Ehe sie nicht schon krank gemacht, werden sie es spätestens dann, wenn sie sich mit dem einst geliebten Ehepartner über Jahre hinweg wilde Kämpfe vor Gericht liefern. An den wenigsten Menschen geht dies spurlos vorüber.

Abgesehen von körperlichen Auswirkungen und psychischen Beeinträchtigungen sind viele am Ende finanziell ruiniert. Das Vermögen ist mindestens zur Hälfte weg. Und was davon übrig geblieben ist, wurde verstritten und für Gerichts-, Anwalts- und Sachverständigenkosten verbraucht. Möglicherweise ging auch die Existenzgrundlage verloren, weil eine Praxis, der Gewerbebetrieb oder das Haus veräußert werden mussten, um den Ehegatten auszuzahlen. Hinzu kommt, dass über viele Jahre hinweg etwa die Hälfte des Einkommens als nachehelicher Unterhalt an den Expartner geht.

Aber damit nicht genug.

Denn aufatmen können Sie noch lange nicht. Ihr geschiedener Ehegatte kann Ihnen das Leben auch nach einer Scheidung noch ziemlich schwer machen. Besonders wenn es gemeinsame Kinder gibt. Denn nicht selten benutzt der betreuende Elternteil das Umgangsrecht, um den anderen zu tyrannisieren. Das kommt selbst dann vor, wenn sich ein Elternteil den Umgang mit den Kindern mühsam vor Gericht erkämpft hat. So ist es keine Seltenheit, dass Umgänge dann spontan ausfallen, weil das Kind angeblich plötzlich krank ist, eine Schulaufführung hat, auf eine wichtige Klassenarbeit lernen muss oder zum Geburtstag eines Schulfreundes eingeladen ist. Der andere Elternteil muss dies wohl oder übel hinnehmen. Oder er wehrt sich und leitet ein weiteres familiengerichtliches Verfahren ein. Viele geschiedene Ehegatten sind dies jedoch leid. Und zwar nicht nur deshalb, weil sie nicht schon wieder hohe Kosten riskieren möchten und einen weiteren Papierkrieg vermeiden wollen. Sondern auch, um den Kindern weitere Befragungen zu ersparen. Insofern bleibt dann oft die bittere Erkenntnis, dass der betreuende Elternteil am längeren Hebel sitzt, wenn es um das Umgangsrecht geht.

Auch das Thema nachehelicher Unterhalt ist noch lange nicht abgeschlossen, auch wenn es hierzu einen gerichtlichen Beschluss gibt, der bestenfalls zeitlich befristet ist. Denn alle zwei Jahre müssen Sie Ihrem geschiedenen Ehegatten auf Verlangen fein säuberlich Auskunft über Ihr Einkommen erteilen und Belege vorlegen. Und wenn sich dann zu allem Überfluss herausstellt, dass sich Ihr Einkommen erhöht hat, werden Sie beim Unterhalt erneut zur Kasse gebeten. Dann gehen die Streitereien von vorne los und man trifft sich erneut vor Gericht. Und das kostet wieder Zeit, Geld und Nerven.

Übrigens macht nicht einmal der Tod vor Unterhaltsansprüchen des geschiedenen Ehegatten Halt. In diesem Fall werden nämlich die Erben geschröpft. Denn wenn Sie es geschafft haben, nach der Scheidung neues Vermögen zu bilden, muss ein Teil davon für den nachehelichen Unterhalt eingesetzt werden. Schlimmstenfalls hat dann die geschiedene Ehe nicht nur Ihr eigenes Leben ruiniert, sondern auch noch das Ihrer Erben.

58. Zu früh gefreut – wenn Ihr Expartner wieder heiratet

Die freudige Nachricht hatte ihn vor genau zwei Jahren ereilt. Seine Exfrau heiratete wieder. Für Jan bedeutete das finanzielle Freiheit. Endlich wieder leben, endlich konnte er sich wieder etwas leisten. Dass er für seinen Sohn weiterbezahlte, war selbstverständlich. Aber das war nichts gegen den hohen Unterhalt, den er nach der Scheidung an seine Exfrau leisten musste. Der Richter meinte damals beim Gerichtstermin, dass ein Ende der Unterhaltspflicht nicht in Sicht sei. Der gemeinsame Sohn war nämlich ein Frühchen und musste intensiv gefördert werden. Zwei lange Jahre lebte er wegen der Unterhaltszahlungen am Existenzminimum. Denn nach Abzug der Miete und der Kosten für den Pkw blieb ihm nicht viel zum Leben übrig. Er fuhr nicht mehr in Urlaub, musste das Fitnessstudio kündigen und mit seinen Freunden ging er nur noch selten aus.

Mit der Heirat seiner Exfrau änderte sich dies jedoch. Die Unterhaltszahlungen an sie durfte er sofort einstellen. Mit seinen Freunden feierte Jan dieses Ereignis ganz groß. Es war die Party des Jahres, über die man noch lange sprach. In der Folgezeit ließ er es sich richtig gut gehen. Er konnte tun und lassen, was er wollte, ohne ans Geld zu denken. Zuletzt buchte er eine dreiwöchige Reise nach Thailand. Sie war zwar teuer, aber er freute sich schon sehr auf diese Auszeit.

Kurz vor Antritt der Reise verging ihm die Freude schlagartig. Er erhielt einen Brief von seiner Exfrau. Sie forderte wieder Unterhalt, weil ihre zweite Ehe zwischenzeitlich geschieden war und sie nach wie vor den gemeinsamen Sohn betreuen musste. Jan ging zu seinem Anwalt und bat ihn, die Sache schnell zu erledigen. Immerhin war doch der Unterhalt seiner Exfrau wegen ihrer Heirat weggefallen. Dachte er.

Als er die Kanzlei verließ, war er kreidebleich. Den Urlaub sagte er ab. Er bezahlte von nun an wieder Unterhalt an seine Exfrau. Ihm bleibe nichts anderes übrig, meinte sein Anwalt.

Erst nach fünf Jahren konnte er finanziell wieder aufatmen. Sein Sohn wurde zwischenzeitlich ganztags in der Schule betreut. Da seine Exfrau wieder voll arbeiten ging, musste er keinen Unterhalt mehr für sie zahlen. Eine Party gab es dieses Mal nicht. Schon einmal hatte er sich zu früh gefreut.

Nach der Scheidung geht das Leben weiter. Also werden nach einer gescheiterten Ehe früher oder später neue Partnerschaften eingegangen. Rechtliche Konsequenzen hat das dann, wenn der Unterhaltsberechtigte eine neue Beziehung eingeht. Sofern er mit einem neuen, leistungsfähigen Partner zusammenlebt und diesem den Haushalt führt, kann hierfür ein Einkommen angesetzt werden. In der Folge verringert sich der Unterhaltsanspruch gegenüber dem geschiedenen Ehegatten. Ganz wegfallen oder zumindest herabgesetzt werden kann der Unterhalt, wenn aus einer neuen Beziehung des Unterhaltsberechtigten eine „verfestigte Partnerschaft“ wird, also wenn über einen längeren Zeitraum (ab circa zwei bis drei Jahren) ein gemeinsamer Haushalt geführt wird. In diesem Fall können Unterhaltsansprüche verwirken. Da das Gesetz jedoch nicht definiert, was genau unter einer „verfestigten Lebensgemeinschaft“ zu verstehen ist beziehungsweise ab welcher Dauer eine solche vorliegt, muss dies der Familienrichter im Einzelfall beurteilen und gegebenenfalls Zeugen dazu anhören.

Wesentlich klarer ist die Rechtslage, wenn der Unterhaltsberechtigte wieder heiratet. Für diesen Fall hat der Gesetzgeber bestimmt, dass der Unterhaltsanspruch eines geschiedenen Ehegatten erlischt. Dieser bekommt also ab dem Zeitpunkt der Wiederheirat keinen Unterhalt mehr vom ehemaligen Partner.

Es gibt jedoch eine Ausnahme. Wird die neue Ehe aufgelöst und sind aus der ersten Ehe nach wie vor betreuungsbedürftige Kinder vorhanden, lebt der alte Unterhaltsanspruch wieder auf. Der geschiedene Ehegatte aus der früheren Ehe muss dann wieder den vollen Unterhalt bezahlen, sofern sich aus der später geschiedenen Ehe keine Unterhaltsansprüche ergeben, etwa weil die Ehe kinderlos geblieben ist, nur von kurzer Dauer war oder aber der spätere Ehegatte nicht leistungsfähig ist.

Ein geschiedener Ehegatte kann bei einer Wiederheirat seines Expartners insofern erst dann richtig aufatmen, wenn die gemeinsamen Kinder nicht mehr betreut werden müssen. Bis dahin besteht die Gefahr, dass der Betreuungsunterhalt wieder auflebt.

59. Wenn Sie Ihrem Expartner alle zwei Jahre Ihr Einkommen offenlegen müssen

Er konnte es kaum fassen. Die Scheidung war rechtskräftig. Vor allem die Entscheidung zum Unterhalt. Nie hätte er sich träumen lassen, dass sich Martha mit dem Beschluss des Gerichts zufriedengeben würde. Herbert selbst konnte damit leben. Noch acht Jahre Unterhaltszahlung waren zwar eine lange Zeit, allerdings rückte nun ein Ende in Sicht.

Sein Anwalt meinte, man könne es mit einem Rechtsmittel versuchen. Aber Herbert wollte nicht mehr streiten. Zu viel Zeit hatte er schon bei seinem Anwalt und bei Gerichten verbracht. Denn Martha forderte immer mehr und kämpfte erbittert um jeden Cent. Zuletzt wurde um den Unterhalt gestritten. Ihr Anwalt zog alle Register. Besonders unangenehm war es für ihn, dass sein Arbeitgeber vor Gericht Rede und Antwort stehen musste. Denn man warf Herbert vor, einen Teil seines Gehalts unter der Hand zu kassieren, nur um weniger Unterhalt bezahlen müssen. Eine grundlose Behauptung, wie sich schnell erwies. Auch Marthas weitere Unterstellungen konnte er mit viel Mühe und Zeitaufwand widerlegen. Aber mit den gerichtlichen Verfahren sollte nun Schluss sein. Endlich sollte wieder Ruhe in sein Leben einkehren. Dafür nahm er den Beschluss des Familiengerichts gern in Kauf.

Doch so schnell ging es nicht. Nachdem zwei Jahre vorüber waren, erhielt Herbert einen Brief vom Anwalt seiner Exfrau. Schon der Anblick des Briefkopfes der Kanzlei löste bei ihm einen Schweißausbruch und Herzrasen aus. Er hatte doch immer pünktlich den Unterhalt bezahlt. Hastig las er den Brief. Er konnte sich nicht vorstellen, was Martha dieses Mal wollte. Er war sprachlos. Schon wieder sollte er haarklein Auskunft über sein Einkommen erteilen und dazu eine ganze Liste von Belegen vorweisen. Herbert ignorierte den Brief, immerhin war die Unterhaltsfrage rechtskräftig abgeschlossen.

Auch dieses Mal zögerte der Anwalt seiner Exfrau nicht lange, um gegen ihn gerichtlich vorzugehen. Beim Gerichtstermin wurde Herbert vom Familienrichter darauf hingewiesen, dass er Auskunft erteilen müsse. Seine Exfrau habe hierauf einen Anspruch. Alle zwei Jahre. Und wenn sich aus der Auskunft ergeben würde, dass sich sein Einkommen erhöht hatte, könne seine Exfrau sogar einen höheren Unterhalt fordern und eine Abänderung der gerichtlichen Entscheidung beantragen.

Da mit Martha nicht zu spaßen war, blieb ihm nichts anderes übrig, als erneut seinen Anwalt zu beauftragen. Und so folgte wieder ein Papierkrieg. An der Höhe des Unterhalts änderte sich nichts, denn sein Einkommen hatte sich nicht erhöht. Trotzdem. Zwei Jahre später forderte Martha erneut Auskunft.

Erst nach acht langen Jahren war damit Schluss. Dann war seine Unterhaltspflicht beendet und es kehrte endlich Ruhe ein.

Auf den Bestand gerichtlicher Entscheidungen beim Unterhalt sollte man sich nicht verlassen, selbst wenn sie rechtkräftig sind und nicht mehr angefochten werden können. Es besteht nämlich die gesetzliche Möglichkeit, dass die Beschlüsse zu einem späteren Zeitpunkt vom Familiengericht abgeändert werden. Einen solchen Antrag kann beispielsweise der Unterhaltspflichtige stellen, wenn der andere Ehegatte zwischenzeitlich wieder voll arbeitet oder in einer verfestigten Partnerschaft lebt. Das Ziel ist dabei, eine Reduzierung oder den Wegfall der Zahlungspflicht zu erreichen. Genau das gegenteilige Ziel wird der Unterhaltsberechtigte erreichen wollen, wenn er einen solchen Abänderungsantrag stellt. Denn wenn etwa der Pflichtige eine Gehaltserhöhung bekommt, ergibt sich ein höherer Unterhalt.

Um zu erfahren, ob der Expartner mehr verdient als bei der gerichtlichen Entscheidung zugrunde gelegt wurde, sind die geschiedenen Ehegatten gesetzlich verpflichtet, Auskunft über ihr Einkommen zu erteilen. Denn Grundvoraussetzung für die richtige Berechnung des Unterhalts ist die möglichst genaue Kenntnis über Einkommen und Vermögen. Insofern besteht eine wechselseitige Pflicht der Ehegatten, dem anderen durch eine systematische Aufstellung seine gesamten Einnahmen und alle damit zusammenhängenden Ausgaben offenzulegen. Dazu gehören unter anderem Einkünfte aus nichtselbstständiger oder selbstständiger Tätigkeit, Zinseinkünfte, Vermietung und Verpachtung, Renten oder Landwirtschaft.

Auf Verlangen sind auch Belege vorzuweisen, zum Beispiel die Verdienstabrechnungen der letzten zwölf Monate, Einkommensteuererklärungen oder Rentenbescheide. Äußert der andere Ehegatte Zweifel an den Angaben, kann sogar verlangt werden, dass der Auskunftspflichtige deren Richtigkeit und Vollständigkeit an Eides statt versichert. Ein Auskunftsanspruch besteht nur dann nicht, wenn ein Unterhaltsanspruch eindeutig nicht gegeben ist, weil etwa ein wirksamer Unterhaltsverzicht vorliegt oder ein Ehegatte seinen Unterhalt verwirkt hat.

Im Übrigen beschränkt sich der Auskunftsanspruch nicht auf eine einmalige Auskunftserteilung. Vielmehr kann alle zwei Jahre Auskunft verlangt werden, ausnahmsweise auch früher. Nicht ausreichend ist in diesem Zusammenhang die Mitteilung an die Gegenseite, dass sich seit der letzten Auskunftserteilung nichts geändert habe. So muss auf Verlangen trotzdem erneut ein aktuelles Verzeichnis erstellt werden und die geforderten Unterlagen sind vorzulegen. Kommt man seiner Auskunftspflicht nicht nach, kann die Gegenseite diesen Anspruch sogar gerichtlich geltend machen. Die Kosten des Verfahrens trägt derjenige, der die Auskunft nicht erteilt hat. Dies gilt selbst dann, wenn die Höhe des Unterhalts gleich bleibt, weil es keine Änderungen gab.

Liegt ein gerichtlicher Beschluss zum Unterhalt vor, der zeitlich befristet ist, kann bis zum im Beschuss genannten zeitlichen Ablauf alle zwei Jahre erneut Auskunft verlangt werden. Erst dann sind Auskunftsansprüche im Regelfall ausgeschlossen.

60. Karriere nach der Scheidung – da freut sich auch Ihr(e) Ex

Christian war entsetzt über die Dreistigkeit seiner Exfrau. Kaum hatte er den neuen Posten als Oberarzt in der Kreisklinik angetreten, schon forderte sie mehr Ehegattenunterhalt. Von seiner Beförderung zum Oberarzt hatte Luise sofort erfahren, immerhin arbeitete sie im selben Krankenhaus.

Nicht im Entferntesten dachte er daran, sie an seiner Karriere teilhaben zu lassen und ihr freiwillig mehr Unterhalt zu bezahlen. Immerhin waren sie seit drei Jahren geschieden. Damals war er noch Assistenzarzt gewesen. Bei der Berechnung des Unterhalts wurde sein damaliges Einkommen zugrunde gelegt. Mit seiner Karriere hatte seine Exfrau rein gar nichts zu tun, im Gegenteil.

Luise hatte es ihm nicht leicht gemacht, als er damals die Facharztausbildung begann. Sie waren frisch verheiratet. Sie wollte ständig ausgehen und das Leben genießen. Er war ehrgeizig, arbeitete viel. Immer wieder kam es deshalb zum Streit. Nachdem die gemeinsame Tochter geboren wurde, hütete er oft das Kind und lernte nebenbei. Denn Luise war gern am Abend allein mit ihren Freunden unterwegs. Irgendwann begann sie ein Verhältnis mit einem anderen Mann und zog zu ihm. Das Kind ließ sie bei Christian. Er und seine Tochter litten sehr unter der Trennung. Christian nahm sogar therapeutische Hilfe in Anspruch.

Obwohl er alleinerziehender Vater war, erwarb er zwei Jahre nach der Trennung von Luise seinen Facharzttitel. Um sich abzulenken, begann er sogar kurz vor der Scheidung eine weitere Facharztausbildung und schloss diese vor Kurzem erfolgreich ab. Endlich sollte er für die Mühe und Anstrengungen der letzten Jahre belohnt werden. Denn er wurde zum Oberarzt befördert.

Belohnt wurde allerdings nicht nur er, sondern auch seine Exfrau. Denn das Familiengericht verurteilte ihn dazu, ihr monatlich um 800 Euro mehr Unterhalt zu bezahlen als bisher.

Gerichtliche Entscheidungen zum Unterhalt können auf Antrag nachträglich vom Familiengericht abgeändert werden, wenn die gesetzlichen Voraussetzungen vorliegen (siehe §8, Grund 59). Eine Erhöhung der monatlichen Unterhaltszahlungen ist möglich, wenn der Unterhaltspflichtige nach der gerichtlichen Entscheidung ein höheres Einkommen hat als vorher.

Allerdings führt nicht jede Steigerung des Einkommens des Pflichtigen nach der Scheidung zwangsläufig dazu, dass dieser einen höheren Unterhalt bezahlen muss.

Denn die Höhe des Unterhalts bestimmt sich auch bei einigem zeitlichen Abstand zur Ehe nach den ehelichen Lebensverhältnissen, also dem Erwerbseinkommen der Ehegatten während der Ehe. Zur Bestimmung kommt es grundsätzlich auf den Zeitpunkt der Rechtskraft der Scheidung an. Allerdings nimmt der Unterhaltsberechtigte nach der Scheidung am Einkommen des Unterhaltspflichtigen teil, soweit die Erhöhung in der Ehe angelegt war.

Dies ist nicht der Fall bei einer unerwarteten, vom Normalverlauf erheblich abweichenden Entwicklung, zum Beispiel bei Zinseinkünften, deren Quelle erst nach der Trennung neu durch eine Erbschaft oder einen Lottogewinn hinzugekommen ist. Gleiches gilt auch bei einem Karrieresprung. Denn hier haben die Einkünfte den ehelichen Standard nicht nachhaltig geprägt, wie etwa bei einer Beförderung nach der Scheidung vom Oberstudienrat zum Studiendirektor, vom Oberarzt zum Chefarzt oder vom Bankangestellten zum Abteilungsdirektor. Der Mehrverdienst wird in diesen Fällen bei der Unterhaltsberechnung nicht berücksichtigt.

Sofern allerdings schon während der Ehe absehbar war, dass es zu einer Einkommenssteigerung kommen wird, weil die Grundlage dafür während der Ehe geschaffen wurde, ist die berufliche Entwicklung nach der Scheidung bei der Unterhaltsberechnung zu berücksichtigen. Das trifft zu bei der Regelbeförderung von Beamten, üblicher Gehaltssteigerung (in der Regel bis zu 20 Prozent) oder beim Aufstieg vom Assistenzarzt zum Oberarzt, wenn die Facharztausbildung während der Ehe abgeschlossen wurde. Das erhöhte Einkommen wird in diesem Fall bei der Unterhaltsberechnung zugrunde gelegt.

Der Expartner profitiert also in diesem Fall von der Gehaltssteigerung nach der Scheidung, selbst wenn die ehelichen Lebensverhältnisse von dem höheren Einkommen nicht geprägt waren. Dies gilt auch dann, wenn die berufliche Entwicklung nach der Scheidung nur mit einem verstärkten Arbeitseinsatz des Unterhaltspflichtigen vollzogen werden konnte. Insofern zahlen sich Fleiß und Ehrgeiz auch für den geschiedenen Ehegatten aus.

61. Neue Liebe, neues Glück: Die geschiedene Ehefrau hat das Nachsehen

Sie war 30 Jahre mit Kurt verheiratet gewesen. Es war für Regina selbstverständlich, sich während der Ehe um den Haushalt und die Kinder zu kümmern. Ihren Beruf hatte sie nach der Hochzeit aufgegeben. Kurt meinte, sie habe es nicht nötig zu arbeiten. Er verdiene schließlich genug.

Dass ihr die Arbeit Spaß gemacht hatte, geriet schnell in Vergessenheit nach der Geburt des ersten Kindes. Inzwischen waren alle drei Kinder erwachsen und längst von zu Hause ausgezogen. Auch Kurt zog aus. Und zwar vor zwei Jahren. Vorher hatte er 25 Kilo abgenommen. Er ließ sich die Haare und einen Dreitagesbart wachsen, kleidete sich komplett neu ein und kaufte ein Cabrio. Beim Abschied sagte er, dass er noch mal durchstarten und sein Leben genießen wolle. Ohne Regina.

Die Scheidung war schnell erledigt. Sie bekam das Reihenhaus und Kurt wurde verurteilt, nachehelichen Ehegattenunterhalt an sie zu bezahlen. Regina war froh, dass sie wenigstens finanziell abgesichert war. Denn mit den monatlichen Zahlungen kam sie über die Runden und konnte die Kosten für das Haus bestreiten.

Allerdings nicht lange. Denn kurze Zeit später wurde ihr Exmann wieder Vater. Es waren Zwillinge. Die Mutter der Kinder war eine Gelegenheitsbekanntschaft. Da sie wegen der Betreuung der Kinder ihren gutbezahlten Job nicht mehr ausüben konnte, musste ihr Kurt Unterhalt bezahlen, zusätzlich zum Kindesunterhalt für die Zwillinge. Für Regina blieb fast kein Geld mehr übrig, sodass ihr Unterhalt erheblich gekürzt wurde.

Da sie in ihrem erlernten Beruf keine Stelle mehr fand und nur noch als Aushilfe eingestellt wurde, konnte sie ihr Reihenhaus nicht mehr halten. Sie musste es verkaufen und in eine kleine Wohnung ziehen. Nachdem ihre Ersparnisse aufgebraucht waren, beantragte sie Hartz IV und lebte von da an am Existenzminimum.

Selbst wenn man über den nachehelichen Ehegattenunterhalt einen rechtskräftigen gerichtlichen Beschluss in Händen hält, sollte man sich als Unterhaltsberechtigter nicht darauf verlassen, dass dieser dauerhaft Bestand hat. Denn schneller, als man sichs versieht, können Umstände eintreten, die zu einer neuen gerichtlichen Entscheidung führen.

Wenn sich die Einkommensverhältnisse beim Unterhaltspflichtigen im Nachhinein verschlechtern, kann er eine Abänderung der damaligen gerichtlichen Entscheidung beantragen. Das kommt vor bei unverschuldetem Arbeitsplatzverlust durch Krankheit, Kündigung oder Eintritt ins Rentenalter. Die finanziellen Verhältnisse verschlechtern sich auch, wenn weitere Unterhaltsansprüche entstehen. Gründet nämlich der Unterhaltspflichtige eine neue Familie, ist er den Kindern und der neuen Ehefrau beziehungsweise der nichtehelichen Mutter zum Unterhalt verpflichtet (siehe § 2, Grund 7).

Probleme bestehen dann nicht, wenn der Unterhaltspflichtige so viel verdient, dass er jedem Berechtigten den vollen Unterhalt bezahlen kann und ihm sein Selbstbehalt verbleibt.

Ist das aber nicht der Fall und können nicht alle Unterhaltsansprüche voll bedient werden, sind die dem Unterhaltsschuldner zur Verfügung stehenden finanziellen Mittel nach gesetzlich festgelegten Rangstufen auf die verschiedenen Berechtigten aufzuteilen.

An erster Stelle stehen minderjährige Kinder und volljährige („privilegierte") Kinder, die das 21. Lebensjahr noch nicht vollendet haben, sich in allgemeiner Schulausbildung befinden und im Haushalt eines Elternteils leben. Das bedeutet, dass das zur Verfügung stehende Einkommen ohne Rücksicht auf andere Unterhaltsberechtigte (etwa geschiedene Ehegatten) auf diese Personengruppe verteilt wird, und zwar in voller Höhe.

Wenn dann noch etwas vom Einkommen des Pflichtigen übrig bleibt, kommt der nächste Rang zum Zug. Nach den Kindern sind das Elternteile, die wegen der Betreuung der Kinder Unterhaltsansprüche haben; darüber hinaus (geschiedene) Ehegatten, sofern die Ehe von langer Dauer war und ehebedingte Nachteile vorliegen. Da sich das Gesetz darüber ausschweigt, wann eine Ehe als lang gilt oder was unter ehebedingten Nachteilen zu verstehen ist, entscheidet dies der Richter im Einzelfall.

Sofern sich zwei Personen aus dem gleichen Rang gegenüberstehen (etwa eine nichteheliche Mutter und eine (geschiedene) Ehefrau bei vorheriger langer Ehedauer), müssen diese sich die restlichen Geldmittel des Unterhaltspflichtigen teilen, wenn dieser an beide nicht den vollen Unterhalt bezahlen kann. In welcher Höhe die Aufteilung erfolgt, wird anhand einer einzelfallbezogenen Berechnung ermittelt.

Gelangt jedoch das Gericht zu dem Ergebnis, dass die geschiedene Ehe nicht lang gedauert hat oder keine ehebedingten Nachteile entstanden sind, rutscht der geschiedene Ehegatte auf den nächsten, also den dritten Rang. Das bedeutet, dass erst der Unterhalt der neuen Ehefrau oder nichtehelichen Mutter auf dem höheren Rang in vollem Umfang (nicht nur anteilig) zu befriedigen ist. Erst dann kommt der geschiedene Ehegatte an die Reihe.

Wenn also ein Unterhaltspflichtiger kein Großverdiener ist und nach einer Scheidung eine neue Familie gründet, wirkt sich das in der Regel nachteilig auf den Expartner aus. Denn der Unterhalt minderjähriger Kinder geht auf jeden Fall vor. Verbleiben dann noch Geldmittel, kann der geschiedene Ehegatte von Glück reden, wenn das Gericht die Ehe als lang bewertet oder ehebedingte Nachteile feststellt. In diesem Fall „darf" sich nämlich der Geschiedene das verbleibende Geld mit dem neuen Partner des geschiedenen Ehegatten teilen. Geteilt wird nicht, wenn das Gericht eine andere Bewertung vornimmt. Dann kommt zunächst der neue Partner zum Zug und erst danach der geschiedene Ehegatte. Falls überhaupt noch Geldmittel vorhanden sind. Wenn nicht, geht dieser leer aus.

62. Wenn der Ehename zum Verhängnis wird

Eigentlich wollte er nie heiraten. Trotzdem konnte David nicht anders. Spontan machte er Tatjana einen Heiratsantrag, als sie ihm erzählte, dass er Vater werden würde. Er freute sich riesig. Es war sein erstes Kind, für das er immer da sein wollte. Dem Kleinen sollte es an nichts fehlen. Ebenso wenig Tatjana, die ihn mit dieser Nachricht zum glücklichsten Menschen machte. Ihr gemeinsames Kind sollte in geordneten Verhältnissen aufwachsen, insbesondere seinen Namen tragen. Damit würden sich dem Kind viele Türen öffnen, denn David war ein bekannter und wohlhabender Unternehmer.

Als Tatjana im dritten Monat schwanger war, feierten sie eine prunkvolle Hochzeit. David sparte an nichts. Es wurde ein Schloss angemietet, über 300 Gäste waren eingeladen, neben Freunden und Bekannten kamen viele Geschäftspartner, Politiker und Schauspieler. Sein Glück wollte er mit allen teilen. Er war so stolz auf seine Ehefrau. Sie war jung, bildhübsch und sexy. Als er sie vor zwei Jahren kennengelernt hatte, plagten ihn zunächst Bedenken wegen des Altersunterschieds, immerhin betrug er 25 Jahre. David war nicht sicher, ob sie es ernst mit ihm meinte. Obwohl er von Anfang an klargestellt hatte, dass eine Heirat für ihn nicht infrage kam, hielt die Beziehung schon zwei Jahre. Jetzt, da Tatjana sein Kind unter dem Herzen trug, zweifelte er nicht mehr daran, dass sie ihn wirklich liebte. Und so wurde aus Tatjana Müller Tatjana Sternenzauber. Sie genoss ihre Schwangerschaft, vor allem dass sie von David rund um die Uhr verwöhnt wurde. Er las ihr jeden Wunsch von den Augen ab, stattete sie mit Kreditkarten aus und erteilte ihr Zugriffsmöglichkeit auf seine Konten. Hiervon machte sie großzügig Gebrauch, in den Edelboutiquen der Stadt war sie eine gern gesehene Stammkundin. Je näher der Tag der Geburt rückte, umso euphorischer wurde David. Er konnte es kaum abwarten, seinen Sohn in den Armen zu halten. So viel hatte er mit ihm vor, eine wunderbare Zukunft erwartete ihn.

Seine Pläne zerplatzten wie eine Seifenblase, als er das Kind nach der Geburt das erste Mal sah. Dunkelhäutig mit krausen schwarzen Locken. David und Tatjana hatten blonde Haare und blaue Augen. Der Vaterschaftstest war reine Formsache und bestätigte, dass das Kind seiner Ehefrau nicht von ihm stammte. Tatjana gestand, dass sie vor der Schwangerschaft einen One-Night-Stand mit einem Jamaikaner hatte. Dies hatte sie ihm bewusst verschwiegen. Sie wollte ihre Beziehung nicht gefährden und hatte gehofft, David sei der Vater ihres Kindes. Da dem nicht so war, focht David sofort die Vaterschaft an und beantragte, die Ehe aufzuheben. Das Familiengericht gab ihm Recht. Das Trennungsjahr musste er nicht abwarten. Das Gericht war der Auffassung, dass Tatjana den One-Night-Stand mit dem anderen Mann während der Empfängniszeit hätte ungefragt offenbaren müssen. Immerhin wurde die Ehe wegen der Schwangerschaft geschlossen.

Zu Davids Entsetzen durfte sie trotzdem den Ehenamen behalten. Damit wurde er zum Gespött in der Öffentlichkeit. Denn jeder, der Tatjana zusammen mit dem Ehebruchskind sah, konnte erkennen, dass sie David Hörner aufgesetzt hatte.

Viele bedauern es, dass der geschiedene Ehegatte nicht dazu verpflichtet werden kann, den Ehenamen nach einer Scheidung oder Auflösung der Ehe abzulegen.

Obwohl es den Ehegatten freisteht, ihre Namen nach einer Eheschließung unverändert fortzuführen, bestimmen sie oftmals als Ehenamen den Geburtsnamen des Mannes oder den Geburtsnamen der Frau. Der Ehename ersetzt damit bei einem Partner den vorherigen Namen; er wird sein eigener Name. Nach den gesetzlichen Vorschriften behält der geschiedene oder verwitwete Ehegatte den einmal gewählten Ehenamen deshalb bei. Das gilt auch, wenn die Ehe vom Gericht aufgehoben wird. Es steht den Ehegatten zwar frei, den Geburtsnamen beziehungsweise den Namen wieder anzunehmen, den sie bis zur Eheschließung geführt haben. Dazu können sie aber nicht gezwungen werden.

Nur in krassen Ausnahmefällen kann dem anderen Ehegatten unter dem Gesichtspunkt des besonders schweren Rechtsmissbrauchs die Fortführung des Familiennamens untersagt werden. Das ist zum Beispiel der Fall, wenn die Ehe ausschließlich deshalb eingegangen wurde, um den Ehenamen zu erwerben und ihn missbräuchlich zu nutzen. Es gilt auch, wenn der Ehename in unredlicher Absicht erworben wurde, etwa um unter dem Schutz des neuen Namens weitere Straftaten zu begehen. Da sich dieser Nachweis kaum führen lässt, bleibt es eine absolute Ausnahme, dass nach einer Scheidung oder Aufhebung der Ehe die Fortführung des Ehenamens untersagt wird.

Vorsorge ist möglich. Sofern nicht erwünscht ist, dass der Expartner nach der Scheidung den angeheirateten Ehenamen fortführt, kann durch Ehevertrag festgelegt werden, dass der geschiedene Ehegatte den Ehenamen im Scheidungsfall aufgeben muss.

63. Man sieht sich immer zweimal im Leben

Als sie das Gerichtsgebäude betrat, zitterten ihr die Knie. Conny wusste, dass sie ihn gleich treffen würde, denn sein rotes Cabrio stand auf dem Parkplatz.

Über zwei Jahre hatte sie Robert nicht gesehen, das letzte Mal beim Scheidungstermin. Eigentlich wollte sie diesem Mann nie wieder begegnen, der ihre Zukunft zerstört und sie so eiskalt abserviert hatte. Die Trennung hatte er damals von langer Hand geplant. Mithilfe seines Steuerberaters schaffte er es, dass sie bei der Scheidung völlig leer ausging. Seine gut gehende Firma übertrug er rechtzeitig auf seine Geliebte, das Barvermögen schaffte er ins Ausland. Obwohl Conny jahrelang in der Firma ihres Mannes für einen Hungerlohn gearbeitet und deshalb sogar kurz nach der Heirat ihr Studium abgebrochen hatte, wurde ihr vom Gericht weder ein Zugewinnausgleich noch Unterhalt zugesprochen. Robert rechnete sich vor Gericht regelrecht arm und kam damit sogar durch. Dass er weiterhin im Luxus lebte, teure Reisen unternahm und einen nagelneuen Sportwagen fuhr, interessierte das Gericht nicht weiter. Zum Verhängnis wurde es ihr, dass sie weder sein verschleiertes Einkommen noch sein Barvermögen im Ausland beweisen konnte.

Nach der Verhandlung lachte Robert sie hämisch an und feierte seinen Sieg. Zum Feiern war Conny nicht zumute, sie musste mit 42 Jahren noch einmal ganz neu anfangen. Ohne Berufsausbildung und ohne Startkapital.

Immer aufgeregter wurde sie, als sie auf den Sitzungssaal zuging. Denn gleich würde sie Robert begegnen. Diesmal nicht als Gegnerin. Sie sollte für ihn als Zeugin aussagen. Ein ehemaliger Geschäftspartner hatte ihn verklagt. Es ging um ein Darlehen, das Robert vor vielen Jahren von ihm erhalten hatte. Sie konnte sich gut daran erinnern, dass das Geld bereits während der Ehe zurückgezahlt wurde. Sie machten damals einen Ausflug in die Schweiz und holten bei dieser Gelegenheit die 200.000 Euro aus seinem Bankschließfach ab. Bei einem gemeinsamen Abendessen erhielt der Geschäftspartner einen dicken Umschlag mit dem gesamten Betrag. Conny beobachtete es zufällig von der Küche aus. Das sollte sie nun als Zeugin vor Gericht bestätigen.

Als der Richter sie in den Sitzungssaal rief, sah sie Robert das erste Mal nach all den Jahren. Wie damals beim Scheidungstermin saß er arrogant und siegessicher neben seinem Anwalt. Dies änderte sich jedoch abrupt. Denn nachdem der Richter Conny über ihre Rechte und Pflichten als Zeugin belehrt hatte, verließ sie schweigend den Gerichtssaal. Robert wurde daraufhin verurteilt, die 200.000 Euro zu bezahlen. Dass er sie schon einmal bezahlt hatte, und er dies ohne ihre Aussage nicht beweisen konnte, wurde ihm zum Verhängnis.

Einige Monate später begegnete sie ihm auf der Straße. Er war mit dem Fahrrad unterwegs, seinen Sportwagen hatte er verkaufen müssen. Conny verkniff sich ein hämisches Lachen.

Nicht selten kommt es vor, dass sich Paare noch schnell vor einer Strafverhandlung verloben, um keine nachteilige Aussage vor Gericht gegen den anderen machen zu müssen. Als Zeuge ist man zwar verpflichtet, vor Gericht wahrheitsgemäß und vollständig auszusagen. Die Aussage kann jedoch in bestimmten Fällen verweigert werden: Ein sog. Zeugnisverweigerungsrecht besteht unter anderem für Verlobte und Ehegatten. Die Folge ist, dass ein Zeuge nicht in einem Verfahren aussagen muss, das den Verlobten oder Ehepartner betrifft. Dies gilt übrigens nicht nur für ein Strafverfahren, in dem der Ehegatte angeklagt ist und einer bestimmten Straftat beschuldigt wird. Es gilt auch in anderen gerichtlichen Verfahren, wie einem Zivilverfahren, in dem der Ehegatte etwas einklagt oder zum Beispiel selbst zu einer Geldzahlung verklagt wird.

Zweck des Zeugnisverweigerungsrechts ist der Schutz des Zeugen vor Konfliktlagen. Loyalitätskonflikte im Zusammenhang mit Verlobten oder Ehegatten ergeben sich zwangsläufig dann, wenn man einen Zeugen zur wahrheitsgemäßen Aussage zwingen würde, die dem eigenen Partner schadet. Deshalb wird in der Regel die Aussage verweigert, wenn sich diese im gerichtlichen Verfahren negativ für den Partner auswirken würde. Nutzt die Aussage dagegen dem Partner, macht man normalerweise keinen Gebrauch vom Zeugnisverweigerungsrecht.

> Anders liegen die Dinge, wenn die Ehe bereits geschieden ist und man dem Ehepartner nicht mehr wohlwollend gegenübersteht. So führen schmutzige Scheidungsverfahren oftmals zu dem Bedürfnis, den anderen bei nächster Gelegenheit vor Gericht „auflaufen" zu lassen. Eine solche Möglichkeit bietet sich, wenn eine für den Exgatten günstige Aussage vor Gericht unter Berufung auf das Zeugnisverweigerungsrecht verweigert wird. Dies ist erlaubt, denn das Zeugnisverweigerungsrecht bleibt nach einer Ehescheidung weiter bestehen. Es kann also auch zum Nachteil des geschiedenen Ehegatten eingesetzt werden.

64. So leicht bekommt der geschiedene Ehepartner Zugriff auf Ihr Vermögen

Stolz blickte sie auf ihren Kontoauszug: ein Guthaben von 50.000 Euro. Dafür hatte Susanne Tag und Nacht gearbeitet und sogar in ihrer Freizeit die hilfsbedürftige Nachbarin betreut.

Dabei hatte sie es nach der Scheidung vor zehn Jahren nicht leicht. Ihr Exmann bezahlte zunächst nur den Mindestunterhalt für die beiden Kinder, dann überhaupt nichts mehr. Nachdem er arbeitslos wurde, bemühte er sich nicht um eine neue Arbeitsstelle.

Für Susanne begann eine harte Zeit. Aber sie wollte es aus eigener Kraft schaffen, ohne staatliche Hilfen. Sie arbeitete im Schichtbetrieb rund um die Uhr. Die

Kinder wurden oft von ihrer Tante betreut. Nebenbei kümmerte sie sich um ihre alte Nachbarin, half ihr im Haushalt und beim Einkaufen. Obwohl ihr Exmann arbeitslos war, nahm er ihr die Kinder nur selten ab. Auch die Wochenendumgänge hielt er nicht zuverlässig ein.

Nach einigen Jahren zahlte sich der Fleiß aus. Susanne wurde zur Stationsleiterin befördert. Bei dem Gehalt war es ihr sogar möglich, einen Teil zu sparen. Außerdem vermachte ihr die Nachbarin nach ihrem Tod zum Dank mehrere Tausend Euro. Und jetzt hatte Susanne eine stolze Summe auf der hohen Kante. Endlich konnte sie mal in Urlaub fahren und sich und ihren Kindern etwas gönnen. Der Großteil aber sollte für deren Ausbildung und den Führerschein verwendet werden.

Leider kam alles anders. Sie starb noch an der Unfallstelle, als sie auf dem Weg in die Arbeit bei Eisglätte ins Schleudern geriet und gegen einen Baum prallte. Es war für alle ein Schock. Susannes Tante nahm die Kinder nach dem tragischen Unfall bei sich auf und umsorgte sie.

Ihr Exmann kümmerte sich vor allem um Susannes Bankguthaben. Sie war noch keine sechs Wochen beerdigt, da hob er ihr hart erarbeitetes Geld vollständig ab und machte damit einen mehrmonatigen Urlaub. Nichts ließ er übrig.

Die Kinder sahen von dem Geld keinen Cent. Und das, obwohl sie Alleinerben waren.

Über den Umweg der gemeinsamen Kinder haben Elternteile die Möglichkeit, Zugriff auf das Vermögen des verstorbenen Elternteils zu nehmen, schlimmstenfalls das Geld für sich zu verbrauchen und es den eigenen Kindern zu entziehen. Voraussetzung ist, dass die Kinder das Vermögen des verstorbenen Elternteils erben und die gemeinsame elterliche Sorge für sie bis zum Tod bestanden hat.

Grundsätzlich verbleibt es nach einer Ehescheidung dabei, dass Eltern weiterhin die gemeinsame elterliche Sorge für die minderjährigen Kinder ausüben. Nur bei Zustimmung des anderen Elternteils oder in Ausnahmefällen kann das Familiengericht die elterliche Sorge oder Teilbereiche davon auf einen Elternteil allein übertragen.

Sofern dies nicht geschehen ist und den Eltern weiterhin die gemeinsame elterliche Sorge zusteht, geht diese im Fall des Todes eines Elternteils auf den Überlebenden über. Dieser übt sie künftig allein aus. Betroffen ist damit auch die Vermögenssorge, die den Elternteil berechtigt, über das Vermögen des Kindes zu verfügen, zum Beispiel Abhebungen zu tätigen oder Sparbücher zu eröffnen. Zum Vermögen der Kinder gehören unter anderem Erbschaften, die sie aufgrund des Todes des anderen Elternteils erhalten haben. Somit kann der überlebende Elternteil im Rahmen der alleinigen elterlichen Sorge auf das ererbte Vermögen der Kinder zugreifen.

Einen Missbrauch der elterlichen Sorge stellt es zwar dar, wenn der überlebende Ehegatte das Barvermögen der Kinder abhebt und für sich verbraucht. Denn Eltern haben die Pflicht, das Kindesvermögen zu erhalten und zu vermehren. Allerdings kommen familiengerichtliche Maßnahmen zum Schutz der Kinder oft zu spät. Denn der überlebende Elternteil unterliegt unmittelbar nach Anfall der Erbschaft keiner Kontrolle. Nur für eng begrenzte Ausnahmefälle (etwa Geschäfte über Grundstücke) muss die Genehmigung des Familiengerichts eingeholt werden. Barabhebungen sind jedoch problemlos möglich. Der überlebende Ehegatte muss zwar ein Vermögensverzeichnis über das ererbte Vermögen erstellen und dem Familiengericht vorlegen, allerdings hat es damit sein Bewenden. Erst wenn das Familiengericht erfährt, dass das Kindesvermögen gefährdet ist, können Schutzmaßnahmen getroffen werden, indem beispielsweise der Entzug der Vermögenssorge angeordnet wird. Daneben stehen den Kindern in solchen Fällen Schadensersatzansprüche gegen den überlebenden Elternteil zu. Allerdings ist oftmals zweifelhaft, ob sie realisiert werden können, etwa bei einem vermögenslosen Elternteil. Das von diesem ausgegebene Vermögen ist somit für die Kinder schlimmstenfalls unwiederbringlich verloren.

> Dem unerwünschten Ergebnis, dass Ihr geschiedener Partner über die elterliche Sorge Zugriff auf Ihr Vermögen bekommt, kann übrigens vorgebeugt werden durch ein Testament. Darin muss ausdrücklich bestimmt sein, dass der überlebende Elternteil das ererbte Vermögen der Kinder nicht verwalten soll. Nur so ist sichergestellt, dass den Kindern im Fall Ihres Todes kein finanzieller Nachteil durch missbräuchliches Handeln des überlebenden Elternteils droht.

65. Müssen Tote Unterhalt bezahlen?

Kalt war es an diesem trüben Dezembertag. In einer Hand hielt Lisa eine rote Rose, auf dem anderen Arm ihr Baby. Wie versteinert stand sie am Grab ihres geliebten Ehemannes. Vor einer Woche waren sie noch eine glückliche Familie. Dann fiel Peter einfach um. Herzinfarkt. Heute musste sie ihn beerdigen.

Tränen schossen ihr in die Augen, als sie an die schöne Zeit mit ihm zurückdachte. Anfangs war es eine schwere Prüfung gewesen. Herta, mit der er damals 32 Jahre verheiratet war, fing einen regelrechten Rosenkrieg an. Die Scheidung zögerte sie mit allen möglichen Tricks hinaus, um alles wurde gestritten. Obwohl Peter an Herta einen hohen Zugewinnausgleich und monatlich 800 Euro nachehelichen Unterhalt bezahlen musste, war der Scheidungsbeschluss für ihn wie ein Befreiungsschlag.

Die folgenden Jahre und der Neuanfang waren für beide nicht leicht. Peter arbeitete noch mehr als sonst. Lisa nahm einen Nebenjob an. Sie wollten sich ihren Traum vom eigenen Haus so bald wie möglich erfüllen. Endlich war es dann so weit. Per Zufall entdeckten sie bei einer Spazierfahrt ihr Traumhaus. Kurze Zeit später war Peter beim Notar und kaufte es. Er steckte sein ganzes Erspartes und das Geld aus der Erbschaft seines Vaters in das Haus. Den Rest finanzierte die Bank. Vor ihrem Einzug renovierten sie es in mühevoller Kleinarbeit. Jede freie Minute verbrachten sie damit. Nach einem Jahr bezogen sie ihr Heim und kurz darauf wurde geheiratet. Ein unvergessliches Fest in ihrem schönen Haus. Als ihr Baby geboren wurde, war das Glück perfekt. Bis zu jenem Tag.

Nach der Grabrede war es ganz still. Nachdem Lisa die Rose auf den Sarg gelegt hatte, sah sie, wie viele Bekannte und Verwandte gekommen waren, um Abschied zu nehmen. Seine Exfrau war nicht dabei. Von dieser erhielt sie zwei Wochen nach dem Begräbnis einen Brief. Sie dachte zunächst an eine Beileidskarte. Aber nein. Herta beschwerte sich vielmehr über die ausgebliebene Zahlung des Unterhalts, den sie bis zum Tod von Peter monatlich bekommen hatte. Herta drohte Lisa, den Gerichtsvollzieher zu schicken, wenn der Unterhalt nicht weiterbezahlt wurde.

In dem festen Glauben, dass Tote keinen Unterhalt zahlen müssten, vereinbarte Lisa einen Termin bei dem Anwalt, der Peter damals bei der Scheidung vertreten hatte. Sie wollte sich nicht selbst mit Herta in Verbindung setzen, dazu fehlte ihr die Kraft. Außerdem dachte sie, die Angelegenheit wäre schnell mit einem Schreiben erledigt. Doch leider traf das nicht zu. Der Anwalt benötigte einige Unterlagen, bis er Lisa die Hiobsbotschaft verkündete. Herta stand noch für fünf Jahre Unterhalt aus Peters Erbe zu, 800 Euro monatlich. Da Lisa wegen des Babys nicht Vollzeit arbeiten konnte, musste sie das Haus verkaufen, um diese Verpflichtung erfüllen zu können. Ein weiterer Abschied, der ihr fast das Herz brach.

Verstirbt ein Unterhaltsberechtigter, erlischt automatisch sein Unterhaltsanspruch. Für einen toten Ehegatten muss also kein Unterhalt mehr bezahlt werden. Umgekehrt gilt das nicht. So führt der Tod des Unterhaltspflichtigen nicht zum Erlöschen seiner Unterhaltspflicht gegenüber dem geschiedenen Ehegatten. Die Folge ist, dass über den Tod hinaus nachehelicher Unterhalt gezahlt werden muss. Da Tote keine Überweisungen mehr ausführen können, geht die Pflicht auf die Erben über.

Allerdings ist die Haftung des Erben, der den Unterhalt für den Verstorbenen weiterbezahlen muss, beschränkt. Den Ausschlag gibt hier, ob der Erblasser zum Zeitpunkt des Todes Vermögen hatte, zum Beispiel Immobilien, Bargeld, Kontoguthaben. In diesem Fall muss der Erbe so lange Unterhalt bezahlen, bis ein Teil dieses Vermögens aufgebraucht ist. Und zwar bis zur Höhe der (unterstellten) Pflichtteilsquote des geschiedenen Ehegatten. Vereinfacht ausgedrückt: Man ermittelt zunächst das Vermögen des Verstorbenen zum Zeitpunkt des Todes. Der Zeitpunkt der Scheidung ist nicht maßgebend. Somit profitiert der Unterhaltsberechtigte indirekt davon, dass sich das Vermögen des Unterhaltspflichtigen nach der Scheidung vermehrt hat, aus welchen Gründen auch immer dies geschehen ist.

Steht der Nachlasswert fest, muss in einem nächsten Schritt die unterstellte Pflichtteilsquote des geschiedenen Ehegatten ermittelt werden. Wenn nach der Scheidung weitere Kinder geboren wurden, sind diese dabei zu berücksichtigen, nicht hingegen ein neuer Ehepartner. Er wird ignoriert. Sofern der Erblasser nach einer Scheidung wieder geheiratet hat und zwei erbberechtigte Kinder vorhanden sind, beläuft sich die fingierte Pflichtteilsquote des geschiedenen Ehegatten auf ein Achtel des Gesamtnachlasses. Besteht also zum Todeszeitpunkt ein Vermögen von beispielsweise 300.000 Euro, müssen die Erben so lange Unterhalt bezahlen, bis ein Betrag von 37.500 Euro erreicht ist. Erst dann dürfen die Unterhaltszahlungen eingestellt werden.

Der geschiedene Ehegatte kann also zweimal vom Vermögenserwerb seines verstorbenen Expartners profitieren. Zum einen über den Zugewinnausgleich für einen Vermögenszuwachs während der Eheschließung bis zur Scheidung. Zum anderen profitiert er vom Vermögenszuwachs bis zum Tod indirekt über den nachehelichen Unterhalt, der letztlich an den Erben des Unterhaltspflichtigen hängen bleibt.

66. Wer darf ins Familiengrab?

Fassungslos und mit Tränen in den Augen stand sie vor dem Grab. Alle Blumen waren herausgerissen und auf dem Kiesweg verstreut. Die schwere Grabvase war umgeworfen und die Nelken lagen mit abgetrennten Köpfen auf den Nachbargräbern. Als Anna den Pfarrer sah, ging sie auf ihn zu, um zu erfahren, wer das Grab verwüstet hatte. Der Pfarrer meinte, er wolle sich aus allem raushalten. Er drehte sich um und eilte schnellen Schrittes von dannen. Da wusste Anna, wer der Täter war: ihr Exmann Franz, von dem sie sich vor wenigen Tagen hatte scheiden lassen.

Begonnen hatte es vor über 50 Jahren, als sie ihn im Alter von 18 Jahren kennenlernte. Er war ein stattlicher Mann, der ihr ein gutes Leben versprach. Besser als in ihrem Elternhaus. Er war Witwer, seine Tochter gerade einmal zwei Jahre alt. Sie heirateten ein Jahr später. In all den Jahren funktionierte Anna, sie war eine gute Ehefrau und Stiefmutter. Haushalt und Garten organisierte sie perfekt, ihre eigenen Wünsche und Bedürfnisse gerieten immer mehr in Vergessenheit. Gedankt wurde es ihr nicht. Franz war jähzornig, es gab oft Streit. Wie glücklich war Anna, als ihr Sohn geboren wurde. Er war ihr Rettungsanker.

Nur seinetwegen ertrug sie ihr Eheleben. Eine Trennung von ihrem Ehemann war für sie damals undenkbar. Wovon hätte sie denn leben sollen? Was hätten ihre Eltern, was hätte das Umfeld gesagt? Außerdem sollte das Kind mit Vater und Mutter aufwachsen. Doch ihr Sohn hatte keine glückliche Kindheit, erkrankte an Depressionen.

Nie würde sie den Anblick vergessen, als sie den 17-Jährigen in seinem Zimmer fand. Leblos, mit einem Strick um den Hals, hing er an der Decke. Franz kümmerte sich um die Beerdigung, auch um das Grab. Jeden Tag war sie dort und klagte ihrem toten Sohn ihr Leid. Über die cholerischen Ausbrüche von Franz, sein Alkoholproblem, seine Seitensprünge.

Die Jahre vergingen. Als Anna über 70 Jahre alt war, verließ sie Franz. Sie konnte ihn keinen Tag länger ertragen. Nachdem sie die Scheidung eingereicht hatte, legte ihr Franz alle erdenklichen Steine in den Weg. Zuletzt beschimpfte und beleidigte er sie im Gerichtssaal. Er kündigte an, sie werde es bitter bereuen, ihn im Alter verlassen zu haben.

Als sie an der verwüsteten Grabstätte stand, wusste sie, was er gemeint hatte. Franz wollte ihr das Recht streitig machen, neben ihrem geliebten Sohn begraben zu werden. Und so entbrannte der Kampf um das Familiengrab. Anna beauftragte ihre Anwältin mit dem Fall. Denn der Gedanke war für sie unerträglich, zusammen mit Franz begraben zu sein. In das Grab aber wollte sie um jeden Preis, um dort im Tod mit ihrem Sohn vereint zu sein. Und zwar ohne Franz.

Sie gewann den Kampf. Denn als Franz schwer krank wurde, übertrug sein Betreuer ihr kurzerhand die Rechte am Grab. Er wollte dem alten Mann jede weitere Aufregung und die Kosten eines neuen Rechtsstreits ersparen. Dieser Versuch misslang jedoch. Über die Entscheidung seines Betreuers regte sich Franz derart auf, dass er einen Herzinfarkt erlitt. Er war sofort tot. Im Leben von Anna kehrte dennoch keine Ruhe ein. Denn bei ihren täglichen Besuchen auf dem Friedhof wurde sie stets an Franz und ihre Ehe erinnert. Er wurde nämlich direkt neben dem Grab beerdigt, um das sie so erbittert gekämpft hatte.

Bei der Hochzeit schwören sich Ehegatten Liebe, „bis dass der Tod euch scheidet". Oftmals entsteht in einer Ehe allerdings genau das Gegenteil. Und zwar Hass, der nicht einmal vor dem Tod Halt macht. So ist allein die Vorstellung für viele geschiedene Ehegatten eine Zumutung, im Tod mit dem einstigen Partner vereint zu sein. In der letzten Ruhestätte.

Dieses Problem stellt sich, wenn während der Ehe ein Grab errichtet werden muss, weil ein gemeinsames Kind verstorben ist. Häufig wird in solchen Fällen kein Einzelgrab geschaffen. Vielmehr wollen die Elternteile zusammen mit ihren Kindern begraben werden, wenn auch sie später aus dem Leben scheiden. Deshalb erwerben sie gleich ein Familiengrab.

Bedacht wird dabei selten, dass die Ehe vom Scheidungsrichter beendet werden kann, bevor der Tod ins Spiel kommt. In diesem Fall legt man nicht mehr allzu großen Wert darauf, mit dem Exehegatten gemeinsam begraben zu werden. Oftmals geht es beim Streit ums Familiengrab darum, wer von den geschiedenen Ehegatten mit einem vorverstorbenen Kind darin begraben wird.

Ausschlaggebend ist, wem das Recht an einer Grabstätte zusteht. So erwirbt man an Gräbern in der Regel kein Eigentum. Daher können Ehegatten – anders als beim Familienheim – nicht als Miteigentümer eines Grabes im Grundbuch eingetragen werden. Das Recht am Grab wird vielmehr durch einen Vertrag mit dem Friedhofsträger (etwa Kommune, örtliche Kirche) entsprechend der Friedhofsordnung begründet.

Hat ein Ehegatte den Vertrag abgeschlossen, steht es ihm frei, dem anderen die Bestattung im Familiengrab zu erlauben. Verpflichtet ist er dazu nicht. Möglich ist auch, dass der Berechtigte das alleinige Nutzungsrecht auf den anderen Ehegatten überträgt. Hierauf besteht jedoch ebenfalls kein Rechtsanspruch.

Kommt eine freiwillige Übertragung nicht infrage, muss der geschiedene Ehegatte ein eigenes Grabnutzungsrecht erwerben und kann nicht zusammen mit dem verstorbenen Kind im Familiengrab begraben werden. Nur wenn beiden Ehegatten das Grabnutzungsrecht gemeinsam zusteht, haben sie einen Anspruch darauf, dort zu ruhen. Und zwar gemeinsam.

> Es kann sich also ergeben, dass man im Tod mit dem geschiedenen Ehegatten wieder vereint ist. Obwohl man sich zu Lebzeiten geschieden hat.

§9 Die Ehe am Ende

Viele Menschen glauben sich am Ziel ihrer Träume, wenn sie mit ihrem geliebten Partner den Bund fürs Leben schließen. Dieser Traumtag wird meist mit einer grandiosen Hochzeit begangen, bei der es an nichts fehlt. Immerhin möchte man das große Glück, das man meint, für den Rest seines Lebens gefunden zu haben, gebührend besiegeln und feiern.

Dabei übersehen viele, dass es im wahren Leben nicht mit dem Happy End vor dem Traualtar getan ist, wie es uns Märchen und Liebesfilme vorgaukeln.

Vielmehr geht es nach dem Hochzeitstag erst richtig los, wenn sich die Ehegatten auf den gemeinsamen Lebensweg begeben. Dass dieser nicht immer mit Rosenblüten bestreut ist, erfährt so mancher leidvoll im Lauf seines Ehealltags. Kleinere Hürden werden noch problemlos zusammen überwunden. Schwieriger gestaltet sich das Ganze aber, wenn größere Hindernisse entstehen oder der Weg sich gabelt und jeder der Ehegatten in eine andere Richtung geht. Dann endet oftmals die gemeinsame Reise. Und aus dem einstigen Lebenstraum, der nach aktuellen Zahlen des Statistischen Bundesamts für 2012 im Durchschnitt gerade einmal 14 Jahre und 7 Monate währt, wird ein Alptraum.

Von der Vorstellung des Gesetzgebers ist man also weit entfernt. Denn dieser geht davon aus, dass die Ehe auf Lebenszeit geschlossen wird. Das entspricht jedoch längst nicht mehr der Realität.

Die Lebenszeitehe steht also mehr oder weniger nur noch auf dem Papier; rein statistisch gesehen ist sie gerade dabei auszusterben.

Vieles deutet also darauf hin, dass die Institution Ehe am Ende ist. Ein Auslaufmodell. Eine relativ junge Erfindung der Menschheit, die sich nicht bewährt hat und offenbar zum Scheitern verurteilt ist.

Passend hierzu wird die Ehe durch den Gesetzgeber mehr und mehr abgewertet. Zum Beispiel wurden Ehescheidungen schon vor vielen Jahren erleichtert, da es nicht mehr um das Verschulden des Ehepartners geht, sondern um eine Zerrüttung der Ehe. In der Regel kann also eine Ehe nach Ablauf des Trennungsjahres problemlos geschieden werden. Auch der Anreiz für Eheschließungen, den der Staat in Form des Ehegattensplittings durch Steuervorteile geschaffen hat, gerät immer mehr ins Kreuzfeuer der Kritik und soll bald ganz wegfallen. Überdies stellt die Ehe – wenngleich auf Lebenszeit geschlossen – keine auf Dauer angelegte

Versorgungseinrichtung mehr dar. Denn nachehelicher Unterhalt wird nach dem Willen des Gesetzgebers nur noch in Ausnahmefällen gewährt, zeitlich befristet oder der Höhe nach begrenzt. Die nacheheliche Solidarität weicht insofern immer mehr der Eigenverantwortung.

Alles, was an Neuerungen in diesem Bereich geschaffen wurde, ist zu begrüßen. Denn es entspricht der gesellschaftlichen Wirklichkeit – viele Menschen wollen einfach keine allzu langen Bindungen mehr eingehen.

Wenn aber der Grundgedanke der Ehe, dass sie auf Lebenszeit geschlossen wird, vom Gesetzgeber und von der Rechtsprechung schleichend aufgeweicht und relativiert wird, stellt sich die Frage:

Brauchen wir die Ehe überhaupt noch?

Selbst der katholischen Kirche scheint die Ehe nicht mehr allzu heilig zu sein. Sie akzeptiert zwar nach wie vor keine Ehescheidungen der Familiengerichte. Dennoch kann man sich mithilfe der Kirche auf elegante Weise von einer kirchlich geschlossenen Ehe befreien. Man muss lediglich ein Eheannullierungsverfahren einleiten. Diese Verfahren sind sehr gefragt, denn bei positivem Ausgang stellt ein kirchliches Gericht fest, dass die Ehe nicht wirksam geschlossen wurde. Diese Ehe hat es also von Anfang an nie gegeben. Und so steht einer neuen kirchlichen Eheschließung nichts mehr im Wege. Die Kirche macht es damit auf Umwegen möglich, sich seines Eheversprechens zu entledigen, und lässt eine „Scheidung auf Katholisch“ zu.

Auch in der Gesellschaft nehmen Wert und Bedeutung der Ehe immer mehr ab, denn die Anzahl der Scheidungen steigt. Das gehört zwischenzeitlich zu unserem Alltag. Waren Scheidungen einstmals verpönt, stellen sie heute keine Besonderheit mehr dar. So vergeht wohl keine Woche ohne die Meldung, dass sich ein Promi-Paar aus Politik, Film oder Fernsehen scheiden lässt. Auch sonst sind Scheidungen beinahe an der Tagesordnung und lösen keine Bestürzung mehr aus. Erstaunlich zugenommen hat allerdings die Geschwindigkeit, in welcher der alte Ehepartner von einem neuen besseren, jüngeren, attraktiveren, verständnisvolleren Partner ersetzt und dann gleich vor den Traualtar geschleppt wird. So wiederholt sich das bekannte Spiel: Schmetterlinge im Bauch, große Liebe, Heirat, Schmetterlinge weg, Alltag, Patchwork-Chaos, Trennung, Scheidung.

Frustriert stellen dann viele fest, dass die neue Ehe auch nicht besser ist als die alte. Sondern einfach nur anders.

Was also tun mit der Ehe?

Auf sieben Jahre befristen? Oder gar abschaffen und aus dem Bürgerlichen Gesetzbuch ersatzlos streichen? Das wäre mit Sicherheit der falsche Weg.

Das Problem liegt nämlich nicht in der Ehe an sich begründet. Das Kernproblem besteht darin, dass fast keiner weiß, was auf ihn bei einer Eheschließung zukommt, und in Unkenntnis dessen Ja sagt. Somit haben Heiratswillige keine Chance, das Für und Wider dieses Vertrags abzuwägen und frei zu entscheiden, ob sie Ja oder Nein sagen möchten. Ihre Ahnungslosigkeit beraubt sie auch der Möglichkeit, sich durch einen Ehevertrag abzusichern.

Die Frage muss also anders gestellt werden: Sollte nicht der Staat beziehungsweise der Gesetzgeber endlich aktiv werden, um seine Bürger davor zu schützen, durch ein unbedarftes Ja im Extremfall das eigene Leben zu ruinieren?

Abweichend von Verträgen, bei denen zum Schutz der Bürger Hinweis-, Belehrungs- und strenge Formvorschriften bestehen, hält sich der Gesetzgeber vornehm zurück, was das Eingehen des Rechtsgeschäfts Ehe anbelangt.

Aber damit nicht genug. Der Staat sieht nicht nur tatenlos zu, wie Heiratswillige nichtsahnend mit einem einfachen Ja den Grundstock für ihr späteres Unglück legen. Er hilft noch kräftig mit. Denn er lockt arglose Heiratswillige mit steuerlichen Anreizen zur Heirat und lässt bei jeder Gelegenheit verlauten, dass Ehe und Familie unter dem besonderen Schutz des Staates stehen. Wenn es jedoch darauf ankommt und es um die eigenen Interessen des Staates geht, ziehen viele Ehegatten den Kürzeren.

Fairerweise müsste der Staat seinen Bürgern ermöglichen, eine bewusste und freie Entscheidung zu treffen, was den Vertrag Ehe anbelangt. Diese Chance räumt er den Bürgern auch bei anderen Rechtsgeschäften ein, seien sie noch so lapidar. So ist es juristisch gesehen wesentlich schwieriger, an der Haustür wirksam einen Kugelschreiber zu kaufen, als vor dem Standesamt den Bund fürs Leben einzugehen.

Leider entspricht es den Tatsachen, dass kaum ein anderer Vertrag mit derart folgenschweren Auswirkungen so unbedarft und leichtfertig abgeschlossen werden kann wie die Ehe. Dies liegt vor allem daran, dass Ihnen beim Standesamt nicht gesagt wird, was Sie mit Ihrem Jawort eigentlich besiegeln. Entgegen den üblichen Gepflogenheiten beim Eingehen von Rechtsgeschäften wird Ihnen nicht einmal ein Vertragstext vorgelegt, den Sie in Ruhe durchlesen oder von einem Anwalt prüfen lassen können. Insofern sind sich viele gar nicht darüber im Klaren, dass das Jawort vor dem Standesbeamten einen Vertrag begründet, geschweige denn, welchen Inhalt dieser hat.

Augenscheinlich unterlässt es der Gesetzgeber also ganz bewusst, seine Bürger hierüber in angemessener Weise in Kenntnis zu setzen. Nur so ist seine Untätigkeit in diesem speziellen Fall zu erklären.

Noch dazu, wo sich eine Hinweis- und Belehrungspflicht von staatlicher Seite geradezu aufdrängt. Denn anders als dies für Rechtsgeschäfte typisch ist, wird die Ehe üblicherweise in einem Zustand tiefgreifender Gefühle und Emotionen eingegangen. Insofern darf der Staat nicht erwarten, dass sich bei Verliebten vor der Hochzeit von selbst das Bedürfnis einstellt, über Paragrafen belehrt zu werden. Dieses Bedürfnis muss vielmehr der Staat wecken und aktiv fördern, indem er über Inhalt und Tragweite des Jaworts von sich aus aufklärt und belehrt. Hinzu kommt, dass das Hauptaugenmerk künftiger Ehegatten vor der Heirat auf der monatelangen Organisation der Hochzeitsfeierlichkeiten und ihres reibungslosen Ablaufs liegt. Brautkleid, Frisur, Ringe, Blumenkinder, Blumenschmuck, Menü, Sitzordnung, Unterhaltungsprogramm, Hochzeitsauto, Flitterwochen, Fotografen und so weiter: Das alles verlangt die volle Aufmerksamkeit. Für alles andere bleibt keine Zeit mehr.

In Wirklichkeit ist jedoch das vermeintlich Nebensächliche die Hauptsache – mit Auswirkungen für ein ganzes Leben. Das weiß zwar der Staat, aber er behält es lieber für sich. Ob er damit seinen Bürgern einen Gefallen tut, können Sie nun selbst beurteilen.